DRESSEL / GRIEHL
DIE DEUTSCHEN RAKETENFLUGZEUGE

Die Entwicklung einer umwälzenden Technik

JOACHIM DRESSEL · MANFRED GRIEHL

Die deutschen
Raketenflugzeuge
1935-1945

WELTBILD VERLAG

Einbandgestaltung: Siegfried Horn

Genehmigte Lizenzausgabe für
Weltbild Verlag GmbH, Augsburg 1994
© by Motorbuch Verlag, Stuttgart
Ein Unternehmen der Paul Pietsch-Verlage GmbH & Co.
Sämtliche Rechte der Verbreitung – in jeglicher Form und Technik – sind vorbehalten.
Gesamtherstellung: Chemnitzer Verlag und Druck GmbH, Zwickau
Printed in Germany
ISBN 3-89350-692-6

Inhalt

Vorwort

»Kein Forscher kann wissen, ob seiner Forschung ein Engel oder ein Teufel entspringt und – noch weniger – ob sich im Laufe der Zeit dieser Engel in einen Teufel oder dieser Teufel in einen Engel verwandelt. Der Forscher kann nur eines tun: Das, was er geschaffen hat, seiner Mitwelt und der Zukunft in den Schoß legen und darauf vertrauen, daß die Menschheit vernunftbegabt ist und – wenn auch langsam – an Einsicht wachsen wird.«

Dipl.-Ing. Fritz von Opel
München, im Jahr 1968

*

»... es soll keineswegs gesagt werden, daß der Zweck der Raketenflugtechnik die Schaffung neuer, furchtbarer Kriegswaffen wäre. Es soll aber auch die tatsächliche Gefahr nicht verschwiegen werden. Mit Raketenflugzeugen wird die schnellstmögliche Verkehrsverbindung zwischen den Völkern hergestellt werden. Wenn das Raketenflugzeug jedem Volk ein Mittel bietet, seinen Boden vor Übergriffen der Nachbarn zu schützen, wird man dies gleichfalls begrüßen. Aber auch wenn es in seiner furchtbarsten Anwendung die handgreifliche Überzeugung verankern hilft, daß ein Krieg mit neuen technischen Mitteln nur Besiegte kennt, wird es seinem Zweck dienen.«

Dr.-Ing. Eugen A. Sänger
Wien, im Jahr 1930

*

845 n.Chr. erwähnt Marcus Grecus in seinen Schriften als erster den Begriff »Rakete«. Mit der Erfindung des Schwarzpulvers durch Berthold Schwarz im Jahre 1259 und des ersten, wenn auch mißglückten Raketenflugs des Mandarins Wan-Hu, erlebte die frühe Beschäftigung mit einfachen Raketen große Fortschritte.

Publikationen, etwa Cyrano de Bergerac mit »Flüge zum Mond«, Jules Vernes »Reise zum Mond« und H.G. Wells »The Man in the Moon« förderten die Arbeit an den neuartigen Fluggeräten ebenso wie die Untersuchungen von Fedor Kibaltschitsch, Hermann Gabswindt, Konstantin Ziolkowsky, Robert H. Goddard, Hermann Oberth oder Andrej Gorochoff und Eugen Sänger, um hier nur einige wenige namentlich zu nennen. Ferner die Gründung des »Vereins für Weltraumschiffahrt« am 5.07. 1927 und die systematischen Experimente, Feststoff- und Flüssigkeitsraketenantriebe zu erforschen und für den Betrieb in Fahrzeugen aller Art nutzbar zu machen. Männer wie Johannes Winkler, Max Valier, Fritz von Opel, die Ingenieure Sander, Nebel, Tilling und Schmiedl wurden zu den wichtigsten Förderern der noch jungen Raketentechnik.

Ohne deren Forschungen hätte es am wissenschaftlichen Ansatz gefehlt, hätte die funktionierende Rakete, das leistungsstarke Raketentriebwerk und -flugzeug wohl noch lange auf sich warten lassen. Daß es zunächst zu keiner zivilen Nutzung kommen sollte, war nur für einige wenige schon Anfang der dreißiger Jahre absehbar. Die technische Entwicklung – auch die des Raketenantriebs – wurde vollends zur Waffe und erlebte innerhalb weniger Jahre einen ungeheuren technischen Fortschritt. Inzwischen sind wir erneut am Scheideweg angekommen, von dem Fritz von Opel in seinem vielbeachteten Vortrag am 3. April 1968 so treffend ausführte:

»Mit jedem kleinen Messer, das geschmiedet wird, kann man eine Madonna schnitzen oder einen Mord begehen ... je nachdem wie man es gebraucht«.

Für die Unterstützung sowie uneigennützige Hilfe in Wort und Bild sind beide Autoren dankbar:

Den Herren Barczyk vom Stadtarchiv Bad Waldsee, W. Beushausen, P. Zollner von der Bayrischen Motoren Werke AG sowie den Herren H. Bull, R. Chapman, G. Cordts, dem verstorbenen Herrn Cramer, E. Creek und dem Luftarchiv, dem Deutschen Museum München und speziell den Herren Filchner und Dipl.-Ing. Romallo, ferner M. Boehme, H.-P. Dabrowski, Herrn Heinzerling von der Deutschen Gesellschaft für Luft- und Raumfahrt e.V., den Herren P. Ebel, J.L. Ethell sowie Frau M. Emmerling, M. Frauenheim, K. Francella, W.A. Fiedler, P. Heck, K.-E. Heinkel sowie M. Hensel, P. Herrendorf, D. Herwig vom Deutschen Studienbüro für Luftfahrt, Dr. A. Hiller, P.G. Hörner, K. Junges und H. Grimm, dem Institut für Zeitgeschichte sowie V. Koos, Dipl.-Ing. K. Kössler, den Herren J.H. Kitchens III, H. Lob und B. Lange. Besonderer Dank gilt auch L. Littich, R.P. Lutz jr., und den Herren H.J. Meier, H. Rosenboom und S. Ramson von Messerschmitt-Bölkow-Blohm sowie den Herren E. Götsch und H. Pause von den Henschel-Flugzeug-Werke GmbH. Außerdem sind wir den Herren F. Marshall, J. Menke, Th. Mohr, Dipl.-Ing. H. Schubert von der MTU-München GmbH, F. Müller-Romminger, H.J. Nowarra, den Herren Mikesch und Spenser sowie Frau S.E. Ewing vom National Air & Space Museum & Smithsonian Institution, G. Priewe, Frau M. Bull vom Publtc Record Office in London, R. Olejnik, R. Opitz und Herrn Berresheim von der Adam Opel AG sowie Herrn W. Pervesler vom Luftfahrtmuseum in Heidenreichstein-Wielings für die großzügige Hilfe dankbar. Uneigennützige Hilfe kam auch von den Herren W. Radinger, Ch. Regel, Prof. Dr. S. Ruff, N. Ruhland, F. Rutts, H. Sander, H. Sänger, F. und P.F. Selinger, L. Schmitt, G. Schlaug, H. Schliephake, G. Sengfelder, S. Sheflin, J. Silva, R. Smith, W. Späte, H.-H. Stapfer, G. Stolle, H. Thiele, O. Thiele, F. Trenkle und R. Zobel. Für die freundliche Unterstützung durch das Historical Research Center der USAF, Maxwell AFB, Alabama, und Herrn Gamma, sei ebenso gedankt wie dem Bundesarchiv-Militärarchiv und den Herren Albinus und Nilges, sowie der Zentralbibliothek der Bundeswehr und Frau Knebel von der Wehrbereichsbibliothek IV. Auch die Technische Hochschule Darmstadt und die Bibliotheken der Universitäten in Mainz und Stuttgart, der Verein Deutscher Ingenieure (VDI) sowie die Mitarbeiter der WAST in Berlin wirkten unterstützend mit. Abschließend sind die Autoren auch dem inzwischen verstorbenen Walter Zucker für die Zurverfügungstellung seines Bildmaterials zu Dank verpflichtet. Für die zuverlässige Ausführung der Fotoarbeiten boten die Firmen Göttmann/Mainz und Wagenpfeil/Wiesbaden ebenso Gewähr wie die EDV-mäßige Hilfe durch M. Ullius von der Firma Comtronic in Eschborn.

Für die Durchsicht des Manuskripts danken die Autoren Frau M. Junges und Frau S. Neumann-Siry ebenso, wie dem Motorbuch Verlag für die Bereitschaft, diese Dokumentation zu veröffentlichen.

Manfred Griehl, Joachim Dressel
Mainz, März 1989

I. Die Entwicklung des Raketenantriebs bis zur Starthilfe

A. DIE ERSTEN SCHRITTE

In Deutschland erlebte die Idee des Raketenflugs in den goldenen »Zwanziger Jahren« einen stürmischen Aufschwung. Der junge Valier sowie die Gebrüder Römer wurden zu den maßgeblichen Schrittmachern einer neuen Technologie.

Nach Untersuchungen, die Junkers G 24 und G 31 mit Raketenkraft anzutreiben, folgte 1927 das aufsehenerregende Projekt eines Doppelrumpfverkehrsflugzeuges, das die Strecke Berlin–New York in nur 93 Minuten zurücklegen sollte und als »Transozean Typ« bezeichnet wurde. Dank seines Raketenantriebs erhoffte man sich Geschwindigkeiten von über 7000 km/h und Flughöhen um 50 000 m. Wenig später wurde der »Verein für Raumschiffahrt« durch Professor Hermann Oberth, Klaus Riedel, Rudolf Nebel, Max Valier, Willy Ley und Wernher von Braun gegründet.

Fritz von Opel begann im März 1938 mit Fahrten seines von Feststoffraketen getriebenen »Opel Rak 1«. Zahlreiche verbesserte Modelle sollten folgen.

Zu dieser Zeit trafen sich auch Alexander Lippisch und Friedrich Stamer sowie Ingenieur Sander, um über den baldigen Bau eines Raketenflugzeugs zu beraten. Schon am 11. 6. 1928 glückte der Erstflug der Lippisch-Sander »Ente« auf der Wasserkuppe. Am Steuerknüppel saß Fritz Stamer, der damit den ersten bemannten Raketenflug in Deutschland durchführte.

Am 30. 9. 1929 startete von Opel mit seiner »Opel-Hatry 1« auf dem Flugplatz Frankfurt-Rebstock. Das von 16 Sander-Pulverraketen vorwärtsgetriebene Flugzeug wurde jedoch bei der Landung schwer beschädigt. Der Pilot kam mit dem Schrecken davon.

Einen Monat später erhob sich die von Valier und Espenlaub entworfene E 15 mit Raketenhilfe in die Luft. Die umgebaute Espenlaub E 15 ging jedoch schon nach drei Flügen völlig zu Bruch. Der frühe Tod Max Valiers und Reinhold Tilings, eines begabten Raketenpioniers, konnten die Verbesserung der neuartigen Technik nicht aufhalten.

Espenlaub EA 1 im Oktober 1929 in Lohhausen.

Opel Raketen-
wagen Rak 1 im
April 1928.

Rückstoßversuchswagen 6 mit Valier am Steuer.

Rak 1 während des Startvorgangs, September 1929.

9

Opel-Hatry-Flugzeug Rak 1 mit Fritz von Opel am 30. 9. 1929.

Hellmuth Walter erforschte anfänglich neue Antriebe für Torpedos und unternahm schließlich umfangreiche Versuche mit Starthilfen. Inzwischen hatte Alexander Lippisch sich bei der DFS intensiv mit der Konzeption und dem Bau von Delta-Flugzeugen befaßt. Die DFS 194 wurde so zum Vorversuch für die berühmte Me 163, des ersten in Serie produzierten Raketenjägers.

Im März 1936 reifte Wernher von Brauns Idee, Jagdflugzeuge mittels eines Flüssigkeitsraketenmotors anzutreiben soweit, um sie in die Tat umzusetzen. Nach ersten Standversuchen kam es folgerichtig zum Einbau eines 300 kp-Ofens unter dem Rumpf einer Junkers »Junior« in Kummersdorf. Im sonst leeren Rumpf (ohne angebaute Flächen) waren die

Kugeltanks für den Sonderkraftstoff untergebracht. Die provisorische Steuerungsanlage bediente von Braun während der ersten Standversuche meist selbst. Doch damit nicht genug. Schon 1936 wollte man weit stärkere Raketentriebwerke als bisher entwickeln und in bereits vorhandene Flugzeugzellen einbauen. Es mußten daher alle Fragen des Beschleunigungsverhaltens und der Triebwerksteuerung vorab geklärt werden. Besondere Bedeutung hatte auch die Untersuchung des Kurvenverhaltens. Aus diesem Grunde wurde eine Art Gestell aus etwa 15 m langen Eisenbahnschienen hergestellt, an dessen einem Ende sich der Führersitz, eine Bremseinrichtung und die R-Triebwerksanlage befanden. Auf der entgegengesetzten Seite brachte man

Triebwerkeinbau des
400 kp Waltertriebwerks
in die DFS 194.

Startvorbereitungen
bei der DFS 194.

Heini Dittmar beim An-
ziehen des Schutzanzugs.

11

Aufstellen der DFS 194 zum Start in Peenemünde.
Erstflug der DFS 194 im August 1940.

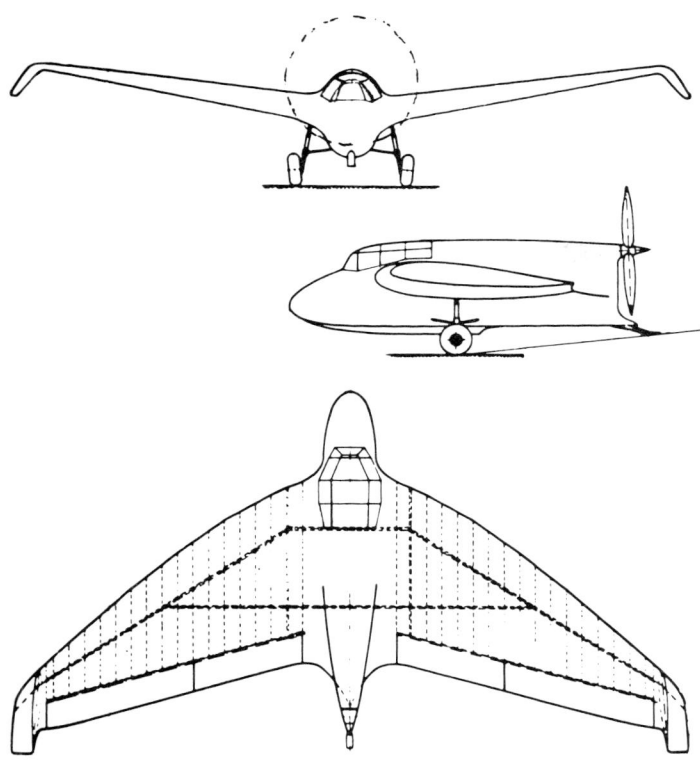

DFS 194-Ausführung mit Kolbenmotor.

ein gleichschweres Gegengewicht an. Von Braun testete die neuartige Anlage zunächst selbst. Bei den ersten Läufen wurden mittels einer 1000 kp-Brennkammer Beschleunigungen bis maximal 5 g erreicht.

Sozusagen als »Konkurrenz« bestätigte sich H. Walter in Kiel. Seine Aggregate waren zwar wesentlich einfacher in der Konstruktion, mit ihren Leistungen blieben sie jedoch zunächst weit hinter denen von Brauns zurück.

Das von Hellmuth Walter entwickelte Antriebssystem beruhte auf der Verwendung eines neuen Sauerstoffträgers, Wasserstoffperoxid. Flüssiger Sauerstoff galt als zu gefährlich und mußte noch dazu ständig auf –183 Grad C. gekühlt sein. Andere Sauerstoffträger, beispielsweise Schwefelsäure, waren zu aggressiv gegenüber den üblichen Werkstoffen.

Das Wasserstoffperoxid wurde in einer Brennkammer mit Kaliumpermanganat – als Katalysator – versetzt. Dies hatte zur Folge, daß der Sauerstoffträger in Wasserdampf und Sauerstoff zerfiel und über die Düsenöffnung ins Freie geleitet wurde. Der dabei entstehende Impuls trieb das Flugzeug vorwärts.

Die Bezeichnung hierfür hieß: »Kaltes Verfahren«. Bei dem später angewandten Zweistoff-Raketentriebwerk wurden zwei Stoffe mittels Pumpen in einer Brennkammer zusammengeführt und reagierten sofort explosionsartig unter hoher Temperatur miteinander. Dieses »heiße Verfahren« diente bei fast allen realisierten Raketenflugzeugen als Antrieb.

Mit der Gründung des Deutschen Forschungsinstituts für Raketenflug und infolge der in den letzten Monaten eingetretenen Fortschritte bei den Flüssigkeitsraketen-Antrieben wurde das Reichsluftfahrtministerium (RLM) dazu gebracht, daß – auf Vorschlag von Dr. Lorenz – ein schwanzloses Flugzeug für die kommende Erprobung des R-Gerätes zur Verfügung gestellt werden sollte. Die Verknüpfung zwischen Raketentriebwerk und Nurflügelmaschine war somit eingeleitet. Doch noch über ein Jahr sollte bis zu dem »Projekt X« vergehen. Vorläufig galt es, die Grundlagenforschung abzuschließen und mit den »Kinderkrankheiten« der neuartigen Antriebssysteme fertig zu werden. Währenddessen begannen H.-J. Pabst von Ohain und Dipl.-Ing. Max Hahn sich ab April 1936 bei Heinkel in Marienehe intensiv mit den Problemen des Strahlantriebs zu beschäftigen. Zwar lagen die Schwerpunkte eindeutig im Bereich des Turbinenluftstrahltriebwerks (TL), doch auch die Entwicklung von R-Anlagen wurde nicht außer acht gelassen.

Bereits im April 1936 liefen Standversuche

mit einem He 112-Rumpf, in dessen Heck das 1000 kp-Gerät Aufnahme fand. Erste Tests von bis zu 90 Sekunden Brenndauer brachten nur bedingt brauchbare Ergebnisse. Die engen Kontakte zwischen von Braun und Ernst Heinkel trugen jedoch bereits ihre Früchte. Schon im November 1935 hatte der Mitarbeiter Walter Dornbergers Heinkel seine Pläne erläutert. Von Braun benötigte ein Flugzeug, das neben einem herkömmlichen Kolbenmotor auch noch über genügend Platz für die Aufnahme eines R-Geräts verfügen sollte. Ernst Heinkel, dem Neuen immer aufgeschlossen, wurde schnell aktiv und war bereit, schon 1936 einen ersten He 112-Rumpf mit Fahrwerk für die Kummersdorfer Versuche abzustellen. Zu der dort arbeitenden Gruppe Künzel stieß später übrigens auch der Testpilot Erich Warsitz.

Bei seinen Besuchen konnte sich auch Ernst Heinkel die zehn Meter lange Stichflamme ansehen, die aus dem Rumpf der He 112 schoß. Doch zahlreiche Rückschläge behinderten die Arbeiten. Probleme, die keineswegs unterschätzt werden durften. Nach kurzer Zeit wurde durch Explosion einer Versuchsbrennkammer die erste He 112 mit eingebautem Raketenmotor unbrauchbar. Heinkel erfüllte jedoch ohne Zögern den Wunsch von Brauns nach einer zweiten Zelle. Doch bevor es zum Start kam, explodierte erneut das Raketentriebwerk. Mit nur leichten Verletzungen überstand Erich Warsitz die gefährliche Situation.

Das zweite Testflugzeug konnte ebenfalls nicht mehr aufgerüstet werden. Doch wieder half Ernst Heinkel. Nach Rücksprache mit Erich Warsitz wurde noch eine dritte He 112-Zelle bereitgestellt und mit einem R-Gerät versehen.

Darüber hinaus installierte Walter in Zusammenarbeit mit Heinkel ein kleines Flüssigkeitstriebwerk von nur 100 kp Schubleistung unter dem Rumpfboden einer Heinkel He 72 (D-EPAV) und ließ damit Brennversuche im Winter 1936/1937 mit bis zu 45 s Brenndauer durchführen. Danach schlossen sich 1938/1939 zahlreiche Tests mit einer Fw 56 (D-DNYJ) an. Die Maschine verfügte bereits über einen von Walter entwickelten Flüssigkeitsantrieb von 300 kp Leistung. Die Schubleistung konnte durch Auswechseln der Düsen auf 100 kp oder auf 200 kp Schubleistung umgestellt werden. Das Gerät wurde von der Firma Hein-

Versuchsmaschine Fw 56 (D-DNYJ) mit Raketenantrieb.

Heinkel He 112 V5 (retuschierte Aufnahme).

kel in das von einem As 10C-Kolbenmotor angetriebene Versuchsflugzeug eingebaut und gleichzeitig die dadurch notwendig gewordene Rumpfverstärkung vorgenommen. Das Gewicht des Zusatzschubgeräts betrug einschließlich aller Leitungen, Ventile und Halterungen nur 53,7 kg. Durch die Zurüstung eines 80 l fassenden Auxölbehälters hinter dem Führersitz verschob sich der Schwerpunkt, so daß 90 kg Zusatzgewichte am Motorvorbau befestigt werden mußten. Bei den Versuchen zeigte sich, daß bei der Benutzung einer 300 kp-Düse der Treibstoff viel zu rasch durchlief und zu einer überschnellen Änderung des Längsmoments führte. Aus diesem Grunde wurden alle nachfolgenden Tests mit nur 200 kp Nennzusatzschub bei fast 40 s Wirkungsdauer geflogen. Mit der 1107 kg schweren Maschine wurde im Vollgas-Geradeausflug die zusätzliche Schubleistung gemessen. Danach folgten Kurvenflüge mit und ohne zusätzlichen R-Antrieb. Wegen des akuten Zeitmangels konnten nur vier Startversuche, noch dazu bei sehr ungünstiger Wetterlage, unternommen werden. Die Tests ergaben – laut dem abschließenden Bericht vom 14. 7. 1939 – eine maximale Bahngeschwindigkeit

von 57,5 m/s anstatt 45,5 m/s sowie eine Steiggeschwindigkeit von 16,2 m/s statt der 6,2 m/s ohne zusätzlichen Raketenantrieb. Insgesamt kam es zu 30 Flügen mit Zusatzschub. Nur bei zweien davon – mit der Düseneinstellung für 200 kp Schub – arbeitete das Gerät nicht einwandfrei, da eine Leitung teilweise durch den kristallisierten Katalysator – wegen der zu kalten Witterung – verstopft war. Eine Umwicklung des Rohres sowie das zusätzliche Aufwärmen brachte schnelle Abhilfe.

Im Januar 1937 veranlaßte das RLM, daß die einzige He 52 (D-IBAA) mit Radfahrwerk, im Prinzip eine abgewandelte He 51 mit vergrößerter Tragfläche, mit einem 130 kp-Ofen ausgerüstet wurde. Mit der Versuchsanlage gelangen 45 s-Läufe ohne jegliche Probleme.

Der von Erich Warsitz daraufhin mit einer He 112 in Neuhardenberg, nordöstlich von Berlin, mit Hilfe des Kolbentriebwerks erfolgte Start und die spätere Zuschaltung des R-Motors waren die notwendige Fortsetzung dieser grundlegenden Arbeiten. Doch der Erstflug verlief keineswegs problemlos. Erich Warsitz brach den Testflug ab und setzte im Außenbereich des Platzes zur Notlandung an. Er war zunächst der Auffassung gewesen, daß das

15

Perspektivzeichnung der He 176.

Heck und Leitwerk Feuer gefangen hätten. Die Untersuchung der Maschine ergab, daß infolge des im Rumpf aufgetretenen Sogs, kurz nach dem Abschalten des R-Geräts, für einige Sekunden der Raketenstrahl ins Flugzeuginnere gezogen worden war. Dabei hatten sich lediglich einige Kabel entzündet. Die He 112 wurde bei der Landung aber so stark beschädigt, daß man die Versuche unterbrechen mußte. Im Laufe des Jahres wurden nach der Wiederaufrüstung der Maschine noch mindestens drei Flüge durchgeführt und dabei auch erstmals mit reinem R-Antrieb gestartet. Es gelang zudem, ein leistungsfähigeres R-Gerät mit 120 s Betriebsdauer in die He 112 einzubauen und problemlos mit dessen Hilfe zu fliegen. Auch dieses Flugzeug ging geraume Zeit später, am 18. 6. 1940, bei der Explosion des von Braun entwickelten R-Antriebs verloren.

Gerhard Reins, der zusammen mit Hans Fischer und Wilhelm Dettmering, an den Versuchen maßgeblich beteiligt war, kam dabei ums Leben. Eines hatten die Versuche mit der He 112 jedoch schon 1936/1937 gezeigt, der neuartige Antrieb hatte, neben dem Kolbentriebwerk, schnell seine Daseinsberechtigung bewiesen.

Ernst Heinkel konnte nun mit der Entwicklung eines reinen Raketen-Forschungsflugzeugs, der späteren He 176, beginnen. Der maßgebliche Entwurf stammte von Walter Günther, die Konstruktion lag in den bewährten Händen von Karl Schwärzler. Heinrich B. Helmbold wurde während dieser Phase zu einem geschätzten Mitarbeiter, dessen theoretische Kenntnisse der R-Technik die Arbeiten an der He 176 überaus wirkungsvoll förderten.

Bei der Konzeption des He 176-Entwurf

16

Sonderkraftstoffe

A	– Stoff	Flüssiger Sauerstoff
B	– Stoff	Hydrazinhydrat
C	– Stoff	Gemisch aus 30% Hydrazinhydrat, 57% Methanol, 13% Wasser mit Kalium-Kupfer-Cyanid-Anteilen
M	– Stoff	Methanol
R	– Stoff	Tonka 250, Gemisch aus 50% Rohxylidin F und 50% Triaethylamin
S	– Stoff	Salbeik, Gemisch aus 96% Salpetersäure und 4% Eisenchlorid
Sv	– Stoff	Salbei, Gemisch aus 90 bis 98% rauchende Salpetersäure, 2 bis 10% Schwefelsäure
T	– Stoff	Wasserstoffsuperoxid
Z	– Stoff	Wässrige Lösung aus Natrium- oder Kaliumpermanganat

dachte Heinkel vornehmlich daran, schnelle Fluggeräte zu schaffen, die neben hohen Horizontalgeschwindigkeiten auch hervorragende Steigleistungen erbringen würden. Neben Siegfried Günther unterstützte auch der bewährte Aerodynamiker Paul Bäumer die Arbeiten an dem überaus fortschrittlichen Testflugzeug.

Die Maschine war als freitragender Ganzmetall-Tiefdecker mit Einziehfahrwerk konzipiert. Sie wurde von einem Hellmuth Walter HWK des Typs Ri-203 mit einem Standschub von 600 kp angetrieben. Die Schubleistung in 9000 m Flughöhe betrug rechnerisch knapp 700 kp. Bei diesem Aggregat wurde 84%iges Wasserstoffsuperoxid (als Sauerstoffträger) und ein Methanolgemisch (als Brennstoff) verwandt. Das im Spätherbst 1937 begonnene Musterflugzeug konnte erst 1938 fertiggestellt werden. Die in konventioneller Schalenbauweise hergestellte Maschine besaß eine Flügelfläche von nur 5,4 qm. Dies bedingte eine hohe Flächenbelastung von etwa 300 kg/qm. Hitzige Diskussionen hatten sich bei der Frage ergeben, welches Raketentriebwerk eingebaut werden sollte. Die Entscheidung über das in der Rumpfmitte zu installierende Aggregat fiel zugunsten eines Walter HWK, das zwar nur die Hälfte des von Braun entwickelten und inzwischen zur Starthilfe herangereiften Raketenofens erbrachte, aber auch nur 50% dessen Gewichts aufwies. Erst für die zweite He 176 sollte schließlich das von Braunsche Triebwerk zum Einbau gelangen. Infolge des frühen Kriegsausbruchs wurde diese Planung jedoch nicht mehr realisiert.

Die Zelle der He 176 wurde nach ihrer Fertigstellung nach Peenemünde überführt und erst dort mit dem Ri-203-Aggregat versehen.

Heckteil der He 176 V1 während der Prüfstanderprobung.

17

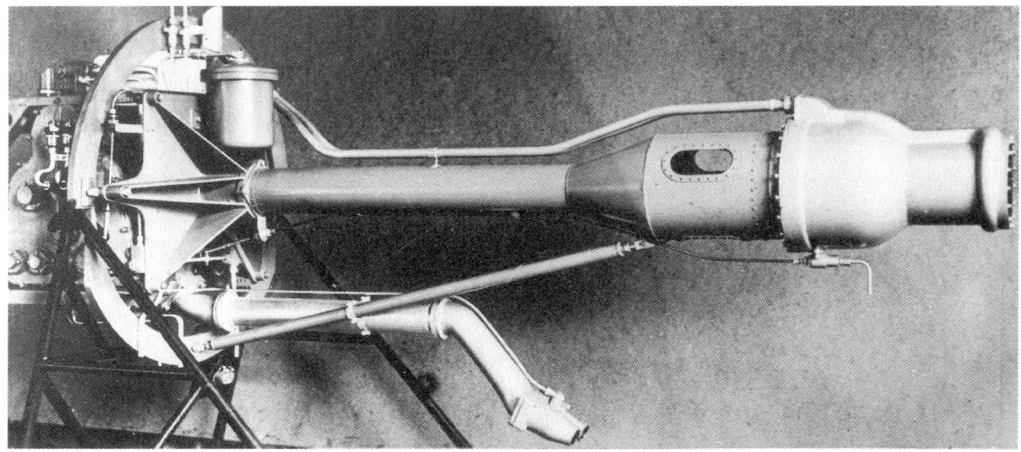

Anfang 1939 folgten Standläufe durch die von Walter Künzel geleitete Entwicklungsgruppe sowie erste Rollversuche im Schlepp eines schnellen Kraftfahrzeugs. Erich Warsitz führte kurze Zeit später erste Rollversuche durch, wobei er mehrfach das HWK für Sekunden zuschaltete. Die starke Schubleistung überraschte selbst den erfahrenen Warsitz. Im März 1939 kam es zu einer Serie von mehr oder minder kurzen Luftsprüngen. Besonders problematisch für den Piloten war es, die He 176 überhaupt in Startrichtung zu halten, da das Leitwerk für Geschwindigkeiten um 800 bis 900 km/h ausgelegt war und die übliche Wirkung des Luftschraubenstrahls fehlte. Dazu kam, daß das nur kurz vor dem Schwerpunkt der Maschine liegende, recht schmale Hauptfahrwerk beim Bremsen sehr vorsichtig bedient werden mußte. Schon geringe Bodenunebenheiten und kleine Fehler führten zur Beschädigung von Kanzelverkleidung oder Flächenendstücken. Es dauerte noch bis Anfang Juni 1939, ehe Warsitz den Erstflug – sozusagen unter Ausschluß der Öffentlichkeit – am 20. 6. 1939, in Peenemünde durchführen konnte. Der Start, wie auch der anschließende

nur 50 Sekunden dauernde Flug verliefen ohne besondere Probleme. Warsitz landete glatt auf dem Fliegerhorst Peenemünde-West.

Im Beisein von Ernst Heinkel, Staatssekretär Erhard Milch sowie Generalingenieur Lucht und führender Mitarbeiter des Technischen Amtes und der Heinkel-Werke wurde der zweite Flug nur einen Tag später angesetzt. Trotz der ungünstigen Witterungslage gelang auch dieser Flug ohne Schwierigkeiten. Nach der Landung ernannte der Generalinspekteur der Luftwaffe, Milch, Erich Warsitz spontan zum Flugkapitän. Ernst Udet jedoch untersagte ihm jeden weiteren Flug mit der He 176. Nach einigen weiteren Wortwechseln ließ sich dieser dazu bewegen, das ausgesprochene Flugverbot aufzuheben und einige weitere Testflüge mit der He 176 zu bewilligen, nachdem Erich Warsitz dessen ehrliche Zweifel an der Gefährlichkeit des R-Geräts zerstreut hatte. Ende Juni schien es, als würde die He 176 vorzeitig zu einem Museumsstück. Das Flugverbot blieb fortbestehen und wurde nur für die Vorführung vor Hitler, in Rechlin-Roggentin, gelockert. Die ablehnende Haltung Ernst Udets und die nur bedingte Bereitschaft

18

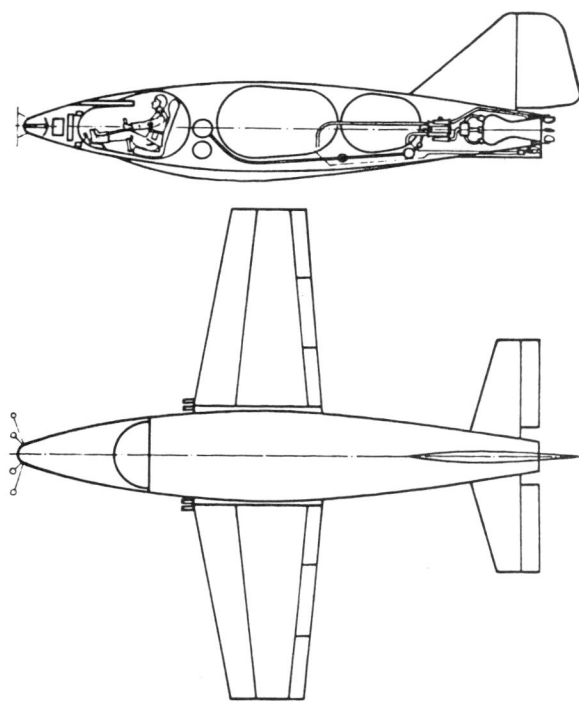

Wernher von Brauns Höhenjäger-Projekt I, 27. 5. 1942.

Hitlers und Görings, auf das neuartige Fluggerät zu setzen, wirkte sich nicht gerade fördernd
für die Idee des Strahlflugs aus. Trotz der Ein-

**Projektskizze des mobilen Einsatz des von Braunschen
Abfangjägers vom LKW aus.**

schätzung seitens Ernst Heinkels und Erich
Warsitz' vom 27. 8. 1939, daß den Strahlflug-
zeugen über lang oder kurz die Zukunft ge-
höre, fehlte die nachhaltige Förderung durch
das RLM. Als durchaus richtig erwies sich in
diesem Zusammenhang die weitsichtige Aus-
sage von Karl Schwärzler, daß sich das R-
Flugzeug nur für den Einsatz in mittleren und
größeren Höhen eignen würde. Die Entwicklung der Me 163, wie auch der übrigen Strahl-
und Raketenflugzeuge, sollte dem grundsätzlich Rechnung tragen.

Für die He 176 V1 kam jedenfalls schon am
12. 9. 1939 das »Aus«. In der Weisung Ernst
Udets über die Verringerung der Entwicklungsvorhaben zwecks der »notwendigen
Konzentration« hieß es bezüglich des Heinkel-
Flugzeugs: »Alle Arbeiten werden sofort abgebrochen«.

Die Maschine wurde, nachdem sie monate-
lang im Werk Rostock-Marienehe gestanden
hatte, zerlegt und nach Berlin geschafft, wo sie
in noch verpacktem Zustand bei einem alliierten Luftangriff zerstört wurde.

Wenige Wochen nach dem Erstflug der
He 176, am 6. 7. 1939, legte Wernher von
Braun seine Pläne für einen eigenen, raketengetriebenen und noch dazu senkrecht aufstei-
genden Interceptor dem RLM vor.

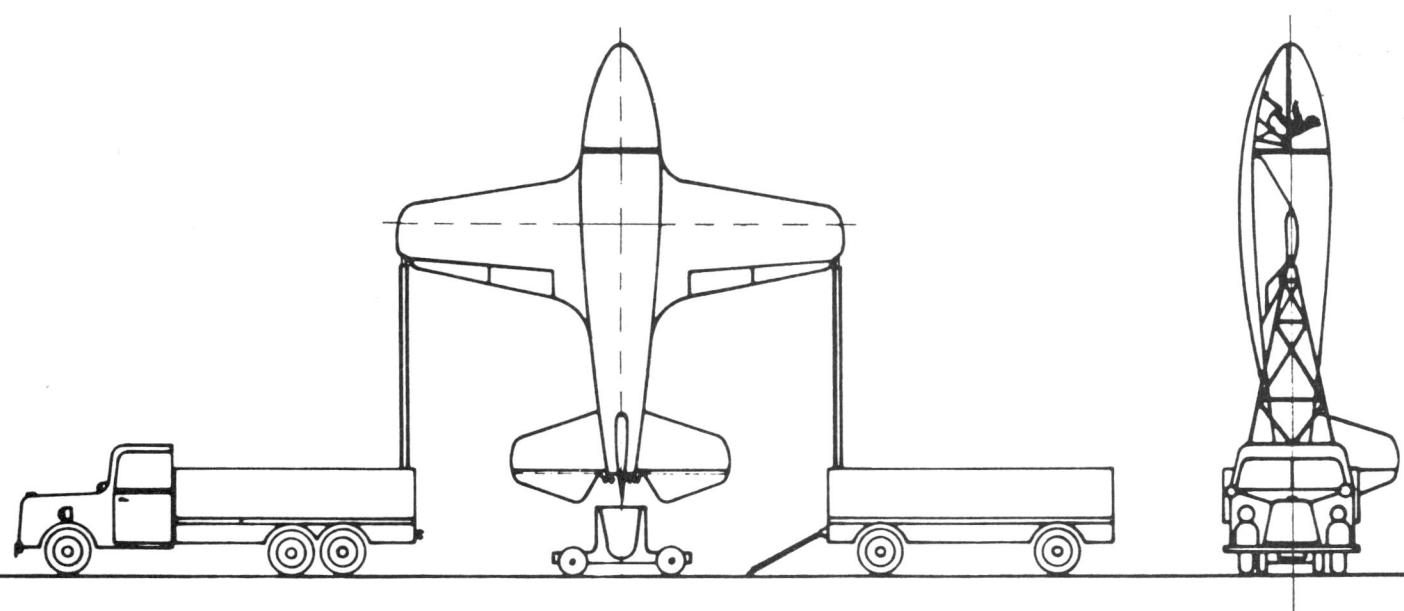

RAKETENANTRIEBE

RLM-Bezeichnung	1. Bezeichnung	Hersteller	Verwendung
109–500 A	RI 203 A	HWK	Antrieb der DFS 194
109–501 B	RI 203 B	HWK	Antrieb der Me 163 AV 4 – AV13
109–502 A	RI 202 A	Rh-Metall	Antrieb der BV 143 A
109–502 B	RI 202 B	Rh-Metall	Einbau bei DFS 230
109–502 C	RI 202 C	Rh-Metall	Einbau bei DFS 230
109–503		HWK	Starthilfe
109–505		Rh-Metall	Antrieb der F25 »Feuerlilie« und Me 262 (Versuch)
109–506		WASAG	Antrieb der X-7
109–507 A	RII 260/I	HWK	Antrieb der Hs 293 V3 – V5
109–507 B	RII 260/2	HWK	Antrieb der Hs 293 V6 – V8, A-0 – A-2, CV1 – CV4
109–507 C	RII 260/3	HWK	Antrieb der Hs 293
109–507 D	RII 260/4	HWK	Antrieb der Hs 294 und 295
109–509 A-0	RII 211/1	HWK	Antrieb der Me 163 und Schleppjäger »Eber«
109–509 A-1	RII 211/2	HWK	Antrieb der Me 163 B-0 und Ba 349 B »Natter«
109–509 A-2	RII 211	HWK	
109–509 B	RII 211	HWK	Antrieb der Me 163 B-1 und Ar E 381
109–509 C	RII 211	HWk	Antrieb der Me 163 C und Ju 248 (Me 263)
109–509 D	RII 211	HWK	Antrieb des Me 262 Interceptors III-Projekts
109–509 S-1	RII 211/3	HWK	Antrieb der Me 262 C-1
109–509 S-2	RII 211	HWK	Antrieb der Me 262 C-3
109–509 S-3	RII 211	HWK	Antrieb der DFS 228
109–510 A	P 3390 A	BMW	Antrieb für Me 163 B-0/B-1 (*)
109–510 B	P 3390 B	BMW	Antrieb für Me 163 B-0/B-1 (*)
109–510 C	P 3390 C	BMW	Antrieb für Me 163 C (*)
109–511	P 3374	BMW	Antrieb für Hs 293 A u. Hs 298
109–512		WASAG	Antrieb der Hs 293 GV und Ba 349 (Alternativantrieb)
109–513		Schmidding	Antrieb der Hs 203 HV2 – HV7 und Hs 298 (Alternativantrieb)
109–515		Rh-Metall	Antrieb der F 55 »Feuerlilie« und Hs 293 V2

RLM-Bezeichnung	1. Bezeichnung	Hersteller	Verwendung
109–519		Rh-Metall	Feststoff-R-Antrieb
109–522		WASAG	Feststoff-R-Starthilfe
109–528	P 3377	BMW	Antrieb für BV LT L 1000b
109–532	RI 502 B	WASAG	Starthilfe für Me 262, He 162 und Ba 349, Bremshilfe bei DFS 230, Erp. für Hs 293 A
109–533	SG 34	Schmidding	Starthilfe für Me 262 B-2, Me 163, Ba 349 und als Antrieb Hs 293 FV1-3
109–543	SG 32	Schmidding	Antrieb für Hs 298 und Hs 293 HV 2-HV 7
109–545		Rh-Metall	Verwendung unbekannt
109–548	P 3378	BMW	Antrieb für X4 und BV 143
109–553		Schmidding	Antrieb für Enzian E1, Hs 117 und Starthilfe Ba 349
109–558	P 3386	BMW	Antrieb der Hs 117 V-Muster
109–559		HWK	Stark vereinfachter Antrieb für Ba 349 »Natter«
109–563		Schmidding	Feststoff-R-Starthilfe für Me 262 A und B
109–573		Schmidding	Feststoff-R-Starthilfe
109–593		Schmidding	Feststoff-Unterwasserantrieb
109–603		Schmidding	Antrieb für X-4
109–708	P 3390 C	BMW	Antrieb für Me 163 C
109–718	P 3395	BMW	Antrieb der Me 262 C-2b (BMW 109–003 R), ferner Ar 234 R
109–729		HWK	Antrieb für Hs 117
109–739		Konrad	Antrieb der Enzian E4
–	P 3370 / RI 301	BMW	Pressgas-Starthilfe für Ju 88, Versuchsserie
–	P 3371 / RI 303	BMW	Starthilfe, nur 1 Versuchsmodell gebaut
–	P 3372	BMW	Abwerfbare Starthilfe aus P 3370 entstanden, Projekt
–	P 3373 / RI 302	BMW	Abwerfbare Starthilfe, nur Wasserversuche, 1942
–	P 3375 / RII 301	BMW	Antrieb für Hs 294, nur als Projekt bearbeitet
–	P 3376	BMW	R-Projekt, Juni 1942

Am 27. 5. 1942 reichte von Braun seinen neuen Interceptor ein, der nun anstatt eines Mittel- die Form eines Tiefdeckers hatte und anstatt des Serienstarts aus der Halle, beweglich von einem LKW mit Anhänger aus, gestartet werden sollte. Die Maschine sollte mit einem Suchgerät ausgestattet werden und hätte damit auch als Nah-Nachtjäger zum Einsatz kommen können. Das RLM sperrte sich – wen sollte es wundern – auch gegen diesen Entwurf, da das Arbeiten mit den Sonderkraftstoffen und die gesamte Bodenorganisation dort als viel zu aufwendig erschien.

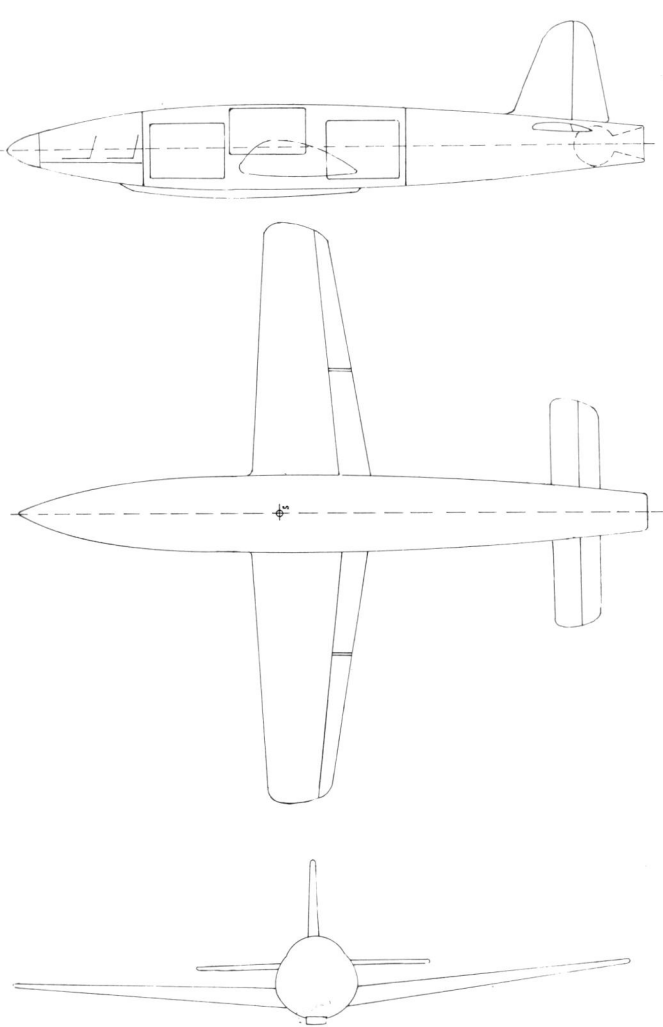

Höhenjagdflugzeug Fi 166 mit Raketenantrieb.

Auch der am 20. 10. 1944 vorgeschlagene verbesserte, vollautomatisch in Zielnähe gelenkte R-Interceptor fand wegen der Ba 349 und anderer senkrechtstartender Verlustgeräte keinerlei Zustimmung beim Technischen Amt. Ebenso erging es den unterschiedlich ausgelegten Fieseler-Projekten der Ausführungen Fi 166 I bis IV, die teilweise im Mistelverfahren auf Höhe gebracht werden sollten und mittels einer äußerst komplizierten

Steuerungsanlage gegnerische Flugzeuge in über 12 000 m Höhe wirksam vernichten sollten. Nach pessimistischen Stellungnahmen von RLM-Größen durften die interessanten Pläne nicht weiterbearbeitet werden.

B. STARTHILFEN, DIE VORBOTEN DER RAKETENFLUGZEUGE

Außer als Antrieb für unterschiedlich ausgelegte Raketenflugzeuge ließen sich Raketentriebwerke vor allem als Starthilfen nutzen.

Konstrukteure der Junkers-Werke in Dessau sahen darin eine Chance, »schwerbeladene Wasserflugzeuge mit Rückstößern als Zusatzkraft« problemlos zu starten. In einer ersten Pressemitteilung des Junkers-Nachrichtendienstes vom 20. 7. 1929 wurde bekanntgegeben, daß Versuche mit Zusatzraketen als Starthilfen seit einigen Monaten unternommen wurden. Anders als von der Presse vermutet, hatten die Tests jedoch »nicht das geringste mit dem Eindringen in größere Höhenbereiche« zutun. Bei künftigen Junkers-Höhenflugzeugen, etwa der von einem Jumo L 88 angetriebenen Ju 49, die Ende 1929 in Zusammenarbeit zwischen der Notgemeinschaft der deutschen Wissenschaft, der DVL und Junkers konzipiert wurde, waren nur Flüssigkeitsstarthilfen geplant. Als die Maschine am 2. 10. 1931 erstmals in Dessau flog, geschah dies allerdings ohne Raketenhilfe.

Am Morgen des 25. 7. 1929 wurde eine versuchsmäßige Anlage erstmals unter den Tragflächen eines Junkers W 33-Wasserflugzeugs angebracht und praktisch erprobt. Die Schubwirkung der sechs kleinen Eisfeld-Raketen befriedigte jedoch noch längst nicht. Imposant für die zuschauenden Techniker und Ingenieure war jedoch die immense Rauchentwicklung. Es folgten noch einige weitere Versuche mit der W 33. Obwohl sich gezeigt hatte, daß man im Grunde auf dem richtigen Weg war, stellte Junkers die Arbeiten mit eigenen Flüssigkeitsraketenantrieben wenig später ein.

Neben diesen eher in Einzelfertigung produzierten Geräten unterschiedlicher Ausführung und Konzeption entstanden erst kurz vor dem Zweiten Weltkrieg serienmäßige Flüssigkeits-Startantriebe bei der Firma Hellmuth Walter KG in Kiel. Schmidding in Tetschen-Bodenbach sowie die WASAG (Westfälisch-Anhaltsche Sprengstoff AG) in Reinsdorf und die Firma Rheinmetall-Borsig AG in Berlin-Marienfelde beschäftigten sich dagegen vornehmlich mit Feststoffantrieben.

Die Flüssigkeitsantriebe sollten hauptsächlich zur Verkürzung der Startstrecke bei schweren, überladenen Kampf- und Transportflugzeugen in Frage kommen. Nach den ersten erfolgreichen Versuchen mit Raketeneinbauten bei der He 72, Fw 56, He 112 und He 176 hatte Hellmuth Walter viele praktische Erfahrungen gesammelt. Danach kam es im Frühsommer 1937 nach langwierigen theoretischen Vorklärungen zu einer ganzen Anzahl von meist erfolgreich verlaufenden Standläufen mit Prototypen einer Raketenstarthilfe, die zunächst bei einer He 111 H praktisch erprobt wurde. Das über 13 000 kg schwere Kampfflugzeug rüstete man versuchsweise mit zwei Schubhilfen der Ausführung 109-500 V1 aus. Die gewonnenen Ergebnisse dieser Versuche führten zu einem leicht verbesserten Zusatzantrieb, der Walter-Raketenstarthilfe mit der Serienbezeichnung 109-500 A1. Es handelte sich hierbei um einen Flüssigkeitsraketenantrieb mit einer Schubleistung von maximal 500 kp und einer Brenndauer von etwa 30 s. Die kompakte, inoffiziell als »Kraftei« benannte Anlage funktionierte auf dem Prinzip der Zersetzung von Wasserstoffsuperoxid durch Zusatz eines geeigneten Katalysators. Das ovale, an der Stirnseite für die Aufnahme eines Bergungsfallschirms leicht abgeplattete Gerät, hatte eine Länge von 1,42 m und einen größten Durchmesser von 0,68 m.

Die meist paarweise angebrachten Zusatz-

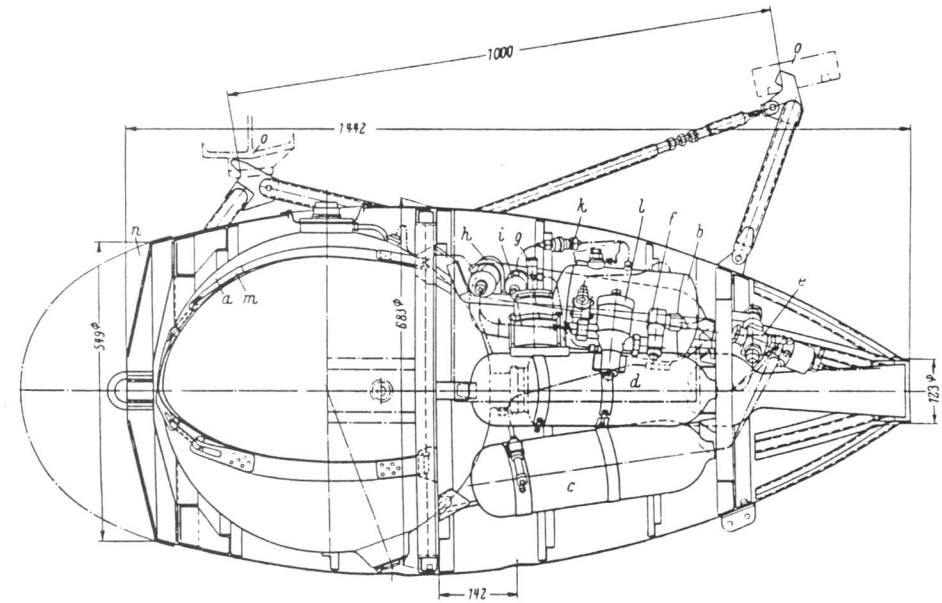

Werkzeichnung des 109-500-Geräts.

22

Starthilfe 109-500 A1 mit einer Schubleistung von 500 kp bei 30 s Brenndauer vor einer Ju 88 A-4. (BA)

Wartung einer Starthilfe auf
dem eigens dafür konstruierten
Transportwagen.

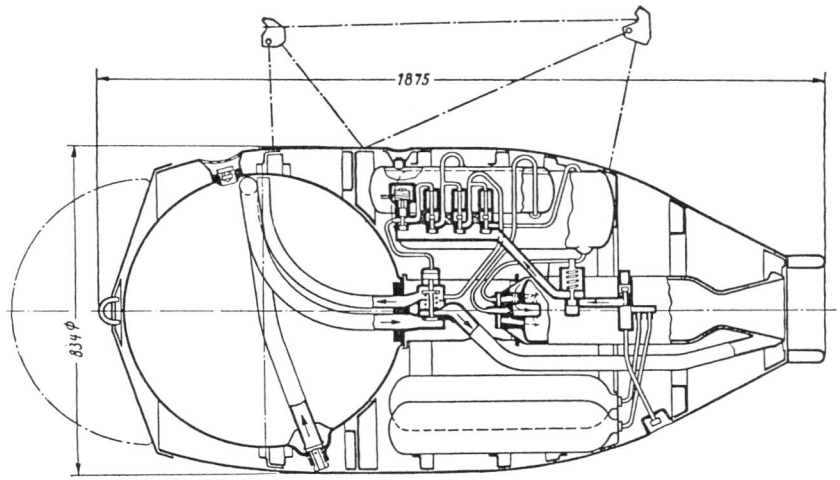

Seitenansicht des Walter-Geräts
109-501 mit 30 s Brenndauer.

antriebe wurden sofort nach dem Verbrauch des Sonderkraftstoff abgeworfen und schwebten, an kleinen Fallschirmen hängend, wieder zur Erde zurück. Mehr als 3000 Starts von überladenen Einsatzmaschinen, aber auch Seeflugzeugen, wurden ohne einen schwerwiegenden Unfall absolviert. Ferner erhielt die zum 10 000 km-Flug startende He 116 im Juli 1939 Schubhilfen, um beim Startvorgang Treibstoff zu sparen. Neben den nach dem »kalten Verfahren« funktionierenden Walter-Geräten wurden in Kiel noch zwei weitere abwerfbare Raketenstarthilfen produziert. Es handelte sich dabei um den schweren Zusatzantrieb 109-501 mit 1500 kp Schubleistung sowie um einen mittleren mit der RLM-Be-

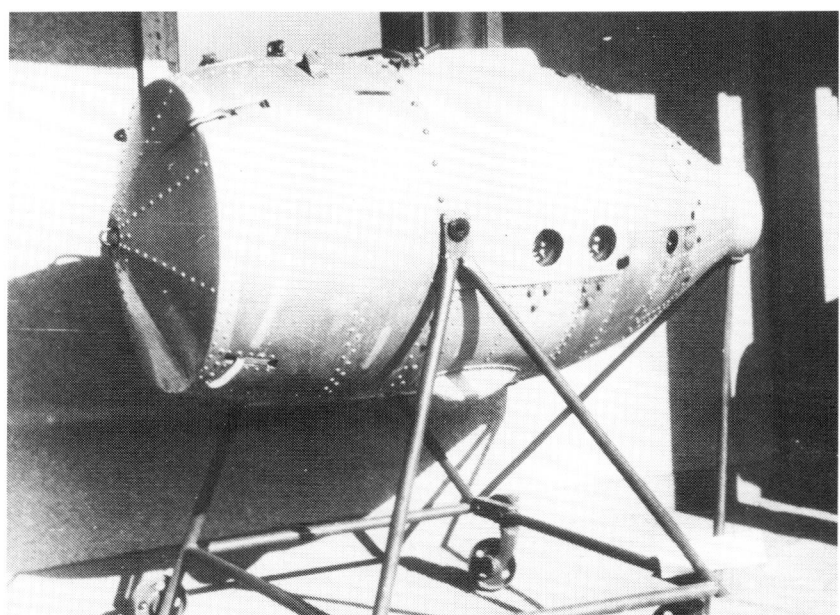

**Walter Starthilfe 109-501
mit 1500 kp Schub auf dem
Montagebock.**

24

Erstes Musterflugzeug der He 111 H-6 mit zwei zusätzlichen Flüssigkeitsraketenantrieben.

Start dreier schwer beladener He 111 H-Kampfflugzeuge mit untergehängten Walter-Triebwerken.

Aufnahme während der Erprobung einer Walter-Starthilfe aus dem Seitenfenster einer He 111 H-6.

zeichnung 109-503. Die wesentlich schub-stärkeren Geräte arbeiteten nach dem »heißen Verfahren«, wie es von der Me 163 B bekannt ist. Hierbei wurde Wasserstoffsuperoxid nach der erfolgten Zersetzung als Sauerstoffträger mit Brennstoff, dem etwas Hydrazin-Hydrat zugesetzt war, bei Temperaturen von bis zu 2000 Grad C, verbrannt. Die Kraftstofförde-rung erfolgte, wie beim vorangegangenen 109-500, über komprimierte Luft. Die Starthilfe hatte ein Gewicht von etwa 250 kg und faßte an Sonderkraftstoffen 220 kg Wasserstoffsu-peroxid, 20 kg Petroleum und 12 kg Katalysa-torgemisch. Damit ergab sich bei 250 kg Leer-masse ein Einsatzgewicht von gut 500 kg. Die Bergung der mehrfach wiederverwendbaren Anlagen erfolgte gleichfalls mit einem Fall-schirm.

Die Ausführung 109-503 sollte einen kon-stanten Schub von 1000 kp über eine Zeit von 43 s abgeben und eine modifizierte Brenn-kammer erhalten. Bis auf die Produktion einer kleinen Versuchsserie kam es zu keiner weite-ren Fertigung. Neben dem 109-503 kam später das 109-509 in relativ großen Stück-zahlen heraus. Die meisten der Aggregate waren dagegen als Steig- und Marschgeräte für die Me 163/263, Bachem »Natter« und DFS 228 geplant:

109-509 A-0	1 Brenn-kammer	mit konstant 1500 kp Schub
109-509 A-1	1 Brenn-kammer	mit 100 bis 1600 kp Schub
109-509 A-2	2 Brenn-kammern	mit 200 bis 1700 kp Schub und konstant 300 kp Schub

Junkers Ju 88 A-17-Torpedobomber mit zwei Starthilfen.

Überladene Einsatz-
maschine des KG 77
während des Start-
vorgangs.

109-509 B	1 Brenn- kammer	mit 200 bis 2000 kp Schub
109-509 C	2 Brenn- kammern	mit 400 bis 2000 kp Schub und konstant 400 kp Schub
109-509 D	2 Brenn- kammern	mit 400 bis 2000 kp Schub und konstant 400 kp Schub
109-509 S	1 Brenn- kammer	mit 200 bis 2000 kp Schub

Auch bei BMW entstanden mehrere Versuchs-
triebwerke mit der Bezeichnung P 3370 bis

3373 und 3380, welche jedoch ausschließlich als Starthilfen dienten.

Beim Projekt P 3370 hatten die Arbeiten im Herbst 1940 begonnen und zeigten nach der Einführung eines selbständig gesteuerten Düsenkopfes gute Ergebnisse. Wegen der Kompliziertheit der Leichtmetall-Brennkammer des P 3380 bekam man das System nicht dicht.

Daneben befaßte man sich in Berlin-Spandau noch mit dem P 3371, einer Starthilfe mit eigener Pumpenanlage. Die ersten praktischen Versuche beim P 3371 gelangen Anfang 1941. Die Versuchsergebnisse lagen etwa 10% höher als erwartet. Bis etwa August 1941 galt das Gerät als betriebsreif. Dennoch explodierte das erste P 3371.

Abwurf der Starthilfen
mittels Fallschirm von
der BV 138. (BA)

Die Erfahrungen mit dem Versuchsgerät P 3370 wurden inzwischen beim P 3372 eingebracht, das die erste Starthilfe auf Salbei-Basis darstellte. Für das Gerät P 3373, einer weiteren Starthilfe, erteilte das RLM einen Entwicklungsauftrag. Die Arbeiten schritten bis Ende 1941 weit voran.

Am 15. 6. 1942 kam es zu einer ausführlichen Besprechung zwischen Dipl.-Ing. Zborowski und den Herren Hedwig, Josmond und Weigang vom RLM. Danach stand die Wichtigkeit der einzelnen Arbeiten zweifelsfrei fest. BMW hatte schwerpunkthaft folgende Geräte in der Reihenfolge P 3390, 3374 und 3373 zu entwickeln. Der Auftrag über die Starthilfe P 3370 (Rl 301) war dagegen abzuschließen. Die schon gefertigten Teile sollten bei anderen Vorhaben Verwendung finden oder gar verschrottet werden. Neben dieser 1000 kp-Schubhilfe mit einer Brenndauer von 30 s und einem Vollgewicht von 420 kg wurde auch die abwerfbare Starthilfe P 3371 gestrichen. Erwähnenswert ist in diesem Zusammenhang, daß die Treibstoffe nicht mittels Preßgas, sondern durch Pumpen der Brennkammer zugeführt wurden. Bis auf das nur 100 kp leistende Modell kam es hier zu keiner weiteren Fertigung.

Dem Gerät BMW P 3372 (Rl 305), mit seinen 1500 kp Schub und 45 s Funktionsdauer, erging es ähnlich. Unter Verwendung der Schrotteile des P 3370 wollte man mindestens ein Versuchsgerät herstellen, ein Vorhaben, das anscheinend keine Realisierung mehr fand.

Von dem P 3373 wurden bis Dezember 1942 nur drei Versuchsgeräte für Wasserläufe hergestellt. Das Anlassen und Zünden sollte hier mittels Gaspatronen bewerkstelligt werden. Das anfänglich bestandene Interesse seitens des RLM schwand allerdings schnell. Die

Starthilfe P 3380 entstand in Berlin-Spandau zumindest in Form von vier Musterbrennkammern. Die auf Basis von Sauerstoff und Benzin arbeitende Anlage sollte einen Schub von 1000 kp besitzen. Wegen der Umstellung auf andere Kraftstoffe kam es schließlich zur Aufgabe des Projekts. Soweit die nur relativ kurze Entwicklungsgeschichte der BMW-Starthilfen, die nie praktisch von der Luftwaffe genutzt wurden.

Mit einer DFS 230 unternahm die E-Stelle Peenemünde-West Anfang Oktober 1942 Startversuche mit zwei Rheinmetall-Pulverraketen der Ausführung Rl 502 mit einer Schubleistung von 1000 kp und einer Brenndauer von sechs Sekunden. Insbesondere hatten die Techniker der Erprobungsstelle den Auftrag, die Betriebssicherheit der R-Anlage zu untersuchen und gleichzeitig die Brauchbarkeit des Raketenstarts bei der DFS 230, insbesondere beim Hochgebirgseinsatz, zu testen und deren Flugleistungen zu ermitteln. Kritisch war vor allem die Startphase, da der Lastenseglerpilot im Augenblick des Starts mit der linken Hand steuern und mit der rechten die Zusatzraketen auszulösen hatte. Zudem mußte der Flugzeugführer umgreifen, um das Fahrwerk abzuwerfen. Den eigentlichen Flugversuchen gingen zwei Standversuche voraus, welche einwandfrei abliefen. Danach kam es zu vier mißglückten Raketenstarts. Im Bericht der Erprobungsstelle vom 28. 10. 1942 mußte darauf hingewiesen werden, daß die Schubhilfen vorerst nicht freizugeben waren.

Die DFS schlug am 26. 10. 1942 die Möglichkeit vor, Lastensegler mittels Bremsraketen schnell zum Stehen zu bringen. Unter Verwendung von Sander-Raketen entwickelte man in Ainring eine entsprechende Anlage, die eine Schubkraft entgegen der Flugrichtung von knapp 2500 kp für die Dauer von bis zu zwei

Sekunden aufwies. Bei Versuchen wurde damit eine Landewegverkürzung von normalerweise 200 m auf nur 40 m erzielt. Die Raketen waren in einem Stahlblechkasten von 0,34 m × 0,27 m Größe untergebracht und in sechs Reihen gegliedert. Zunächst zündete man die »Raketenbatterie« in fünf Intervallen. Aber auch bei nur drei Zündfolgen kam die DFS 230 bereits zum Stillstand, ehe noch die letzte Raketenreihe zum Tragen kam. Schließlich schaltete man die Raketen in zwei Zündfolgen von jeweils 24 Raketen, die man in je drei Reihen installiert hatte. Auf einer Schneepiste verkürzte sich der Landeweg auf nur 80 m.

Außerdem sah der für die Versuche verantwortliche F. Stamer, daß die große Rauchwolke ein genaues Anvisieren der Besatzung nach einer Landung nahezu unmöglich machen würde und ihr Gelegenheit gab, relativ unbeschadet die Maschine zu verlassen und in Stellung zu gehen. Ob es außer den 14 »Kampfseglern« für die Fallschirmtruppe, die zwischen Januar und Juli 1944 bei Mraz produziert wurden, noch weitere DFS 230 C-1 gab und außer einem Versuchsmuster mit Raketenbremshilfe noch andere gebaut wurden, ließ sich bisher nicht klären. Eine entsprechende Anlage sollte auch bei der Ausführung der DFS 230 D-1, deren Musterflugzeug, die DFS 230 V7, Kennung DV+AV, jedoch noch keine Bremsraketenlage besaß, installiert werden. Für spätere Serienmaschinen sollte eine der DFS 230 C-1 entsprechende Anlage Verwendung finden, wie dies Werkszeichnungen eindeutig belegen. Nach den bei den DFS 230 in Ainring angestellten Versuchen wollte man die späteren »Sturmsegler« mit Start- und Bremshilfen des Typs 109-522 oder 109-532 ausstatten.

Nahaufnahme der Bremsraketen-
anordnung bei der DFS 230 C-1.

Rumpfbug einer DFS 230 C-1 mit verkleideter Raketenbremsanlage im
vorderen Rumpfteil.

Bei der DVL in Berlin wurden ab Mai 1944 Windkanalversuche als Vorbereitung eines künftigen »Punktlandeflugzeugs« unternommen. Es trug zunächst die Bezeichnung Gotha P 53 Z und erhielt später die Benennung Go 345. Die Entwurfsbeschreibung der Gothaer Waggonfabrik stellte ein zehnsitziges Flugzeug vor, das im Schlepp bis nahe an den Zielraum gebracht wurde, und das das eigentliche Zielobjekt mittels zweier Argus Schubrohre anfliegen konnte. Die in der Spannweite 21,0 m messende Maschine hätte eine Länge von 13,0 m und eine Höhe von 4,2 m aufgewiesen. Als Gewicht der Sonderentwicklung nahm Gotha im Leerzustand maximal 2909 kg, mit Besatzung, Treibstoff und Nutzlast, zwischen 4100 und maximal 6030 kg, an. Am 3. 7. 1944 herausgegebene Werksunterlagen stellen die projektierte Go 345 sowohl als Lastensegler als auch als Maschine für den Sturmeinsatz mit gezielter Punktlandung vor. Nachdem das Segelflugzeug den Landebereich erreicht hätte, sollte der Pilot die beiden Schubrohre abwerfen, die Go 345 abfangen und mit 300 km/h das Objekt ansteuern. Mit einer Geschwindigkeit von etwa 260 km/h würde sodann der Sturzflug beginnen. Gleichzeitig käme es zur Auslösung des großen Bremsschirms. Hierdurch würde der senkrechte Sturz der Maschine auf 90 km/h verlangsamt. Nur zehn Meter über dem Boden sollte der Pilot die im Bug angebrachte Bremsrakete zünden, so daß die Maschine den Boden bei einer Geschwindigkeit von nahezu 0 m/s erreichen würde. Im Falle des Versagens der Bremsrakete käme es zum Aufsetzen mit 90 km/h Geschwindigkeit. Ein besonderer, im Bug eingebauter »Sonderstoßdämpfer« sollte dann die Funktion der R-Anlage übernehmen. Dabei gingen die Planer bei Gotha davon aus, daß die Flächen abbrechen würden, der

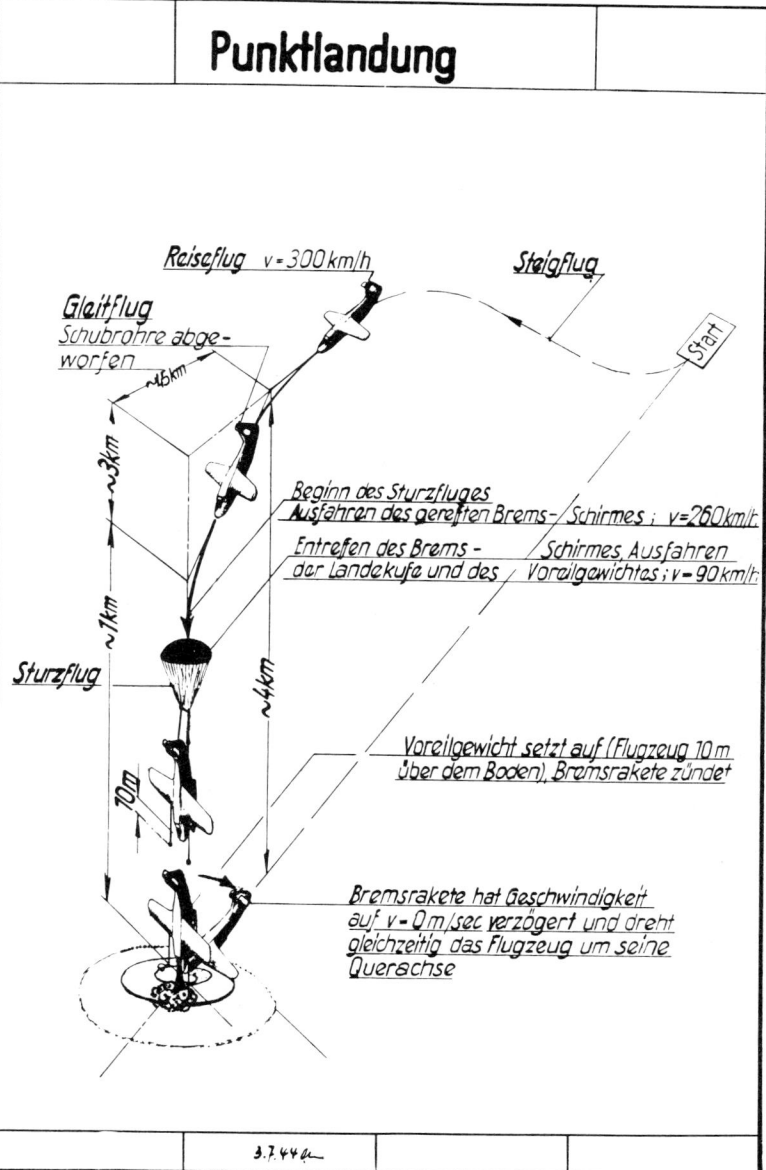

Schematische Darstellung einer Punktladung mit der Gotha Go 345 vom 3. 7. 1944.

31

»Schleppzug« bestehend aus einer He 111 H-6 und einer Go 242 (Werknummer 024, TD+IN).

Rumpf mitsamt der bis zu zehnköpfigen Besatzung jedoch unversehrt bliebe. Außerdem wurde eine normale Kufenlandung vorgestellt, bei der die Go 345 nach gut 20 m, bei Verwendung der Bremsrakete nach etwa 5 m zum Stehen kommen würde.

Zu einer Realisierung dieses Projekts kam es jedoch nicht, da die von Dipl.-Ing. Kalkert im September 1943 vorgeschlagene Ka 430, eine Weiterentwicklung der Go 242, vorteilhafter erschien.

Schon früher, im Sommer 1942, untersuchte man bei der Versuchsstelle der Luftwaffe in Peenemünde-West den Start eines aus He 111 und Go 242 bestehenden »Schleppzugs« unter gleichzeitiger Verwendung von Flüssigkeits- und Feststoff-Starthilfen.

Die Funktionserprobung der beiden unter den Flächen der Go 242, Werknummer 024, TD+IN, untergebauten 109-502 (RI 202b) begannen vermutlich schon im April 1942 und endeten laut Befehl des Technischen Amtes am 10. 3. 1943 für die Go 242 mit Argus-Schubrohren und fünf Tage darauf auch für die mit Raketenstarthilfen ausgerüstete Go 242. Die Funktionserprobung wurde bei der E-Stelle in Rechlin durchgeführt.

In diesem Zusammenhang untersuchte man ebenfalls vier Rheinmetall-Feststoff-Pulverraketen des Typs RI 502 als Steighilfe in einem abwerfbaren Heckgerüst. Die während der Tests festgestellten Lastigkeits- und Schwerpunktsänderungen entsprachen in etwa denen auch bei Walter-Geräten ermittelten.

Bis zur Frontreife der Pulverraketen und

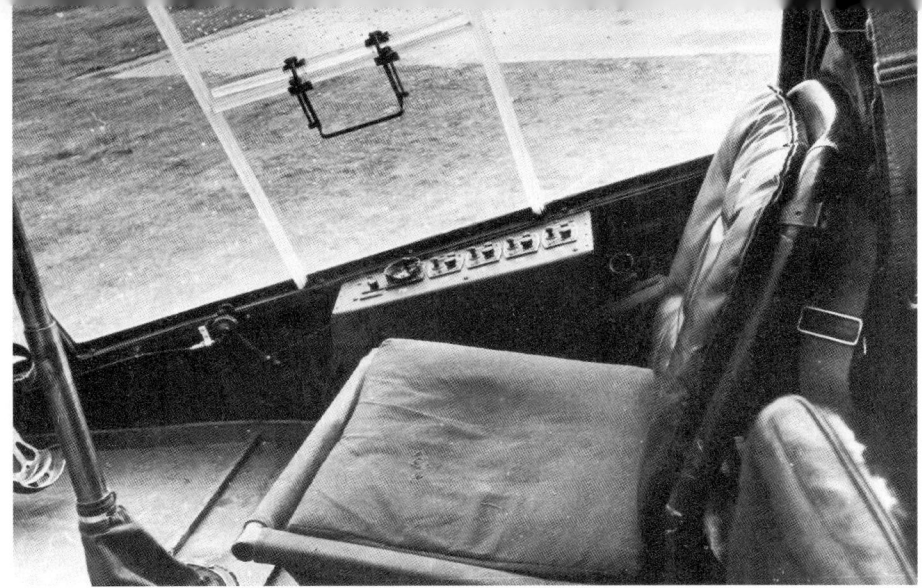

Anordnung der Schaltkästen für die Auslösung der R I 502-Raketen im zweisitzigen Cockpit der Go 242.

dem geplanten serienmäßigen Einbau der Anlage in die Go 242 sollte die Truppe für Überlaststarts zwei Walter-Starthilfen unter die He 111 H-6 als Schleppflugzeug anbringen, wie dies bereits bei Bombern häufiger vorkam. Der serienmäßige Einbau der Flüssigkeitsstarthilfen bei der Go 242 würde jedoch nur dann in Betracht kommen, wenn seitens des Luftwaffen-Generalstabs ein Kurzstart mit Starthilfen sowohl beim Schleppflugzeug als auch beim Lastensegler für Sondereinsätze, beispielsweise beim Start von einem Notlandeplatz aus, gefordert würde. Die geplante Motorisierung von Go 242-Lastenseglern mit zwei Gnôme êt Rhône 14M-Motoren verrin-

gerte den Wunsch nach einer den Start unterstützenden Raketenanlage.

In Obertraubling wurden – nach den unbefriedigenden »Troika«-Schleppversuchen – ab Mai 1941 die ersten Me 321 mit bis zu acht R-Geräten ausgerüstet, um die riesigen Segler schneller aufsteigen zu lassen. Entscheidend für den Start hinter den drei Schleppmaschinen war die richtige Abstimmung der Zündfolge bei den Starthilfen. Die auf jeder Flächenseite angebrachten vier 500 kp-Raketenantriebe mußten jeweils zu Paaren gleichzeitig in Betrieb genommen werden. Bei der Kompliziertheit der Anlage blieben Unfälle nicht aus: Einmal stürzten alle vier Maschinen des

Heckgerüst mit vier Feststoffraketen 109-502 bei der Go 242.

33

Messerschmitt Me 321-Großsegler mit untergehängten Walter-Starthilfen HWK 109-500 während des Startvorgangs.

Schleppzugs kurz nach dem Abheben in Obertraubling in ein nahes Waldstück. Die Startraketen hatten ungleichmäßig gezündet, der Me 321-»Gigant« wurde zur Seite geschoben und verursachte mit den Schlepptrossen einen Zusammenstoß der drei Bf 110 C-1/U1. Der Absturz kostete neben sechs Mann in den Schleppmaschinen auch noch drei Besatzungsmitglieder der Me 321 und 120 (!) Heeressoldaten das Leben. Wegen der hohen Ausfälle, es blieb nicht bei diesem spektakulären Unfall, wurde von den Heinkel-Werken eine aus zwei He 111 zusammengebaute Maschine mit neuem Flügelmittelstück, das ein fünftes Triebwerk vom Typ Jumo 211 F2 aufwies, vorgeschlagen. Im Januar 1942 kam es zur Endmontage eines Musterflugzeugs, das erstmals am 14. 1. 1942 zu zwei Werkflügen abhob. Damit wurde es möglich, sofern man den »Gigant« mit acht Raketenantrieben und die He 111 Z mit weiteren sechs von je 500 kp

ausrüstete, 18 t Nutzlast auf Höhe zu bringen. Bei der He 111 Z wurden jeweils zwei Walter 109-500 unterhalb der Rümpfe sowie links vom Motor 1 und rechts vom Motor 5 ein Gerät angebracht.

Nach der ab dem 15. Januar bei der E-Stelle Rechlin durchgeführten Erprobung wurden vermutlich wenig mehr als nur ein Dutzend der schweren Schleppmaschinen produziert, die mit der Zeit fast alle bei der I./LLG 2 und dem GS-Kommando 2 Anfang 1943 eingesetzt wurden. Letzte Flüge erfolgten am 7. 7. 1944 mit dem Schlepp von Go 242 von Nancy nach Wittstock/Dosse.

Infolge der Probleme mit den verschiedenen Schleppzügen und unter dem Zwang, unabhängiger operieren zu können, wurden bereits im Herbst 1941 dem Technischen Amt detaillierte Pläne für eine motorisierte Ausführung der Me 321 vorgelegt. Der im Frühjahr 1942 erstmals geflogenen Me 323 V1 folgten noch

Ar 234 V 17 (WerkNr. 130027) mit zwei HWK-Starthilfen.

Maschine des Fernaufklärungskommandos »Sperling« beim Start.

Ju 287 V1 – hier noch ohne R-Geräte – während der Wartung.

Mehrere Versuchsflüge der Ju 287 wurden mit Unterstützung von drei Walter-Starthilfen durchgeführt.

36

weitere 200 Maschinen in unterschiedlichen Varianten, die im Überlastfall ebenfalls mit Walter RI 202 B-Geräten zum Einsatz kommen konnten.

Neben den großen Transportflugzeugen kamen die Starthilfen auch für die künftig geplanten Großbomber – etwa die Me 264 – in Frage.

Im August 1944 überprüfte das RLM auch die Verwendung von Starthilfen bei der Ar 234. Während der Besprechung am 1. 8. 1944 erklärte Fliegerstabsingenieur Hedwig zunächst einmal alle in Frage kommenden Zusatzantriebe und ging auch auf die durchweg positiven Erfahrungen bei der He 111 mit Walter-Geräten ein. Aber auch deren umständliche Handhabung kam zu Sprache, die zu einem geringen Einsatz derartiger Starthilfen führte. Kritik wurde auch an der Einstellung der Feststoffraketenentwicklung laut, die zugunsten der R-Triebwerke, etwa bei der Me 163, erfolgt war. Erst mit dem Auftreten der TL-Flugzeuge begann sich das RLM wieder stärker für Starthilfen zu interessieren, da es unbedingt galt, die zu langen Rollstrecken zu verkürzen.

Hierzu konnten im Sommer 1944 neben der 500 kp-Walter-Flüssigkeitsstarthilfe auch stärkere verwandt werden, von denen es Ende Juli 1944 immerhin noch 3500 Geräte gab, die man eingelagert hatte. Mit jedem dieser Geräte war ein bis zu vierzigmaliger Einsatz möglich.

Von Schmidding wurden die Starthilfen 109-533, -563 und -593 in Serie produziert. Während die 109-533 bei einer Brenndauer von 12 s 1000 kp Schub entwickelte, leistete die 109-563 etwa 500 kp während 6 s und die 109-593 sogar 750 kp innerhalb von 4 s Brenndauer.

Eine Möglichkeit, die Ar 234 B in der Startphase zu beschleunigen, lag in der Ver-

wendung der ursprünglich für die Me 262 in Großserie hergestellten 500- und 1000 kp-Pulverraketen mit 6 s Wirkzeit. Aus Kapazitätsgründen reichte deren Produktion aber nicht einmal für die Me 262 aus.

Als drittes Gerät kam eine 1200 kp-Starthilfe mit 10 s Brenndauer in Frage, die man für die Ju 287 plante, aber nicht in genügender Stückzahl zur Verfügung hatte. Damit blieb es bei den zuerst genannten Walter-Geräten. Weil beim Einsatz innerhalb des Reichsgebiets die sonst als sehr umständlich angesehene Handhabung nicht so stark ins Gewicht fiel, konnte man auf die in großer Zahl vorhandenen Geräte zurückgreifen. Problematisch erschien einzig die Frage, genug Sonderkraftstoff zu erhalten, da die Masse für die Me 163-Jäger eingeplant war. Dennoch plante man bei Arado, ausweislich der Ladepläne, die Ar 234 B-2-Serie mit zwei unter den Turbinen angebrachten RI 202 b zu versehen. Auf Dauer sollte ab der Ar 234 C jedoch eine Umstellung auf Feststoffraketen erfolgen, die man mit Recht als leichter beschaffbar erachtete.

Da die für die Walter-Flüssigkeitsstarthilfen notwendigen Kraftstoffe bei Kriegsende nicht mehr in ausreichendem Maße zur Verfügung standen oder aber nicht bei den Verbänden eintrafen, mußten Pulverraketen für die Steigerung der Abhebegeschwindigkeit sorgen. Die Produktion von Feststoff-Starthilfen erlitt Anfang 1945 durch die Zerstörungen von Schmidding in Bodenbach einen schweren Einbruch. Die kurz vor Kriegsende noch dem Bereich »Munition« zugeschlagene Schubhilfen-Produktion sowie die Anfang 1945 vorhandenen geringen Bestände reichten gerade für den ohnehin schleppenden Einflugbetrieb und einige Erprobungsvorhaben im Bereich der Me 262.

II. Mißgriff des RLM:
Entwicklung des Kleinstraketenjäger

A. HEINKEL HE P 1068 »JULIA«

Am 19. 6. 1944 sollte der Erlaß Hitlers über die »Konzentration der Rüstung und Kriegsproduktion« alle Rüstungsvorhaben straffen und verhindern, daß auch künftig eine unübersehbare Vielzahl von Ausführungen und Sondervarianten die Produktion zersplitterte.

Die schweren Angriffe, die seit 1942 die deutsche Infrastruktur trafen, erforderten jedoch weit stärkere Maßnahmen. So wurde, und dies erst im Sommer 1944, die Idee des »Verschleißflugzeugs«, einer Maschine, die in riesigen Stückzahlen produziert und in den Kampf geworfen sollte, geboren.

Außer der Bachem »Natter« war die Heinkel »Julia« bei Kriegsende das am weitesten fortgeschrittene Fluggerät dieser Art. Bereits im Februar 1944 gab es im RLM eine Anzahl von Offizieren, welche die Herstellung einer möglichst großen Zahl leichter und zudem schneller Abwehrjäger zur Bekämpfung geg-

nerischer Bomberpulks befürworteten. Der Flugzeugführer sollte nach durchgeführter Aufgabe aussteigen und mit dem Fallschirm landen. Nur für den äußersten Notfall, etwa bei einer Verwundung des Piloten, sollte die Landung auf Kufen erfolgen.

Im Frühsommer 1944 begannen W. Benz und Dr. Gerloff mit der Anfertigung erster Skizzen; die schließlich zum Projekt P 1068 führten. Der Gruppe um Jost fiel in Neuhaus an der Triesting die Aufgabe zu, baldmöglich die Konstruktionsreife zu erreichen. Als Tarnbezeichnung erhielt der Entwurf den Namen »Julia«.

Das Typenblatt vom 16. 6. 1944 zeigte einen kleinen Hochdecker mit nahezu rundem Rumpfwerk und einem doppelten Seitenleitwerk mit rechteckigen Endscheiben. Die R-Anlage sollte aus einem HWK mit getrenntem Steig- und Marschofen sowie jeweils zwei Feststoffraketen beiderseits des Rumpfs bestehen. Der Flugzeugführer war liegend untergebracht. Versuche in dieser Richtung hatte

Perspektivzeichnung der Heinkel He P 1077 »Julia«.

38

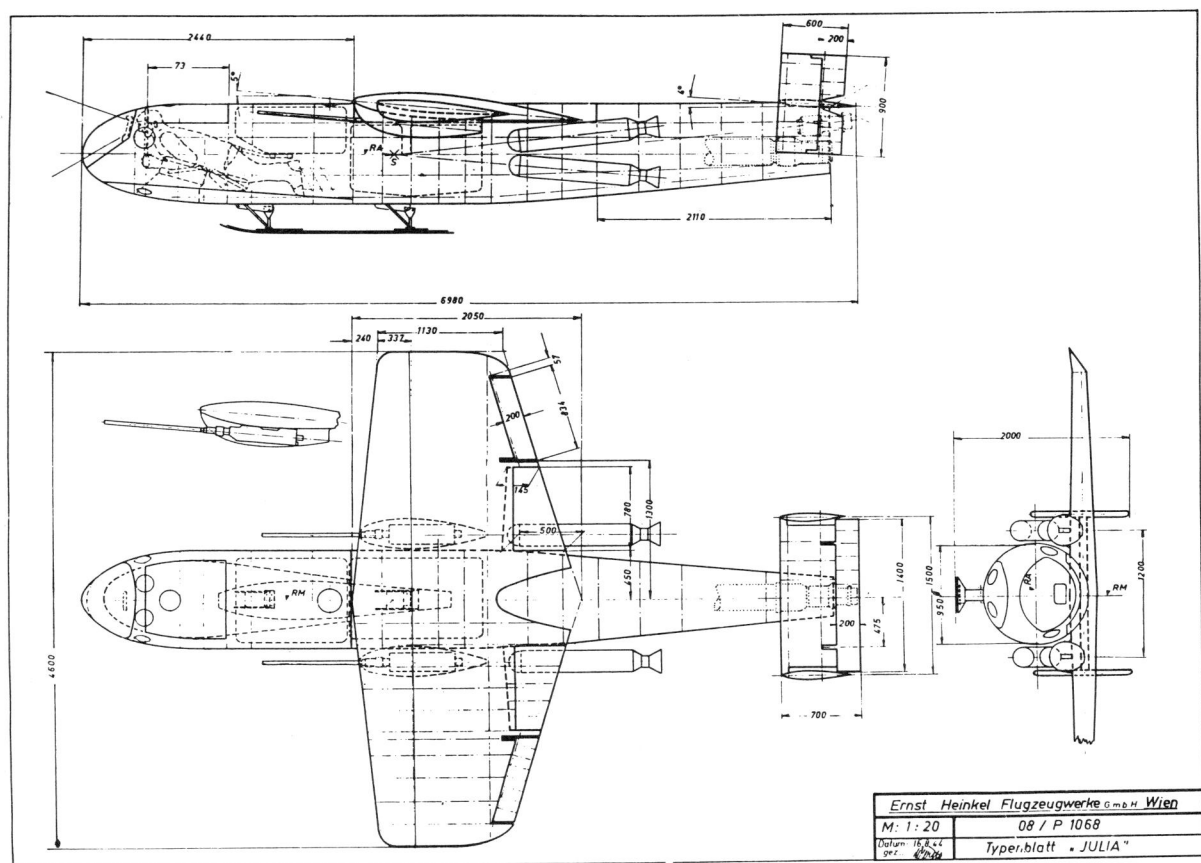

Typenblatt der He P 1068 (später umbenannt in He P 1077) vom 16. 8. 1944.

man bei der FFG Stuttgart mit dem Tiefdecker FS 17 unternommen und mit der Berlin B9, die am 10. 4. 1943 erstmals flog, recht erfolgreich fortgesetzt.

Auch die Landung auf Kufen war nichts Neues, angesichts der bereits fliegenden Me 163 A und B würde die stabil ausgelegte Kufenanlage, anders als später bei der »Natter«, für eine problemlose Landung sorgen. Die Waffenanlage, bestehend aus zwei MG 151/20 oder anderen Waffen, sollte in zwei auswechselbaren Gondeln unter den Flächen angebracht werden. Anfang September wurden die von der deutschen Luftfahrtindustrie inzwischen entwickelten »Verschleißflugzeuge« in

Form von Projektbaubeschreibungen beim RLM in Berlin eingereicht. Dort kam es dann zur Auswahl der Bachem »Natter« sowie des »Julia«-Entwurfs von Benz.

Am 8. 9. 1944 erfolgte der Auftrag für die Konstruktion und den Bau von 20 Musterflugzeugen, welcher den Wiener Holzwerken übertragen wurde, da dort ausreichend Räume, Maschinen und in der Holzbearbeitung erfahrenes Fachpersonal zur Verfügung standen.

Am 23. 9. 1944 wurde durch Baumusterleiter Benz angeordnet, daß von nun an alle Beschaffungen für das mit »Julia« bezeichnete Projekt unter der Tarnbezeichnung »HJ-Segelflugzeug« bei den »Wiener Holzwerken« zu er-

39

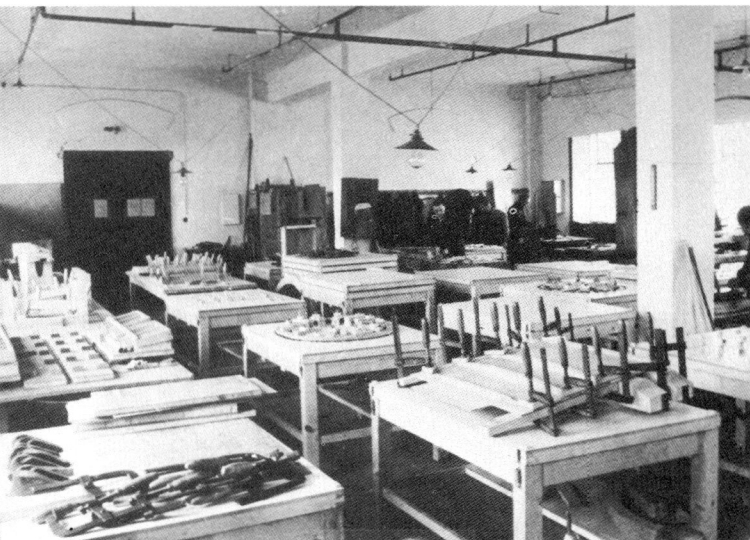

Produktion des Heinkel-Kleinstjägers He P 1077 in Wien, im Winter 1944/1945.

folgen hätten. Als Fertigungsvorgabe erhielt man dort die Weisung, monatlich 300 komplette Geräte zu produzieren. Der Bau sollte auf genormten Tischen in reinem Holzbau ablaufen. Die Baubeschreibung der ab Ende September mit Heinkel P 1077 bezeichneten »Julia« wurde am 15. 10. 1944 dem RLM zur Begutachtung vorgelegt. Hiernach wurde eine ganze Reihe unterschiedlich ausgelegter »Verbrauchsflugzeuge« für die Massenproduktion angeboten:

Zunächst plante man eine antriebslose Schulversion mit liegendem Flugzeugführer. Die beiden MG 151/20 als Gondelbewaffnung wurden jedoch beibehalten. Die Maschine wollte man mittels einer Schleppmaschine auf Höhe bringen.

Die nächste Ausführung (Nullserie) entsprach der ersten, besaß aber vier Feststoffraketen seitlich des Rumpfwerks und ein Walter-Raketenaggregat.

Die folgende Variante war anstatt der Gon-delbewaffnung mit zwei seitlich des Rumpfs angebrachten MK 108 bewaffnet.

Erst bei der nächsten Ausführung wählte man eine sitzende Position für den Flugzeugführer. Die Bewaffnung sowie die Kufenanlage und das Antriebssystem hatte man der Einfachheit halber unverändert übernommen. Die Produktion dieser Ausführung sollte vorerst nur in Krems anlaufen.

Daneben wurde noch eine Alternativlösung zur Diskussion gestellt. Es handelte sich um die »Romeo«, eine vereinfachte Ausführung der »Julia«, die man mit einem Pulsotriebwerk statt des HWK bestückt hatte. Der Start sollte mittels Katapultanlage oder aber mit zwei beziehungsweise vier Feststoff-Startraketen erfolgen. Wie die Bachem »Natter« würde auch die »Julia« und »Romeo« aus dem Steilstart heraus den Kampf gegen die viermotorigen Kampfflugzeuge aufnehmen.

Am 26. 10. 1944 fand eine Besprechung zwischen den Professoren Heinkel und

40

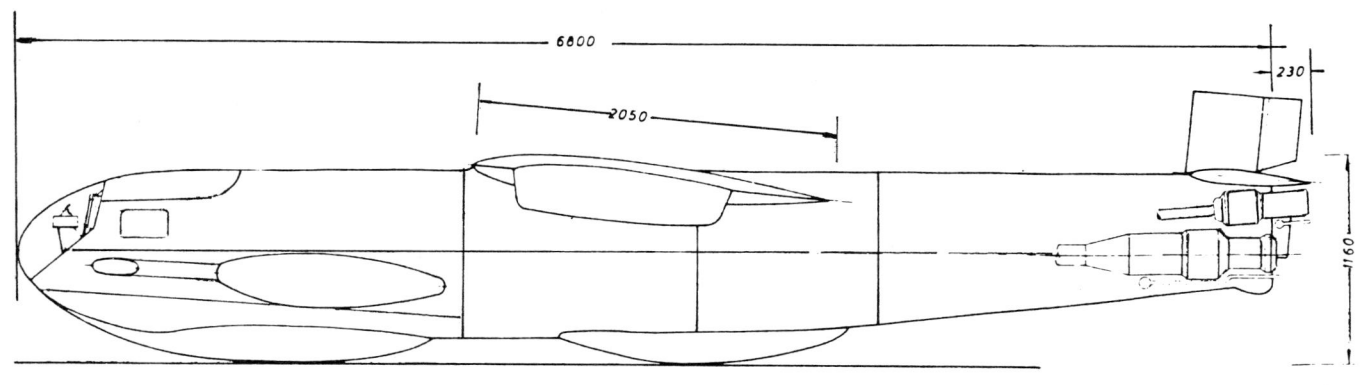

Heinkel P 1077 Julia 101

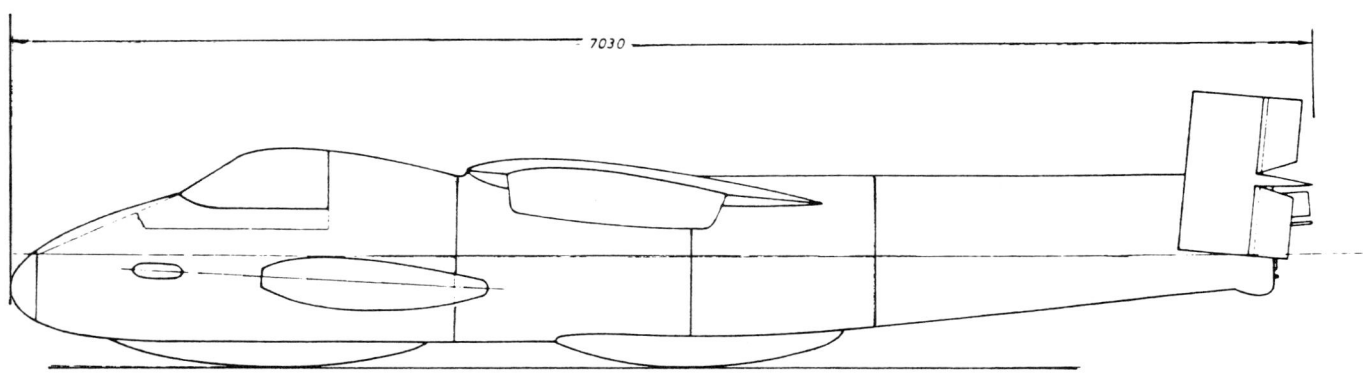

Heinkel P 1077/II Julia

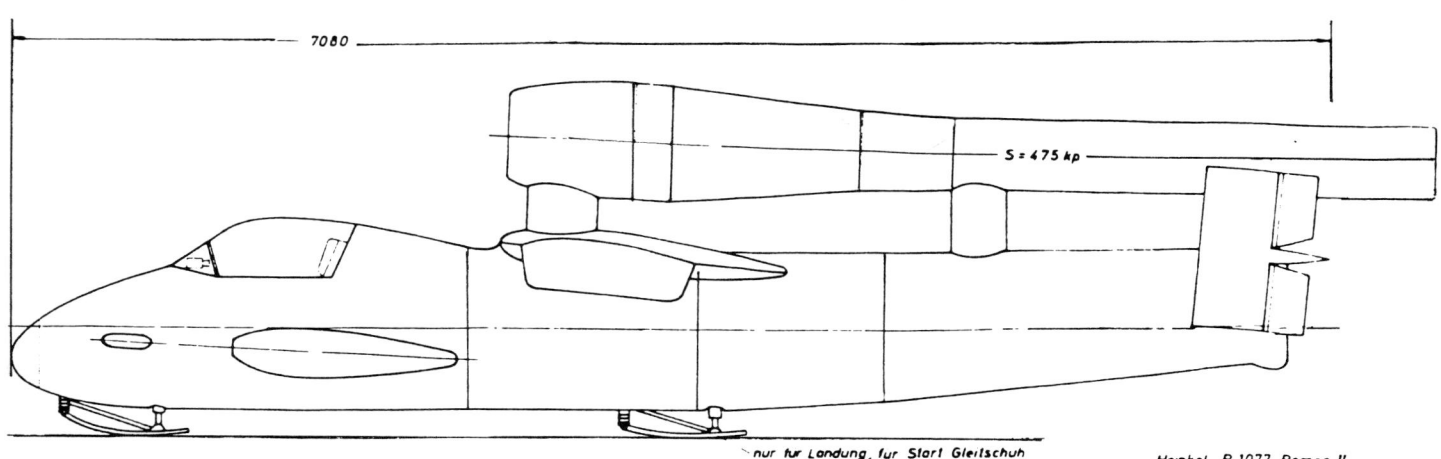

nur für Landung, für Start Gleitschuh

Heinkel P 1077 Romeo II
Rumpf Romeo I ähnlich Julia 101

Gegenüberstellung der verschiedenen Ausführungen der He P 1077 »Julia« und »Romeo« vom 15. 10. 1944.

Schrenk sowie den Herren Lusser, Hennings, Hafer und Benz über das Projekt P 1077 statt. Es wurde entschieden, daß der Flugzeugführer – entgegen früheren Überlegungen – nun doch sitzend unterzubringen war. Der Flügel würde eine rechteckige Form erhalten, um so leichter in Großserie produziert zu werden.

Statt des Doppelleitwerks plante die Produktionsführung nun ein einfaches zu verwenden. Die Rumpfhöhe wurde um 10 cm erhöht, um größere Tanks installieren zu können. Das Heck faßte man wesentlich enger als zuvor. Statt zweier einzelner Kufen erachtete Prof. Heinkel eine einzelne, jedoch größer ausgelegte mit verstärktem Federbein als praktischer. Die Bewaffnung sollte links und rechts des Führersitzes eingebaut werden und aus zwei MK 108 mit jeweils 40 Schuß Munitionsvorrat bestehen. Ferner waren nun auch R4M-Projektile in abwerfbaren Behältern im Gespräch.

Im Oktober 1944 begann die Herstellung eines ersten Modells im Maßstab 1:20, um schnellstens mit Freiflugversuchen beginnen zu können.

Mit Wirkung des 23. 10. 1944 wurde, einer Anweisung von Heinkel-Direktor Franke zufolge, die Konstruktion der »Julia« in Neuhaus unter der Leitung von Dipl.-Ing. Jost abgewickelt. W. Benz bestellte er zum Baumusterleiter und »kommandierte« ihn mit neun weiteren Heinkelmitarbeitern dorthin ab. Gleichzeitig wurde Jost – als Vertreter Schwärzlers – neuer Vorgesetzter von Benz.

Ende Oktober 1944 konnten bereits die verschiedenen Messungen der Schiebrollmomente an einem 1:8 großen Modell mit und ohne Zentral- und Doppelleitwerk durch die Technische Universität Wien begonnen werden. Die TH Graz untersuchte Anfang November 1944 mit einem zweiten 1:8 Modell die Möglichkeit des Senkrechtstarts. Außerdem beschäftigten sich die DVL und AVA mit Hochgeschwindigkeitsmessungen an einem 1:5 »Julia«-Modell. Versuche mit Abwurf der seitlich angebrachten Feststoff-Starthilfen liefen gleichzeitig bei der TH Wien an. Hierbei kam es zum Bau von 40 Startmodellen im Maßstab 1:8. Die verkleinerten Startraketen wurden von der Ernst Heinkel AG in Handarbeit produziert und dann von Schmidding in Bodenbach mit Pulver gefüllt. Zusätzlich fanden im großen Hamburger Wasserkanal mehrere Schleppversuche mit einem 1:1 Modell statt.

Bereits abgeschlossen hatte man inzwischen die Bestimmung der Wirkrichtung sowie die Ablenkung des Raketenstrahls. Die Standversuche durch HWK in Kiel und Schmidding bezüglich der Wahl leistungsstarker Feststoff-Starthilfen waren Ende Oktober 1944 noch in vollem Gange. Bei der DVL wurde ein Beschleunigungstest durchgeführt. Dabei stand eine Versuchsperson während des Startvorgangs in einer Ju 87, um so Daten für den Senkrechtstart zu erhalten.

Neben den Differenzen zwischen Heinkel und Lusser über die spätere Form und Ausrüstung der »Julia« traten weitere Verzögerungen ein.

Die Wiener Holzwerke wurden bald darauf Ziel eines alliierten Luftangriffs und dies gerade zu dem Zeitpunkt, als man die erste Vollattrappe fertiggestellt hatte. Alle dort vorhandenen Zeichnungen, Lehren und die bereits hergestellten Teile verbrannten oder wurden durch herabstürzende Trümmer zerstört.

In mehreren Krisensitzungen im OKL wurde danach erneut über die vordringlich zu realisierenden Bauausführungen der »Julia« diskutiert. Der ursprüngliche Entwurf mit verbesserter »Liegekanzel« sollte vordringlich weiterverfolgt werden, doch es galt auch, eine

»Sitzkanzel« als Alternativentwurf herzustellen. Die Flächen sowie Leitwerk und Triebwerkseinbau wurden beibehalten, ebenso die Bewaffnung. In naher Zukunft sollten jedoch anstatt der beiden MK 108 die wirkungsvolleren »Föhn«- oder »März«-Projektile installiert werden. Ab Mitte November war davon eine weitere 1:1 Attrappe herzustellen. Als Versuchsmuster sollten vier antriebslose Zellen dienen.

Am 16. 11. 1944 gaben die Heinkel-Werke eine umfassende Beschreibung zur »Julia« heraus:

»Um uns des derzeitigen Massenaufgebotes an Feindbombern wirkungsvoller erwehren zu können, als Flak und Jagdwaffe dies zur Zeit ermöglichen, wird der Bau eines Gerätes vorgeschlagen, welches eine Mischung zwischen einer bemannten Flakrakete und einem schnellen, billigen Kleinst-Jäger mit R-Antrieb darstellt.«

Außerdem sollten die Heinkel P 1077 im konventionellen Horizontalstart aufsteigen und in Massen die alliierten Bomber angreifen. Daneben kam man wieder auf die Möglichkeit des Senkrechtstarts zurück. Heinkel wollte, entsprechend den »Natter«-Plänen, die Objektschützer von einfachen Startgestellen im Steilstart einsetzen. Erste Versuche in dieser Richtung hatten damals bereits stattgefunden.

So sah die planerische Seite aus. Bis zur Realisierung der Großserienfertigung schien es indessen noch ein weiter Weg zu sein.

Um die Produktion nach dem Bombenschaden bei den Wiener Holzwerken zu beschleunigen, erhielt die Tischlerei Niemitz & Sohn in Klosterneuburg einen entsprechenden Bauauftrag. Dieser Betrieb war bis dahin im Attrappenbau für die Messerschmitt-Werke tätig gewesen und hatte Teile für die Bf 109 gefertigt.

Auch die Firma Pöltzel sollte ab Dezember 1944 schnellstens 20 Maschinen bauen, wozu

schon ein Auftrag vorlag. Inzwischen war man jedoch auch dort ausgebombt worden. Es wurde daher vorgeschlagen, daß die Firma nur mit einer Restkapazität von fünf »Julia« zu betrauen war. Die übrigen 15 Maschinen sollten in Einzelteilen von mehreren kleineren Firmen erstellt werden. Für den Zusammenbau würde dann das NSFK mit dessen Werkstätten in Gmunden Sorge tragen.

Bis Mitte Dezember 1944 hatte sich bei allen Unterlieferanten kaum etwas getan. Die erste Maschine sollte nunmehr ab dem 24. 1. 1945 flugklar zur Verfügung stehen. Ungelöst blieb dabei die Frage, ob ein Katapultsitz installiert werden sollte.

Am 19. 12. 1944 wurde die erste fertiggestellte Fläche für einen Bruchversuch angefordert, die zweite sollte für Schleppversuche im Wasserkanal Verwendung finden. Inzwischen hatte auch die Firma Geppert mit der Arbeit am neuen Heinkel-Jäger begonnen. Obwohl man noch keine einzige vollständige Maschine produziert hatte, wurde bereits am 20. 12. 1944 angeregt, den Rumpf zu verlängern, um größere Treibstofftanks aufnehmen zu können. Dies sollte bereits ab der P 1077 V3, mindestens aber ab dem fünften Versuchsmuster realisiert werden.

Am 5. 2. 1945 wurde überraschend Direktor Franke mitgeteilt, daß die Entwicklungshauptkommission in einer Sitzung Ende Dezember 1944 beschlossen hätte, die »Julia« mit sofortiger Wirkung einzustellen. Obwohl, so Generalstabsingenieur Lucht, eine »nachdrückliche Weisung« an Heinkel-Süd ergangen war, hatte man vorerst weitergearbeitet und das Verlustgerät inzwischen erheblich verbessert.

Unabhängig davon erkundigte sich Benz fünf Tage später bei Direktor Lusser, ob der Stoppbefehl wieder aufgehoben sei und wenigstens zehn Musterflugzeuge nunmehr er-

Halle des Österreichischen Aeroclubs und Luftfahrtverbands in Spitzerberg nahe Wien, in der die Modelle der He P 1077 für die Erprobung vorbereitet wurden.

stellt werden dürften. Lusser sagte eine umgehende Klärung zu. Doch erst ab März durfte offiziell weiterproduziert werden. Neben zwei Seglern sollten die beiden ersten raketengetriebenen »Julia« entstehen.

Die Werksleitung hatte inzwischen angeordnet, daß von jeder der geforderten »Julia«-Ausführungen mindestens zwei Maschinen realisiert würden, die unverzüglich zu erproben waren. Aber die inzwischen beim Musterbau eingetretenen Verzögerungen ließen sich nicht so leicht aufholen. So war es bis zum 1. 2. 1945 nur gelungen, den 1:8 Modellversuch bei der DVL zu beenden.

Bis 20. 2. 1945 würden dann auch die Steilstartversuche mit einem 1:8 Modell in St. Pölten abgeschlossen sein. Erste scharfe Senkrechtstarts mit einer Originalzelle der »Julia« sollten im Februar 1945 bei der E-Stelle in Karlshagen erfolgen.

Die Firma Geppert in Krems hatte inzwischen den Werksauftrag für die Herstellung einer kompletten Zelle der M2-Ausführung

(Segelausführung mit liegendem Flugzeugführer) und eines zusätzlichen Tragflügels erhalten. Der Betrieb sollte auch die Version M4 (Triebwerkmaschine) so schnell wie möglich herstellen. Am 19. 2. 1945 strich das Kommando der Erprobungsstellen die in Karlshagen geplanten Steilstarts der »Julia«. Trotz allem traf am 3. 3. 1945 bei Heinkel ein Fernschreiben ein, in welchem es endlich hieß:

»Die Julia wird weitergebaut. Kommt auftragsgemäß. Weitermachen!«.

Bis Kriegsende sind laut W. Benz trotz aller Hemmnisse noch fünf Versuchsmuster produziert worden. Drei Probestarts vom Startgerüst – es war angeblich auf einem schweren LKW installiert worden – sollen Anfang April 1945 ausgeführt worden sein.

Anfang April 1945 drangen sowjetische Truppen in Neuhaus an der Triesting, dem Zentrum der »Julia«-Entwicklung ein und erbeuteten zahlreiche Unterlagen zur He P 1077. Dort war unter anderem auch eine Ausführung der »Julia« in Entwicklung, deren Bewaffnung

44

Datenübersicht Kleinstraketenjäger

Hersteller Baumuster Tarnname		Arado GmbH Ar E 381 –	Bachem GmbH Ba 349 (BP 20) »Natter«	Heinkel AG He P 1077 »Julia«	Junkers AG Ju EF 127 »Wally«	Messerschmitt AG Me P 1103 –
Spannweite	(m)	5,00	3,20	4,50	6,30	5,30
Länge	(m)	4,95	5,72	6,50	8,00	5,00
Höhe	(m)	–	1,90	1,16	2,35	1,58
Flügelfläche	(qm)	5,65	3,60	7,20	9,10	3,60
Triebwerk HWK		109 – 509 A-1	109 – 509 A/B	109 – 509 A-1	109 – 509 A/B	109 – 509
Schubleistung	(kp)	1700	1700	1700	1700	1700
Startraketen	(kp)	–	4 × 1000	4 × 1000	2 × 600	2 × 600
Leergewicht	(kg)	890	1750	850	–	705
Fluggewicht	(kg)	1200	2270	1785	3255	1048
Bewaffnung		1 MK 108	2 MK 108	2 MK 108	2 MK 108	1 MK 108
oder		6 RZ 65/73	28 R4M	Rohr-	–	–
oder		–	24 Föhn	batterie	–	–
FT-Anlage	FuG	–	–	–	16 ZY	–
V/max	(km/h)	850+	850+	980	890+	770+
V/steig	(m/s)		730+	775	–	–
Gipfelhöhe	(m)	9000	14000	10000+	9500+	12500+
Reichweite	(km)	–	55+	50	–	–

Anmerkungen: Die Daten sind deutschen und alliierten Berichten der Jahre 1944/45 entnommen. Die Gewichte und Leistungswerte werden darin meist unterschiedlich angegeben.

aus einem abwerfbaren SG 117 und zwei MK 103 bestehen sollte. Die Entwürfe wurden nach Angaben von den Westalliierten »in Gewahrsam genommenen« Heinkelmitarbeitern im Sommer 1945 nachgezeichnet. Des am 20. 4. 1945 ergangenen, offiziellen Einstellungsbefehle für alle Forschungs- und Produktionsvorhaben bedurfte es nicht mehr.

B. JUNKERS-KLEINSTJÄGER

Als Konkurrenzentwurf zur Heinkel P 1077 »Romeo«, die ähnlich wie die »Julia« auch für Sondereinsätze zum Zuge kommen sollte, brachten die Junkers-Werke die Ju EF 126 »Elly« heraus. Es handelte sich dabei um einen einfach ausgelegten Bombenträger mit Pulso-

Antrieb und zwei Feststoffraketen als unvermeidliche Starthilfe. Am 21. 12. 1944 befaßte man sich im zweiten Lagebericht der Fachabteilung F1-E2 des Chefs TLR mit der »Elly«. Das von dem Junkers-Projektbüro im Spätherbst 1944 konzipierte Flugzeug wurde zunächst als Attrappe gebaut und am 12. 12. 1944 durch den General der Schlachtflieger, das Technische Amt und Vertreter des KdE besichtigt. Alle vom zuständigen Waffengeneral gewünschten Änderungen bei der EF 126 waren inzwischen berücksichtigt und bei der Attrappenbesichtigung prinzipiell für gutgeheißen worden. Der General der Schlachtflieger, der in der EF 126 insbesondere ein Tiefangriffsflugzeug und einen leichten Bombenträger für Sondereinsätze sah, erklärte sich mit dem Ergebnis einverstanden. Es waren nur noch Detailforderungen zu stellen. Allerdings

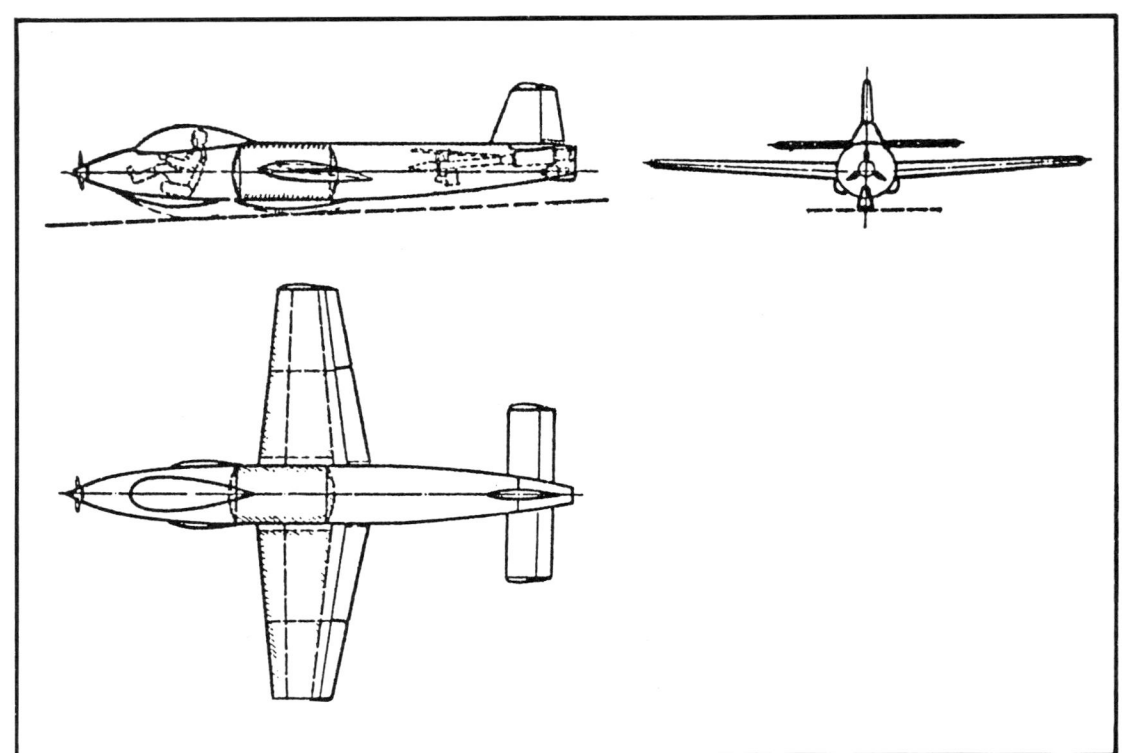

Dreiseitenansicht der
Junkers EF »Elly«.

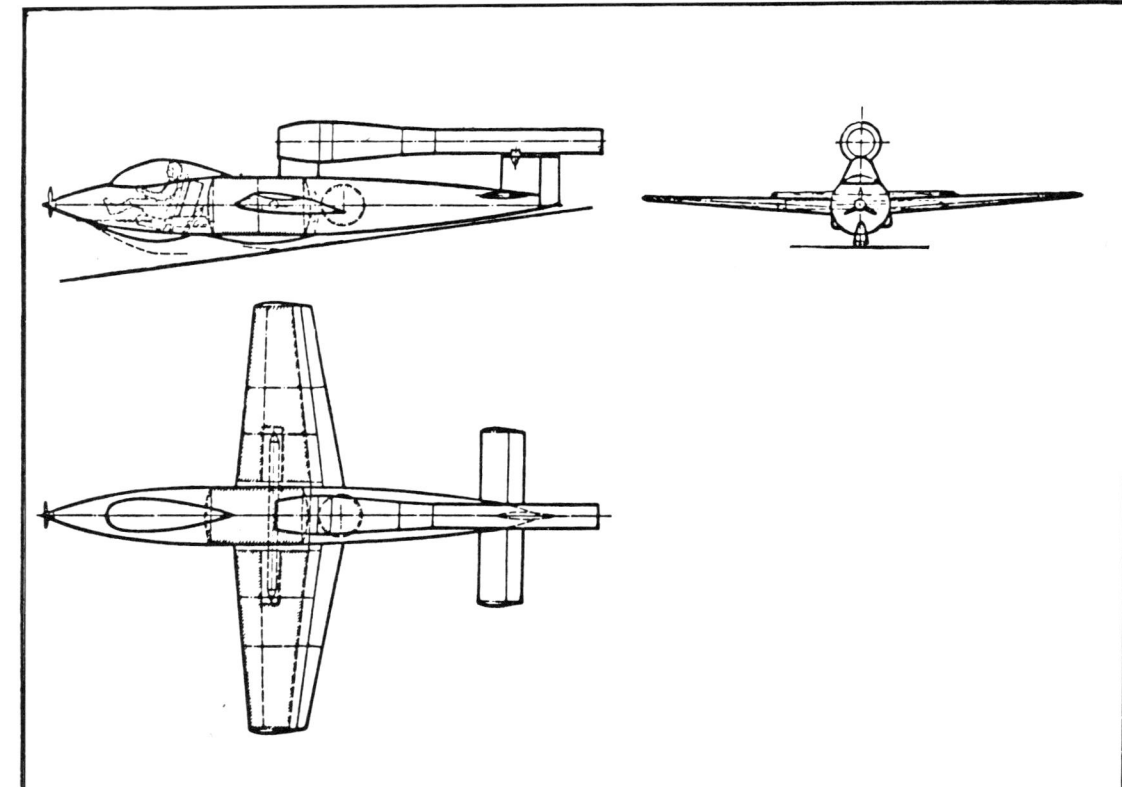

Schlachtflugzeug
Junkers EF »Lilly« mit
Argus-Rohr vom 30. 1.
1945.

46

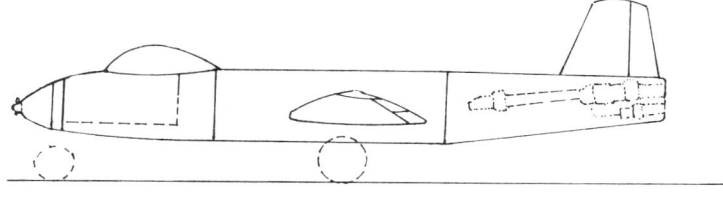

war er sich noch nicht sicher, ob das Gerät für Selbstopfereinsätze wirklich mit Aussicht auf Erfolg verwendbar wäre. Da der GdS forderte, die »Elly« auf Kufe und mittels des Windenstarts – anstatt mit Startraketen – in die Luft zu bringen, kam es zu einer erneuten Aussprache mit Vertretern des Chef-TLR-Stabes. Diese hielten eine mittels des BMW 801 betriebene Windenanlage, abgesehen von der Unwirtschaftlichkeit, auch taktisch für untragbar. Anfang März 1945 lehnte auch der Luftwaffengeneralstab das Projekt »Elly« ab.

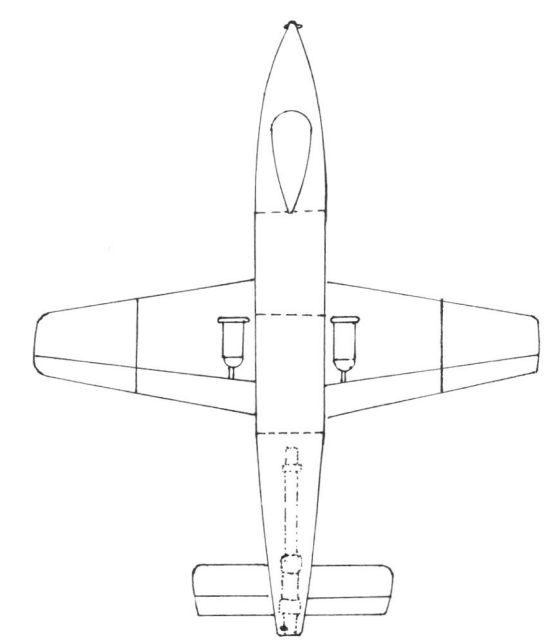

Das »Schlachtflugzeug mit Argusrohr Lilly«, von dem am 30. 1. 1945, ohne Billigung Saurs, noch 20 Maschinen bei Junkers bestellt wurden, stornierte man schon am 20. 2. 1945. Saur verbot einfach, daß die Junkers-Werke auf den Auftrag reagierten. Damit war die ganze Angelegenheit erledigt.

Zugleich verzichtete man bei der EHK nach dem letzten, sich während der praktischen Erprobung ereignenden Unfall, auch auf die verschiedenen »Reichenberg«-Selbstopfergeräte.

Außer der EF 126 A »Elly« boten die Junkers-Werke die von einem Walter-HWK angetriebene EF 127 »Wally« mit ähnlicher Zellen-

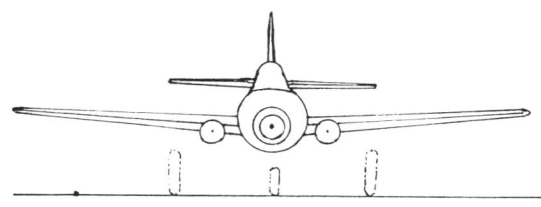

Zeichnung des geplanten Abfangjägers »Wally«.

auslegung an. Es handelte sich dabei um eine Maschine mit einer Triebwerkausstattung bestehend aus dem 109-509 A-1 sowie zwei je 1000 kp abgebenden Starthilfsraketen. Außer-

◄

Attrappenbau des Junkers Projekts Ju EF »Wally«.

dem plante man den Einbau eines 109-509 A-2 mit getrennter Steig- und Marsch-Brennkammer.

Die rechnerische Höchstgeschwindigkeit lag bei 950 km/h. In nur vier Sekunden würde die Maschine – nach einer Gleitstrecke von knapp 200 m abheben und in nur 75 s bis auf eine Angriffshöhe von 10 000 m aufsteigen können. Die Gesamtflugzeit lag bei 11,5 Minuten, die taktische Reichweite bei etwa 240 km. Als Bewaffnung der auch als Tiefangriffsflugzeug konzipierten Maschine sollten zwei MG 151/20 oder aber zwei der äußerst modernen MG 213 als Starrbewaffnung zum Einbau kommen. Unter den Flächen wollte man ingesamt zwölf »Panzerblitz«-Abschußroste installieren und für die Bekämpfung von Bodenzielen zwei AB 250 oder gleichschwere Bombenlasten anbringen.

Die EHK beabsichtigte schließlich noch eine weitere Konferenz über alle anstehenden Objektschutzfragen und die einzelnen Baumuster einzuberufen. Ob es noch dazu kam, kann als fraglich angesehen werden. Das Kriegsende stand unmittelbar bevor.

Die gesamten Unterlagen und einige bereits angefertigte Einzelteile für das Musterflugzeug der EF 126 wurden von sowjetischen Truppen in Mitteldeutschland erbeutet. Daneben schien es den russischen Spezialisten außer der EF 131 und der EF 132 besonders die »Elly« und »Wally« angetan zu haben. Mitarbeiter der Junkers-Werke mußten im Sommer 1945 sogleich an ihren Jäger-Entwürfen weiterarbeiten. Anläßlich einer Besprechung zwischen Dr. Baade und Oberstleutnant Olechnowitsch am 1. 10. 1945 wurde gefordert, von der EF 126 zunächst einmal fünf Musterflugzeuge aufzulegen, von denen die erste Maschine am 1. 2. 1946 fliegen sollte. Bei Verstößen gegen die Geheimhaltungspflicht drohte man den am Programm beteiligten Junkers-Mitarbeitern an, daß nicht nur die »Schwätzer«, sondern gleich die gesamte Familie erschossen würde. Der Bau einer 1:1 Attrappe sollte sofort beginnen und bereits am 20. 10. 1945 eine Besichtigung stattfinden. Wenig später stellte sich diese Vorgabe als völlig unrealistisch heraus, wonach die sowjetischen Verantwortlichen anordneten, die EF 126 V1 erst zum 1. 2. 1946 fertigzustellen. Die EF 126 V2 sollte ausschließlich als Bruchzelle dienen. Dem Versuchsmuster würden am 28. 2. 1946 eine zweite Maschine und bis Ende April 1946 noch weitere drei Musterflugzeuge folgen. Die Erprobung würde ab Februar 1946 beginnen. Die aus zwei 20 mm-Waffen bestehende Starrbewaffnung sollte nach dem Willen des neuen »Managements« schon bis Ende 1945 fertiggestellt werden.

Ein Teil des Junkers-Personals wurde am 22. 10. 1946 in die Sowjetunion verbracht, wo großes Interesse neben den Junkers-Strahlturbinen, besonders an zukunftsträchtigen Flugzeugentwürfen bestanden hatte.

In Podberesje bestimmte man Dr. Brunolf Baade zum Chef der Konstruktionsabteilung I. Was aus der EF 126-Entwicklung schließlich wurde, ist ungewiß. Vermutlich hatten weit leistungsfähigere Entwürfe den Objektschutzjäger längst überflügelt.

C. SCHLEPP- UND RAMMJÄGER MIT RAKETENANTRIEB

Neben den leicht zu produzierenden Flugzeugen, wie etwa der »Julia« und den Junkers-Entwürfen sollten verschiedenartige Parasit- und Schleppjäger zur »Brechung des Bomberterrors« eingesetzt werden. Man plante, mittels

Modellfoto des Parasitjägers Ar E 381.

einmotoriger Jäger, wie der Bf 109 und Fw 190, aber auch mit Strahljägern und der Ar 234, die Kleinstjäger mit ihrer wirksamen Angriffsbewaffnung in großer Zahl in den Kampf zu werfen.

Sie sollten, nachdem sie bis in Einsatznähe getragen oder geschleppt worden wären, die herkömmlichen Jäger und Strahlflugzeuge gegen den zahlenmäßig weit überlegenen Feind unterstützen. Als Angriffsschwerpunkt standen naturgemäß die gegnerischen Viermotorigen im Vordergrund.

Neben der DFS »Eber«, sollten der »Rammer« und die »Fliegende Panzerfaust«, der »Rammschußjäger«, die Ar E 381, sowie von Messerschmitt die P 1103 und P 1104, leicht in Massen gefertigt, den Luftkrieg über dem Reichsgebiet zugunsten Deutschlands verändern.

Die Arado E 381 entstand im Herbst 1944 und sollte unter dem Rumpf eines Ar 234 C-3-Bombers gehängt werden. Da die Bodenfreiheit sehr gering war, mußte der Flugzeugführer von Anfang an liegend untergebracht werden.

Der taktische Einsatz des Gespanns sollte sich in etwa 6000 Höhe abspielen, die man in knapp 8 Minuten zu erreichen hoffte. Nach der

Dreiseitenansicht des Entwurfs vom 1. 12. 1944.

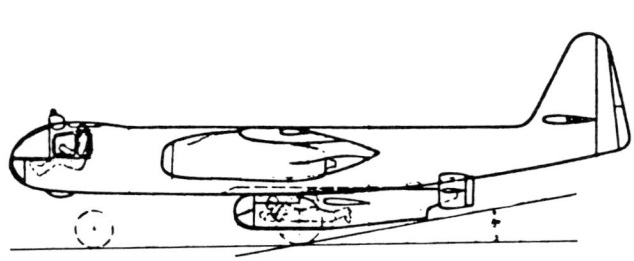

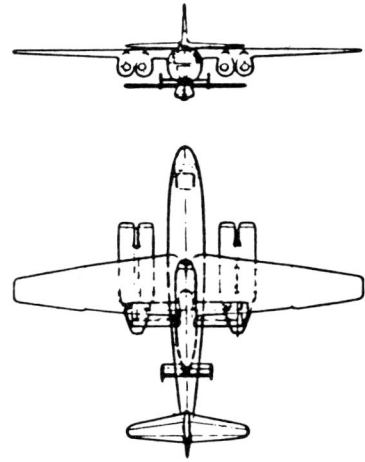

8-234 C3 mit Kleinstjäger E-381

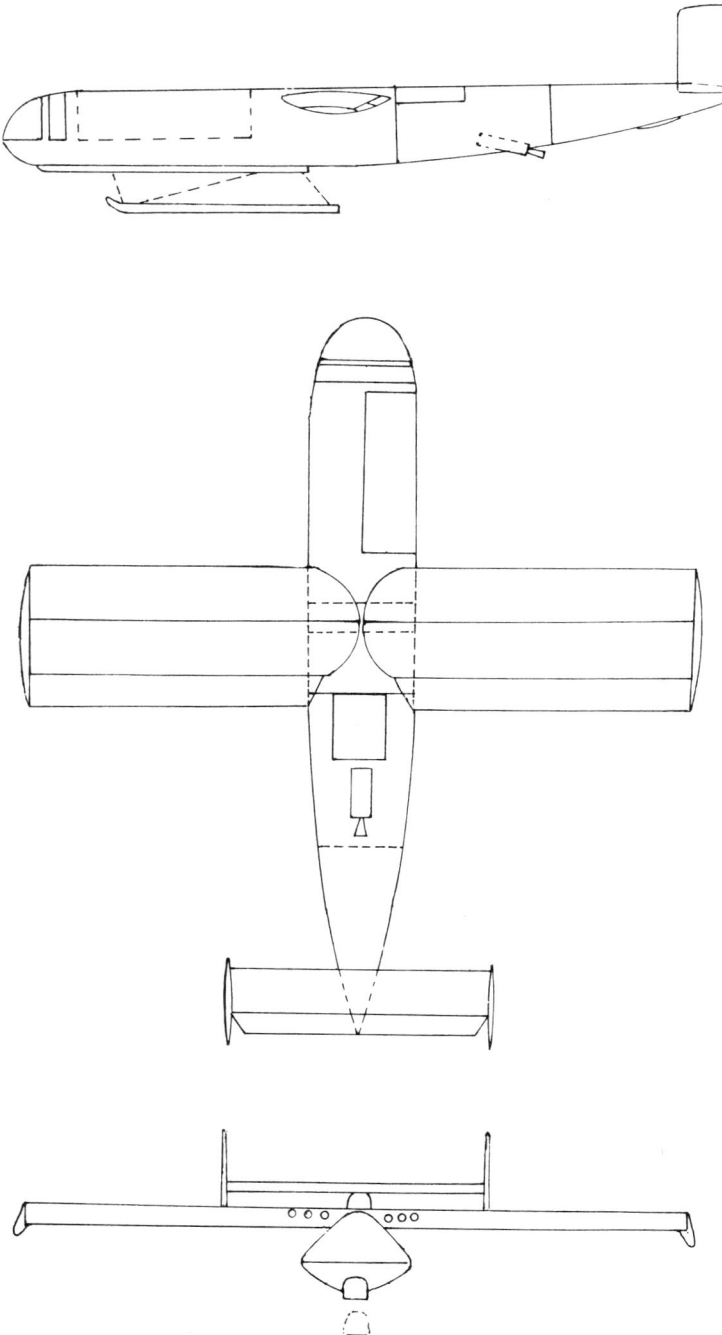

Modifizierte Ar E 381 mit seitlichem Einstieg und sechs Waffeneinbauten.

Trennung von dem vierstrahligen Trägerflugzeug hatte der Kleinstjägerpilot zunächst in einen steilen Bahnneigungsflug überzugehen; er schaltete dann sein HWK 109-509 B zu und hätte in wenigen Sekunden eine Geschwindigkeit von knapp 900 km/h erreicht und angegriffen. Der Flugzeugführer sollte sodann unverzüglich in einen steilen Gleitflug übergehen und ein geeignetes Landefeld ansteuern. Die Landung selbst wollte man mittels eines Bremsschirms erleichtern. Nach dem Aufsetzen mit einer gefederten 2,05 m langen Kufe konnte die Maschine leicht in gut ein Dutzend Einzelteile zerlegt und mittels eines handelsüblichen LKW wieder zum Startplatz zurückgebracht werden.

Da es sich als nachteilig erwies, daß der Kleinstjägerpilot nach dem Besteigen seiner Maschine und dem Unterhängen unter die Ar 234 nicht mehr aussteigen konnte, konstruierte man Ende 1944 eine neue Zelle mit Marschkammer und seitlicher Einstiegsklappe.

Wegen der neuen Rumpfform blieb nichts anderes übrig, als die Waffenanlage in die Flächen zu verlegen. Da zwei MK 108 raummäßig nicht unterzubringen waren, wollte man sich mit je drei Einzelgeräten der drallstabilisierten Bordrakete RZ 73, einer verbesserten RZ 65, vorläufig behelfen. Im Rumpf selbst wollten die Waffenexperten außerdem noch zwei MG 131 unterbringen. Doch es kam nicht mehr dazu. Laut Fritz Hahn soll es vor Kriegsende lediglich zum Bau von Schulflugzeugen in Form der Ar E 381 gekommen sein, die allerdings vollkommen aus Holz waren.

Neben der Arado Ar E 381 entstand auf Weisung der Forschungsführung bei der DFS das Projekt »Eber«. Man hatte ein »Verbrauchsgerät« gefordert, mit dem ein zweimaliger Angriffsflug möglich wäre, nachdem es

Modellaufnahmen der
Ar 234 C-3 mit unter-
gehängtem Kleinstjä-
ger Ar E 381.

51

von einer Fw 190 oder auch einem Me 262-Strahljäger auf bis zu 2000 m Entfernung an den Gegner herangebracht worden war.

Die ersten taktischen Forderungen gingen zunächst in zwei Richtungen, die des »Rammanflugs« und des »Schießflugs«. Bei einer genaueren Prüfung des Rammeinsatzes ergaben sich jedoch einige schwierige Probleme, obwohl sich leicht eine Panzerwanne konzipieren ließ, mittels welcher der Pilot mit bis zu 200 m/s eine feindliche Maschine mit Erfolg rammen und zum Absturz bringen konnte. Infolge der auftretenden Beschleunigungen von maximal 100 g kam man bei der DFS von dieser Angriffsweise ab.

Abgesehen davon hielt man es bei der DFS für sinnvoller, den »Eber« mittels einer möglichst kampfstarken Bewaffnung auszurüsten und damit ebenso erfolgreich zu operieren. Hierzu boten sich die in Waben unterzubringenden R4M-Raketen sowie Maschinenkanonen des Typs MK 108 oder die Rohrbatterie 108 an. Der Flugzeugführer war im wesentlichen von vorne gegen den Beschuß schwerer 12,7 mm-Waffen zu schützen, indem eine ausreichende Panzerung angebracht würde. Auch der »Eber« sollte im Deichselschlepp an den Feindverband herangeführt werden. Dabei konnte man auf die Erfahrungen der DFS zurückgreifen, die sich bis Ende 1944 mit mannigfaltigen Schleppversuchen beschäftigt hatte. Somit waren hinsichtlich des Starts und des Schleppflugs keine besonderen Anforderungen an den Flugzeugführer zu stellen. Erst beim Schießanflug kam es wieder auf den »Eber«-Piloten an, der die alliierten Bomber von hinten angreifen sollte. Nach dem ersten Anflug würde in der Regel ein zweiter mit R-Hilfe folgen. Hiernach hatte sich der Pilot vom Kampfgeschehen abzusetzen und stieg mit dem Fallschirm aus seiner Einsatzmaschine

aus. Diese Taktik hatte den Vorteil, daß die fliegerischen Anforderungen für den Flugzeugführer denkbar gering waren. Weder Start noch Landung mußten geübt werden, weder der steile Aufstieg noch der Gleitflug zurück zum Heimathorst. Allein die Schießanflüge bildeten ein vorrangiges Ausbildungsziel. Außerdem würde es zu keinen Bruchlandungen wegen schwierigen Geländes kommen und auch ein aufwendiges Zurückholen der gelandeten Maschinen würde entfallen.

Ab Spätsommer 1944 beschäftigte sich auch die Firma Luftschiffbau-Zeppelin (LZ) in Friedrichshafen mit der Schaffung eines Schleppjägers, der in zwei Ausführungen nur bis zum Projektstadium gelangte. Die Maschine war in der äußeren Form dem Messerschmitt-Projekt P 1104 nicht unähnlich. Neben einem möglichst einfachen Rumpfwerk mit schlichter Kabine und einer 14-rohrigen R4M-Wabe, sollte die leicht zu produzierende Maschine rechteckige Flächen- und Leitwerks-

Perspektivzeichnung des Schleppjägers »Rammer«.

52

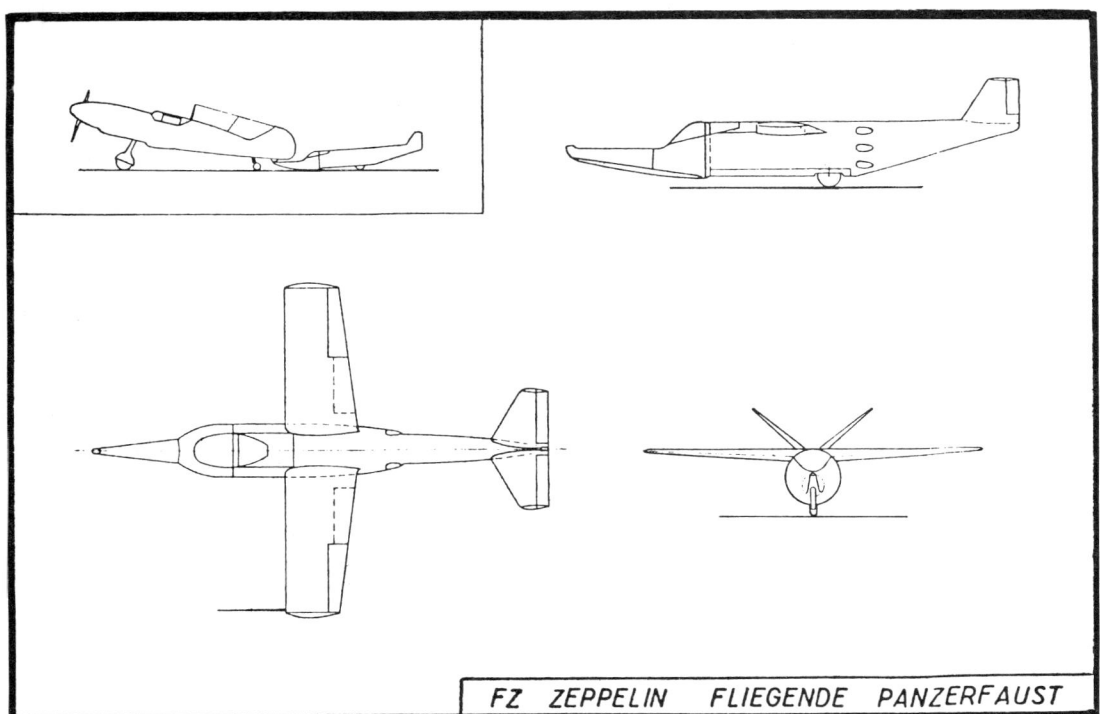

FZ ZEPPELIN FLIEGENDE PANZERFAUST

formen aufweisen. Am Ende blieb vom »Rammer« lediglich eine lückenhafte Studie übrig. Zu Windkanalversuchen kam es nicht mehr.

Als Fragment blieb auch das Projekt der »Fliegenden Panzerfaust«, das auch bei LZ entstand. Wie beim Projekt »Eber« sollte sich der Pilot des Sprengstoffträgers direkt auf ein lohnendes Ziel stürzen. Später kam man je-

doch davon ab, wollte dem Piloten eine Chance des Überlebens lassen, und projektierte eine Sitzkatapultanlage, die der Flugzeugführer unmittelbar vor dem Auftreffen auslösen konnte.

Schon Ende Januar 1944 reichte das Ingenieurbüro Bley in Naumburg an der Saale den Somboldschen Entwurf des »Rammschußjägers« beim RLM ein. Bei diesem Entwurf handelte es sich um eine »neuartige Luftangriffswaffe« zur Bekämpfung geschlossener Bomberverbände. Der Aufbau des Raketenflugzeug war denkbar primitiv. Als Baustoff für die Maschinen kamen Werkstoffe wie Flugzeugkiefer, Sperr- und Schichtholz in Frage. Das Tragwerk sollte aus Gründen der Gewichtsersparnis aus einem Stück bestehen und wäre mit dem Kufenkörper fest verbunden gewesen. Das gesamte Element sollte von unten her in den Rumpf geschoben werden. Der Führersitz befand sich unmittelbar vor dem Leitwerk, wobei die Kabinenverkleidung in die Seitenflosse überging. Die gesamte Kabine war im Notfall absprengbar.

Das charakteristische an der So 344 stellte der im Bug installierte Bombenkörper dar, der mit einer eigenen Treibladung für die Ablösung vom »Rammschußjäger« versehen war und gegnerische Bomberpulke auseinandersprengen sollte.

Nach dem Schlepp auf Angriffshöhe würde der Jäger mittels seines R-Antriebs den Zielverband übersteigen und dann im Winkel von 45 Grad mit dem Angriff beginnen. Einmal in Zielrichtung, konnte der Pilot das Geschoß auslösen, das nun von einer Treibladung zusätzlich beschleunigt würde. Die 400 kg Sprengstoff sollten dank eines Zeitzünders inmitten des gegnerischen Bomberpulks detonieren und den Verband vollständig zersprengen. Mittels zweier Maschinenwaffen oder einer großkalibrigen -kanone konnten auf dem Rückflug, aus der Überhöhung heraus, weitere Ziele bekämpft werden. Die Landung sollte auf einer gefederten Kufe erfolgen.

Zum Schluß seien der Vollständigkeit halber auch die Schleppjäger Me P 1103 und 1104 beschrieben, die Messerschmitt ab Juli 1944 bearbeitete. Die 1100 kg schwere Me P 1103 stellte einen »Rammjäger« mit schwer gepanzerter Bugspitze dar, in welche bis zu sechs runde oder plane Panzerscheiben eingelassen waren. Wie auch bei anderen »Rammjägern« geplant, sollte sich der Flugzeugführer in der Maschine vom Kampfgeschehen lösen und sich dann mittels des Fallschirms mitsamt seiner »Liegerutsche« aus der Kabine ziehen lassen. Die gepanzerte Zelle würde an einem großen Bergungsfallschirm zur Erde schweben. Damit bestand die Möglichkeit, die Kabine mit den vier im Boden angebrachten Feststoffraketen Rl 202 und die beiden links und rechts unter dem Piloten installierten MK 108 wiederzuverwenden. Die Flächen sollten wie auch bei anderen Kleinstjäger-Projekten von der FZG 76 übernommen werden. Für die beiden Maschinenwaffen war ein Munitionsvorrat von jeweils 30 Schuß seitlich des Piloten vor-

Rumpfübersicht des Rammjägers Me P 1103 vom 6. 7. 1944.

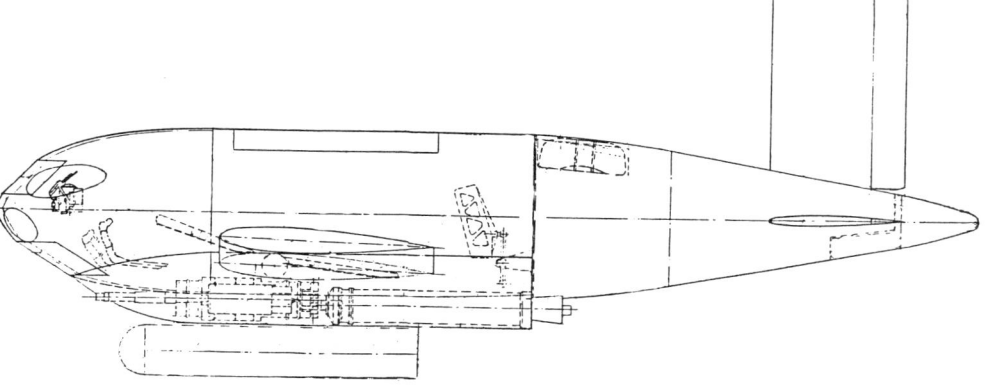

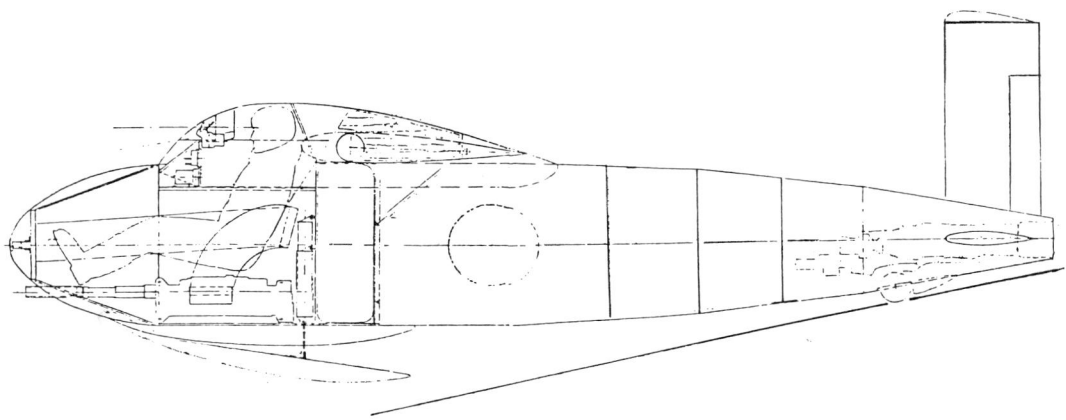

Geplante Auslegung des
Messerschmitt Bordjägers
(ZeichnungsNr. XII-283)
vom Sept. 1944

handen. Unter dem nur 0,79 m breiten Rumpf befand sich ein nach hinten abzufeuernder 21 cm Nebelwerfer als Abstandswaffe. Von der P 1103 gab es noch eine zweite Ausführung. Das kleine Flugzeug entstand im September 1944 und war laut der vom 12. 9. 1944 datierenden Zeichnung als reiner »Bordjäger« mit einem MK 108 konzipiert worden. Im Gegensatz zum »Rammjäger« plante man den Piloten sitzend im 5,0 m langen Bug unterzubringen. Die einfach eingerichtete Kabine war ungepanzert. Unter dem Sitz befand sich nach dem Willen der Konstrukteure ein MK 108.

Die Me P 1104 war in ihrer Auslegung ähnlich gestaltet wie die beiden Vorläufer. Eine vom 22. 9. 1944 datierende Flugzeugübersicht zeigt einen Hochdecker mit einem HWK 109-509 A-1-Raketentriebwerk. Der Rumpf dieses Schleppjägers gliederte sich in zwei Teile, den sogenannten vorderen »Panzerkasten« und das in konventioneller Holzbauweise ausgeführte hintere Rumpfwerk, das eine Länge von 5,48 m haben sollte.

Die Einsatztaktik dürfte in allen Punkten der der übrigen Schleppjäger entsprochen haben. Die maximal 2540 kg schwere P 1104 sollte

Projekt Me P 1104 vom
22. 9. 1944 (Zeich-
nungsNr. XVIII-118).

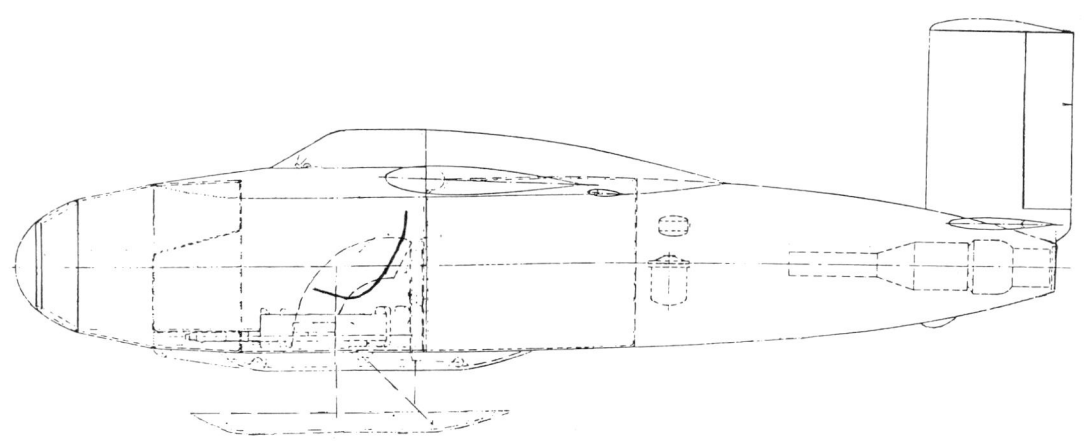

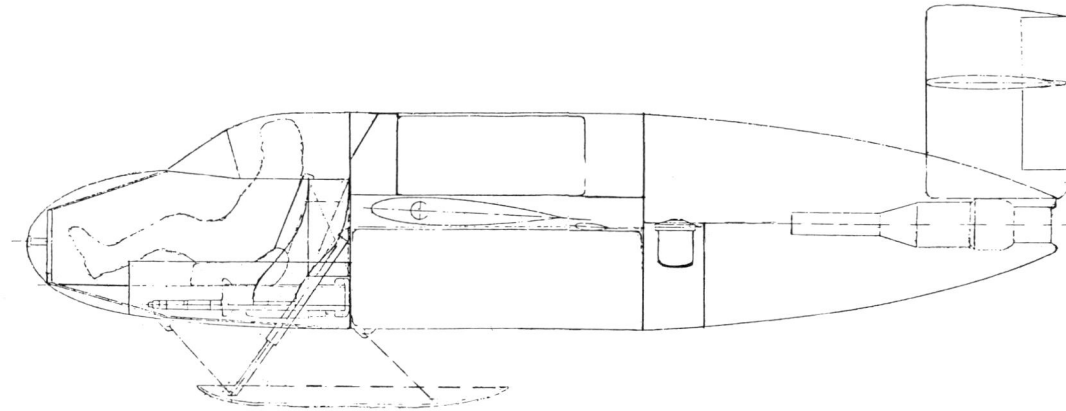

eine rechnerische taktische Reichweite von knapp 90 km besitzen und Geschwindigkeiten bis zu 800 km/h erreichen.

Von der P 1104 plante man noch eine verkleinerte, sehr gedrungen wirkende Ausführung, den Entwurf S 53. Wie die Vorgänger basierte die Maschine auf der Verwendung von V 1-Flächen- und Leitwerksteilen. Als Ladewerk kam die modifizierte P 1104 mit einer kleinen, federgedämpften Kufe aus. Gewichte und Abmessungen des Ende 1944 entstandenen Kleinstjägers liegen nicht vor.

Alle diese Projektstudien verschwanden schließlich schnell wieder in den Registraturen des RLM, nachdem das OKL und der Jägerstab völlig auf die bewährte Me 262 A-1 mit MK 108 und R4M-Bewaffnung sowie den Volksjäger, die He 162 A-1/A-2, setzte.

D. BACHEM »NATTER«

Am weitesten von allen in Entwicklung befindlichen Kleinstjägern mit Raketenantrieb war bei Kriegsende die Bachem »Natter« fortgeschritten.

Die am 10. 2. 1942 gegründeten Bachem-Werke GmbH wurde von Erich Bachem und G. Zorell geleitet. Den Bereich Entwicklung und Konstruktion betreuten W. Offik und H. Michelson. Hans Jordanoff, einem von Bachems versiertesten Mitarbeitern, gelang es mittels einer optisch überaus ansprechenden Baubeschreibung, das RLM zu begeistern. Die »Natter« war damals noch mit einem doppelten Leitwerk ausgerüstet und besaß einen schmalen Rumpf, in dem der Pilot liegend untergebracht war.

Neben dem OKL-Chef TLR befaßte sich gleichzeitig das SS-Führungshauptamt mit dem im August 1944 eingereichten »Natter«-Entwurf.

Als einen der wichtigsten Entwicklungsgrundsätze sah man den Lafetten-Start vor. Dieser sollte den Einsatz auch von kleinsten Plätzen aus ermöglichen. Zunächst wollte man lediglich zwei 1000 kp-Feststoffraketen des Typs SR 34 (später SG 34) verwenden. Als Hauptantrieb wählte Dipl.-Ing. Bachem ein HWK des Typs 109-509 A-2. Die Treibstoffkapazität sollte für einen Vollschub von maximal 90 s ausreichen und das »Verschleißflugzeug« bis auf 900 km/h beschleunigen. Da die Gefahr einer unbeabsichtigten Explosion der ge-

56

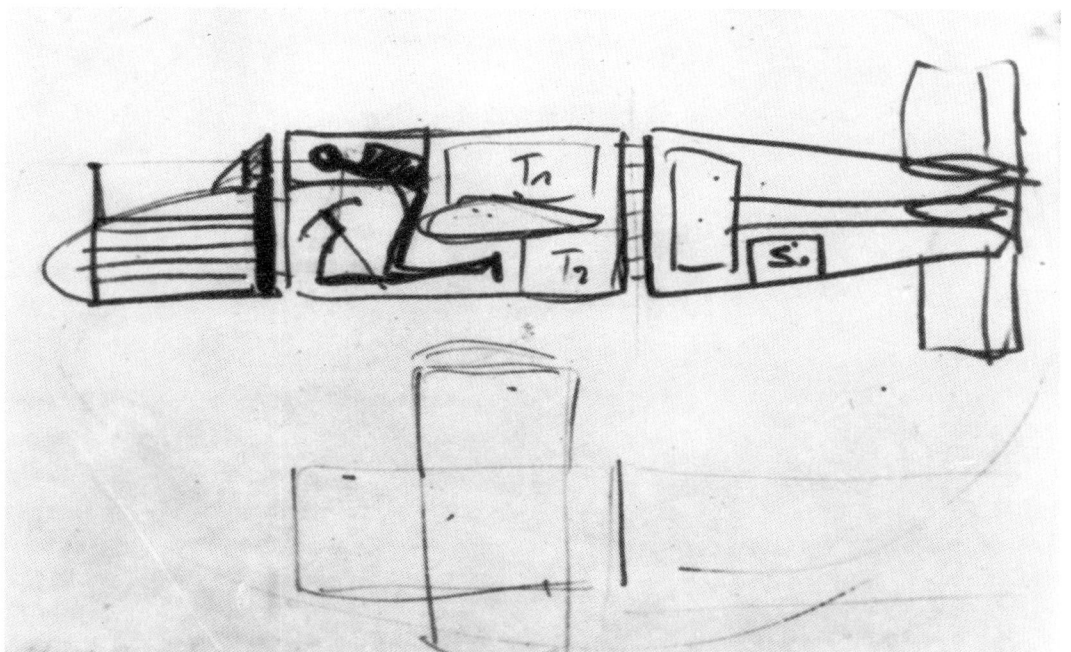

Einer der ersten Hand-
skizzen mit Triebwerk-
anlage.

Bergungsfallschirm am Rumpfheck einer BP 20.

57

Bewaffnungsdetails der »Großen Rohrbatterie 108«.

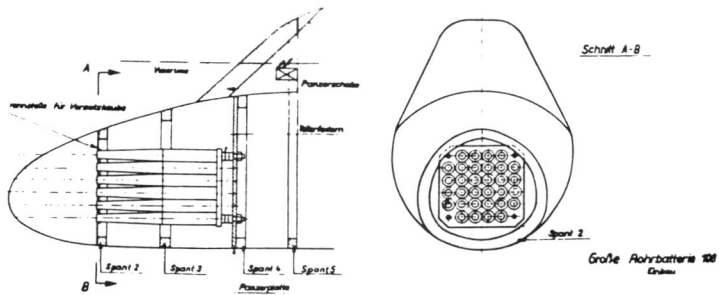

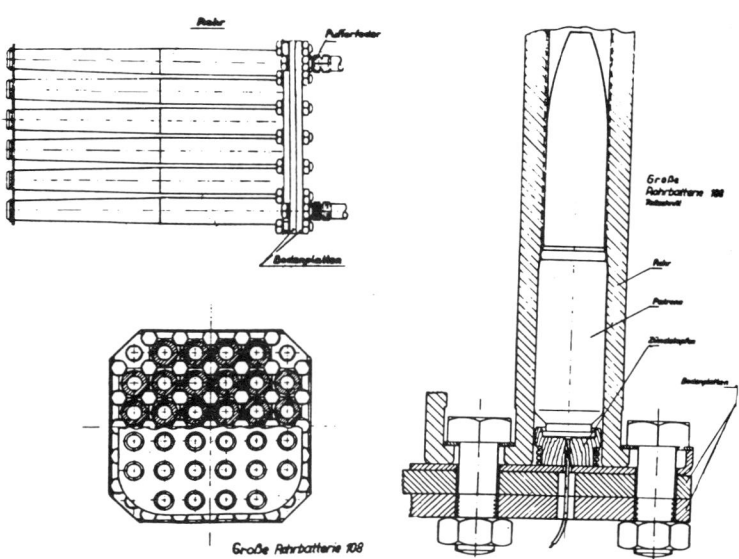

fährlichen Sonderkraftstoffe bei der Landung ständig gegeben war, das Problem wurde von Erich Bachem schon früh erkannt, schlug er eine separate Landung von Pilot und Flugzeugzelle an zwei Fallschirmen vor. Einzig die beiden MK 108 sowie die dahinter angeordnete Kabine gingen verloren. Um den Fertigungsaufwand und die Kosten so gering wie möglich zu halten, mußte die Bachem »Natter« ganz aus Holz hergestellt werden. Statt zwei MK 108 und 24 »Föhn-Raketen« waren später 48 dieser drallstabilisierten Projektile geplant. Neben dem Objektschutz für wichtige Industrieunternehmen dachte das Bachem-Team auch daran, die »Natter« als Bordflugzeug für Schiffe zu verwenden, um gegnerische Maschinen effektiv bekämpfen zu können.

Im September 1944 ging ein erster Auftrag für zunächst 15 Bachem BP 20-Versuchsmuster mit der Dringlichkeitseinstufung SS ein. Außerdem folgte die Aufnahme der »Natter« als 8-349 in das damalige Jägernotprogramm.

58

R4M-Raketenwabe mit primitiver Zieleinrichtung.

Bereits im Oktober 1944 gab das Bachem-Werk ein Fertigungskennblatt für die »Natter« anhand der Entwurfsunterlagen sowie der inzwischen im Bau befindlichen BP 20 M1 und M2 heraus. Die Herstellung der Holzteile für die späteren Mustermaschinen ließ nicht lange auf sich warten.

Am 1. November kam es zu einer kritischen Bewertung der künftig bei der »Natter« einzubauenden Bewaffnung auf ballistisch-taktischem Gebiet. Neben zwei MK 108 als Starrbewaffnung mit jeweils 30 Schuß pro Rohr wurden auch zwei sogenannte Schrotschußgeräte, einmal die »Rohrbatterie 108« mit 32 Rohren und eine aus 28 ungelenkten R4M-Projektilen bestehende Anlage, überprüft. Bei allen drei Bewaffnungen rechnete man, sofern die viermotorigen Bomber überhaupt in den Bereich einer »Natter«-Batterie kämen, mit einer 90prozentigen Abschußwahrscheinlichkeit. Ein Schrotschuß mit der »Rohrbatterie« war dagegen nicht möglich, da der Abschuß erst bei 350 m hätte erfolgen können und dann ein Ausweichen vor dem viermotorigen Bomber unmöglich gewesen wäre.

Abschließend zogen die Waffenspezialisten im RLM ihr Resümee. Unter der Bezeichnung »Erfolgsaussichten« wurden in der Geheimen Kommandosache Nr. 11 130/44 die maßgeblichen, taktischen Aspekte zusammengefaßt:

»Die »Natter« ist beim Angriff gegen Bomber weniger gefährdet als ein normaler Jäger. Die große Übergeschwindigkeit erlaubt ein schnelles Durchfliegen des gefährdeten Kampfbereiches und einen überraschenden Angriff. Von vorn gesehen hat die »Natter« eine kleine Fläche, die gegen 12,7 mm-Geschosse gepanzert ist. Der Einzelangriff der Me 163 auf größere Feindverbände scheint den Schluß zuzulassen, daß die Gefährdung, die von feindlicher Bomberabwehr herrührt, im Au-

genblick gering ist. Baut der Gegner 20 mm-MG im Heck ein (die B-Stände sollen durch das Anflugverfahren ausgeschaltet werden) wie bei der Super-Fortress B 29 projektiert... so kann sich die Abschußwahrscheinlichkeit vergrößern.«

Alles in allem ging das RLM davon aus, mit dem Bachen-Entwurf ein geeignetes Abwehrmittel gegen viermotorige Bomber wie die B 17 oder B 24 zu besitzen. Zusammen mit der am 4. 11. 1944 befohlenen sofortigen Steigerung der Flakraketenherstellung wurde auch die Erprobung und der Bau der »sonstigen Sonderwaffen« verfügt.

Wenig später, am 27. 11. 1944, kam die Projektbeschreibung der als BP 20 bezeichneten »Natter« mit den verschiedenen Einsatzmöglichkeiten heraus.

Außerdem legten die Bachem-Werke einen detaillierten Terminplan für die projektierte Serienfertigung vor: Nach der Entwicklung und dem Bau von 50 Musterflugzeugen in der Zeit zwischen September 1944 und Januar 1945 sollte sich deren Erprobung bis zum 28. 2. 1945 hinziehen. Ab Januar würde bereits eine Nullserie von 200 Flugzeugen produziert und bis Ende März 1945 abgeschlossen sein. Mit der eigentlichen Großserienfertigung rechnete man ab Mitte Februar, mit ersten nennenswerten Produktionszahlen ab Anfang März 1945.

Der Erprobungslauf sollte – mit jeweils zehn Starts – wie folgt aussehen:
- unbemannte Starts von Lafette
- unbemannte Starts mit eingebauter Steuerung
- Schlepp- und Segelerprobung
- angetriebene Flüge, nach Schleppflug auf Höhe
- angetriebene, bemannte Starts von der Lafette aus.«

Endmontage der endgültigen Ausführung der Ba 349 bei Bachem.

Im Dezember 1944 kam es zur Endmontage der M1 mit Rollwagen sowie der M2 und M3 als Musterflugzeuge mit festem Fahrwerk, das man von einer Klemm Kl 35 übernommen hatte. Ob der BP 20 M2 jemals flog oder nur als stationäres Musterflugzeug Verwendung fand, konnte nicht geklärt werden.

Am 14. 12. 1944 kam es zum ersten Schleppflug mit der BP 20 M3 in Neuburg/Donau, am 22. 12. 1944 folgte ein zweiter. Beim Erstflug brach das rechte Fahrwerksbein, so daß eine Reparatur notwendig wurde. Obwohl die Landung im Schlepp einer He 111 äußerst vorsichtig mit nur 1 m/s erfolgt war, trat ein

Endmontage der Bachem
BP 20 M2 mit Klemm Kl
35-Fahrwerk.

nicht vorher absehbarer, einseitiger Lande-
stoß ein.

Der Startwagen für die BP 20 M1 befand
sich bereits damals auf dem Neuburger Platz.
Die Situation dort, Ende Dezember 1944, war
ausgesprochen schlecht. Es fehlte an geeigneten Arbeits- und Aufenthaltsräumen ebenso
wie an Werkstätten und Verkehrsanbindun-
gen. Die zunächst dort eingesetzte He 111 H-6
(DG+RN) mußte für das als dringend eingestufte Erprobungsvorhaben »Christl« abgegeben werden, die zweite DFS He 111 wurde für
die He 280 V7-Erprobung – im Rahmen des
Volksjäger-Programms – benötigt. Außerdem
behinderten starke Schneefälle Ende 1944 die
Schlepperprobung.

Am 18. 12. 1944 wollte man von der großen
Lafette einen ersten Steilstartversuch auf dem
Heuberg bei Stetten am kalten Markt wagen.
Als Antrieb sollten nur vier Feststoffraketen

dienen, die zuvor in Standversuchen nahe Bad
Waldsee praktisch erprobt worden waren.
Nach deren Zündung würde eine Sekunde
später die Fesselung des Geräts aufgehoben
werden und die Maschine abheben. Doch
nichts geschah. Die Auslöseleitung war inzwischen unter der enormen Wärme der Startraketen verschmort. Der Wärmestau führte
ferner dazu, daß die auf der Lafette stehen-
de »Natter« Feuer fing und völlig ausbrannte.
Vier Tage später, am 22. 12. 1944, fand ein
zweiter Versuch eines unbemannten Steilstarts statt. Trotz des noch ungleichen Rake-
tenschubs wurde ein fast gradliniges Abgehen
bis auf gut 750 m erreicht. Schon bei den ersten Tests glückte das Auslösen des Heckfall-
schirms, der Abwurf der Bugkappe, das Her-
ausfallen der Pilotenpuppe sowie das sichere
Niedergleiten des Heckteiles am Bergungsfallschirm.

62

Werksinterne Starthilfen-
erprobung im Werk Wald-
see.

Startvorbereitung bei der BP 20 M22
für die Triebwerks- und Bremsschirmerprobung.

Verhalten der »Natter«. Die hierzu verwandte, 1610 kg schwere BP 20 M 17, besaß noch keine Steuerungsautomatik und hatte feste Ruder. Nachdem die unbemannte Maschine bis auf etwa 3000 m Höhe über dem Truppenübungsplatz Heuberg aufgestiegen war, riß bei dem »Rückflug« in 700 m der Bergungsfallschirm. Die M 17 schlug etwa 1100 m vom Startpunkt auf und wurde völlig zerstört.

Sieben Tage zuvor, am 22. Dezember, hatte ein Schleppstart hinter der He 111 H-6 (DG+RN) der DFS in Neuburg/Donau stattgefunden, wobei es zu einem leichten Zellenschaden kam. Danach fielen über mehrere Wochen die Flugversuche aus.

Zwischen Ende Dezember 1944 und dem 31. 1. 1945 liefen Windkanalversuche mit einem verkleinerten Modell der »Natter« bei der DVL. Das Modell kam dann von Braunschweig nach Berlin und sollte dort ab dem 30. 1. 1945 im dortigen Windkanal untersucht werden. Die Tests begannen in Adlerhof jedoch schon früher, so daß bereits Ende Ja-

Hölzernes Windkanalmodell der projektierten Bachem BP 20.

Unbemannte Attrappe auf dem Startgerüst Heuberg bei Stetten a. k. M.

Der zweite Steilstart fand am Mittag des 29. 12. 1944 statt. Er diente vornehmlich der Erprobung der Startraketen, der Lafette sowie der Stabilität beim Start und dem allgemeinen

nuar eine vorläufige Datenzusammenstellung vorlag.

Trotz der Bereitstellung weiterer Facharbeiter trat Ende Januar 1945 die Entwicklung auf der Stelle. Laut dem Kriegstagebuch des Chefs TLR waren im laufenden Monat keine weiteren Senkrechtstarts zu erwarten, da die Lieferung von Feststoffraketen wegen eines Brandes im Werk Bodenbach ausblieb. Wohl aus diesem Grunde genossen einstweilen die Tragschleppversuche von Flugkapitän Herman Zitter eine höhere Priorität. Start und Steigflug gelangen dabei problemlos, jedoch traten bei 255 km/h und beim Sinkflug mit 1,2–2,6 m/s eine unangenehm starke Schwerpunktänderung bis hin zur Schwanzlastigkeit auf. Gleiches galt für den Kurvenflug.

Ende des Monats, am 27. 1. 1945, konnte die DFS die Schlepperprobung mit dem dritten Versuchsmuster in Neuburg fortsetzen.

Hiernach mußte die Flugerprobung einstweilen unterbrochen werden, da die »Natter« beschädigt worden war und einige Zeit für die Reparatur benötigt wurde. Anschließend sollte die Maschine einen Längsneigungsmesser, einen Winkelgeschwindigkeitsgeber von LGW, zwei Ruderlagengeber, einen Staudruck- sowie einen Höhenmesser erhalten. Das erste Flugzeug mit Startwagen war damals bereits im fortgeschrittenen Bauzustand. In jenen Wochen wurde die Einflußnahme seitens der SS zunehmend stärker. So ließ der Reichsführer SS, Heinrich Himmler, am 6. 2. 1945 über den SS-Gruppenführer und Generalleutnant der Waffen-SS, Dr. Hans Kammler, verlautbaren:

»Aufgrund der mir erteilten Vollmachten bestimme ich hiermit als zu dem von mir geführten Sektor zugehörig folgende Waffen und Geräte: Fernkampfwaffen (A4, Fi 103, Hochdruckpumpe und Rheinbote, gelenkte und ungelenkte Geschosse, – die Bachem Natter.«

Tragschlepp unter einer He 111 H-6 der DFS, Neuburg/Do.

Angehöriger des SS-Sonderkommandos »N« in Waldsee
bei der Überprüfung einer
Bachem »Natter«.

Damals beschäftigten die Bachem-Werke einschließlich des SS-Sonderkommandos schon über 600 Mitarbeiter. Dennoch reichte deren Zahl noch längst nicht aus. Besonders im Konstruktionsbüro kam es zu erheblichen Engpässen. Das im Februar 1945 aufgestellte SS-Sonderkommando 600 »N« (Waldsee) wurde von SS-Obersturmführer Schaller geführt. Während dessen erste Aufgabe in der Organisierung weiterer Mittel und Bereitstellung von Fachpersonal liegen sollte, erreichten die Freiflugversuche in Neuburg-Zell einen neuen Höhepunkt. Nach drei gelungenen Schleppflügen Anfang Februar 1945, die vornehmlich der Überprüfung der Eigenstabilität

gedient hatten, konnte man im Kriegstagebuch des Chefs TLR lesen:

»In Neuburg (bis 18. 2. 1945) erste Freiflüge aus dem Schleppflug heraus mit guten Erfolgen.«

Dafür war es in der letzten Zeit bei den Steilstartversuchen nur zu einem Flug mit 100 m senkrechtem Aufstieg gekommen, bei dem sich die Kabinenverkleidung unbeabsichtigt gelöst hatte. Die Maschine ging zu rasch zur Seite weg.

Erreicht wurden insgesamt noch 500 m Höhe, ehe das Versuchsmuster zunehmend in steilen Sturzflug überging und beim Aufschlag restlos verbrannte. Mitte des Monats verliefen

Flugkapitän Zacher in
Neuburg/Donau vor der
BP 20 M 8 mit Startwagen.

hintereinander zwei Starts recht zufriedenstellend, obwohl noch die Dralleinstellung fehlte und eine der Pulverraketen ausgefallen war.

Doch zurück nach Zell nahe Neuburg an der Donau. Am 14. 2. 1945 stieg Unteroffizier Hans Zübert ab 10.55 Uhr im Tragschlepp mit der BP 20 M8 hinter der DFS-He 111 H-6 auf. Auch diesmal gab es beim Start keine besonderen Schwierigkeiten. Mit Schleppgeschwindigkeit ging es zügig auf 5500 m Höhe, wo sich der Einflieger ausklinkte und im Bahnneigungsflug bis auf 4100 m herunterging. Die »Natter« hatte nun eine Endgeschwindigkeit von 600 km/h erreicht. Nach einer starken Linkskurve mit 45 Grad Schräglage und 350 km/h Geschwindigkeit versuchte der Flugzeugführer, den Sicherheitsschirm auszulösen, was jedoch nicht gelingen wollte. Auch die Absprengung des Bugsegments schlug fehl. Hans Zübert warf schnellstens die Cockpithaube ab und zog die Maschine noch einmal hoch, um erst bei Erreichen der Geringstgeschwindigkeit die »Natter« zu verlassen. Bei

250 km/h – nach drei Vollkreisen im Spiralsturz – begab sich Unteroffizier Zübert im Hechtsprung, über die linke Fläche, ins Freie. Die Landung am Fallschirm erfolgte sicher auf einem recht weichen Acker nahe des Donauufers.

Die Versuche mit der BP 20 M8 konnten bis Ende Februar 1945 nicht begonnen werden; auch die inzwischen mehrfach geforderte FT-Anlage fehlte immer noch. Zudem war die R-Anlage fehlerhaft verarbeitet und die Sauerstoffversorgungsanlage zu gering dimensioniert worden. Die Haubenbefestigung galt noch immer als viel zu schwach, und der Schalter für die Bugabsprengung war noch ohne Schutzvorrichtung, so daß eine unbeabsichtigte Selbstauslösung leicht möglich erschien.

Erst am 25. 2. 1945 glückte auf dem Heuberg ein vollständiger Senkrechtstartversuch einer Triebwerksmaschine mit ordnungsgemäß verlaufender Trennung. Die Pilotenpuppe sowie das Heckteil mit HWK schwebten sicher

Lagebesprechung auf dem Heuberg, Anfang 1945.

Start der BP 20 M 17 von der 12,5 m-Lafette.

nige andere Geräte hatten außerdem einen solchen Drall, daß die Versuchsdurchführung nicht wie geplant möglich war. Der gelungene Senkrechtstart motivierte das SS-Führungshauptamt Ende des Monats zu dem Befehl, die »Natter« nun auch als bemannte Triebwerksmaschine im Senkrechtstart zu testen. Als Freiwilliger meldete sich der zum Gefreiten degradierte Leutnant Lothar Sieber, der sich schon seit geraumer Zeit auf dem Heuberg befand und die unbemannten Steilstarts aus nächster Nähe hatte beobachten können.

Ihm war nicht nur das immense Risiko eines bemannten Senkrechtstarts bewußt; es war auch nicht zu übersehen gewesen, daß die »Natter« meist schon ab etwa 200 m nach Verlassen der Lafette vom Kurs abzuweichen begann. Den technischen Entwicklungsstand gab Fliegerstabsingenieur Reyle von der Abteilung Flak E5 am 27. 2. 1945 in allen Einzelheiten wieder:

Die nur 20 Stunden »geschulten« Flugzeugführer sollten als »Einzelkämpfer« und im Masseneinsatz mit dem notwendigen Vorhalt und einer wirksamen Schrotschußbewaffnung, auch im Schlechtwetter- oder Nachteinsatz zum Zuge kommen. Auch die aufwendige 20 m-Lafette würde dann gegen primitive Führungsleisten von 9 m Höhe ersetzt werden, von denen man zehn für den Ersteinsatz herstellen ließ. Einige davon wurden in den letzten Kriegswochen mit unbemannten Versuchsmustern getestet. Als unbedingt notwendig wurde angesehen, die inzwischen verlängerte B-Ausführung schnellstmöglich zu produzieren und zum Einsatz zu bringen, ein Ziel, das nicht mehr zu erreichen war.

An dem Tag, als die Entwicklung der Bachem Ba 8-349 »Natter« dem Bereich Flak-E unter Oberstleutnant Halder zugeordnet wurde, sollte der erste bemannte Start durch-

am Fallschirm herab. Das letztere kam diesmal fast unbeschädigt wieder zur Erde zurück. Zuvor war eine »Natter« infolge der Explosion einer Startrakete auf der Lafette explodiert. Ei-

68

Erster bemannter Steilstart am 1. 3. 1945 mit dem »Vollgerät« (BP 20 M 23).

nicht die Trennung durchgeführt und schlug mitsamt der »Natter« nahe des Startplatzes auf. Lothar Sieber konnte nur noch tot aus den Trümmern befreit werden. Damit war der erste und wohl auch einzige bemannte Steilstartversuch fehlgeschlagen.

Am selben Tag war auch die M 25, eine bemannte Triebwerkmaschine mit Startflossen, fertig zur Abnahme. Die M 33, eine unbemannte Raketenmaschine ohne Triebwerk, hatte man bereits bis zum 24. 2. 1945 fertiggestellt. Im Bau befanden sich dann noch zwei weitere unbemannte Raketenmaschinen mit LGW-Steuerung, die Versuchsmuster M 13 und 14, sowie die BP 20 M 24 und M 34. Neben der LGW-Steuerung sollte auch die

Vollausgerüstetes Versuchsmuster der BP 20 beim Hochziehen an dem provisorischen Startmast.

geführt werden. Nach einer ausführlichen Besprechung am Morgen des 1. 3. 1945 begab sich Lothar Sieber zum Startgerüst mit aufgesetzter BP 20 M23.

Es war ein düsterer, wolkenverhangener Märzmorgen, als Lothar Sieber mit laufendem HWK und zugeschalteten Feststoffraketen die Lafette verließ. Der Start gelang, das 23. Versuchsmuster gewann rasch an Höhe, legte sich dann mit 30 Grad Neigung auf den Rükken, vollführte eine halbe Rolle, ehe es Sekunden später in den Wolken verschwand. Bis dahin verlief alles wie vorgesehen. Nach etwa 50 s kam die Maschine wieder in Sicht, diesmal jedoch senkrecht dem Boden zufliegend. Der Flugzeugführer war, aus welchem Grunde konnte niemals mit letzter Sicherheit geklärt werden, ohnmächtig geworden, hatte deshalb

Mustermaschine der BP 20 »Natter« in Startposition.

Vorbereitung für den Steilstart einer BP 20 auf dem Heuberg.

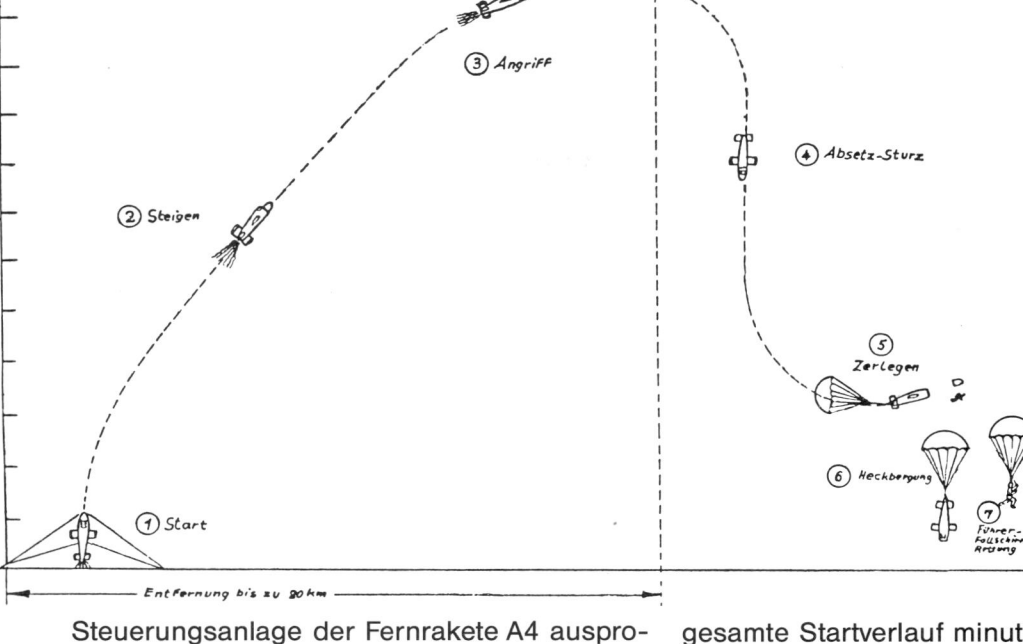

Steuerungsanlage der Fernrakete A4 ausprobiert werden, wozu es jedoch wegen der ungünstigen Kriegslage nicht mehr kam. Insgesamt wurden sieben Natter mit LGW-Steuerung von der 9 m-Lafette verschossen.

Die M 31 diente ebenfalls der Bergungsschirm-Erprobung. Das Gerät war nur bis auf 150 m nahezu senkrecht aufgestiegen, da die Startraketen nur bedingt arbeiteten, die Öffnung des Fallschirms mißlang ebenso. Ebenfalls senkrecht stieg die M 32 auf, die mühelos von einer 9,5 m hohen Lafette abkam. Dafür explodierte eine andere »Natter« wegen fehlerhafter Startraketen.

Trotz mehrerer Rückschläge arbeitete das SS-Kommando »N« verbissen an der Vorbereitung des Ersteinsatzes des »N-Geräts«. Dabei war immer noch nicht geklärt, welche Lafette wo aufgebaut werden sollte. Gravierende Transportprobleme, insbesondere fehlende LKW für den Transport von Raketentriebwerken und »Natter«-Zellen, behinderten gleichzeitig jede Planung. Inzwischen war der gesamte Startverlauf minutiös festgelegt worden: Nach dem Kommando »Fliegeralarm« sollte die Leitstandbedienung an das Gerät treten und das Ziel auffassen. Der in Sitzbereitschaft wartende Flugzeugführer schaltete sogleich das Bordnetz ein. Die Seitenrichtbedienung der Lafette würde die Einstellung des Startwinkels entsprechend den Durchgaben des Leitstands ständig neu anpassen. Auf das Kommando »Achtung Eins« hatte die Bedienungsmannschaft das Startgestell zu räumen und schnellstens in Deckung zu gehen. Der Pilot regelte danach das Triebwerk langsam hoch und kontrollierte die Steuerung. Auf das Kommando »Achtung« und »Start« sollte er mit beiden Händen die Haltegriffe umfassen und den Startknopf drücken. Alles andere würde die automatische Steuerung übernehmen. Erst in unmittelbarer Zielnähe würde der Flugzeugführer auf die Feindbomber zudrehen und seine 24 »Föhn«-Projektile abfeuern. Soweit der Startablauf für den geplanten Ersteinsatz mit dem Codename »Krokus«.

71

Bearbeitung der Tragflächen-Endscheibe
einer BP 20.

Dezentrale Leitwerk-Produktion in Süddeutschland.

72

Angesichts der allgemeinen Kriegslage im Frühjahr 1945 sahen fast alle Beteiligten den Termin für einen Einsatz der »Natter« als viel zu früh an, zumal noch nicht einmal sichergestellt war, ob genügend »Sonderkraftstoff« zu beschaffen war.

Trotz der Weisung Heinrich Himmlers, für die »Natter« genügend Treibstoff herstellen zu lassen, und der Einschaltung von Dr. Kammler, der am 17. 3. 1945 zum »Beauftragten des Führers zur Brechung des Bombenterrors« ernannt worden war, blieb die Lage unverändert.

Am 28. 3. 1945 strich General Dornberger die Bachem »Natter«. Auch das um die Maschine stark bemühte SS-Führungshauptamt schien nun anderes zu tun zu haben, als sich weiter mit der Maschine zu beschäftigen. Zwar wurde Anfang April 1945 noch in Waldsee und Nabern unter Teck weiter an dem Verlustgerät gebaut, doch das Fehlen wichtiger Zulieferteile stellte die provisorische Serienfertigung in Frage. Bei Hirth in Nabern fanden die nach Süden vorstoßenden alliierten Verbände angeblich neun fast komplette »Nattern« sowie ein vollständiges Serienmuster. Laut ehemaligen Mitarbeitern der Firma Schempp-Hirth und Wolf Hirth soll es in Nabern jedoch nur zur Produktion von Leitwerken gekommen sein. Eine komplette »Natter« gab es bis Mitte April 1945 als Lehre bei Hirth. Die Maschine wurde jedoch noch vor Kriegsende von Karl Stöber nach Waldsee zurückgebracht.

Ab Mitte April wurde die Verlegung der Bachem-Werke nach Bad Wörishofen vorbereitet. Die französischen Verbände hatten gerade den Heuberg besetzt, als in der Nacht zum 23. 4. 1945 die Front bedenklich nahe an Waldsee heranrückte. Dort war inzwischen das Ersatzbataillon 358 unter Major Volk in Stellung gegangen, um den aus Richtung Aulendorf vordringenden Feind aufzuhalten.

Nachdem vorzeitig einige Waldseer Bürger weiße Fahnen gehißt hatten, sollte die gesamte Stadt niedergebrannt und alle männlichen Einwohner vom Ersatz-Btl. 358 erschossen werden. Der sinnlose Befehl wurde schließlich doch nicht mehr ausgeführt. Als am 24. 4. 1945 erste französische Panzer vor Waldsee auftauchten, zog sich die Kampfgruppe Volk nach Süden zurück. Kurz zuvor versenkte Ing. Zacher noch die letzten 15 HWK-Triebwerke im nahen Waldsee. Da man in Bad Wörishofen nur kurz bleiben konnte, setzten sich die meisten Mitarbeiter und Piloten mit ihren fünf Einsatzmustern, wichtigsten Konstruktionsunterlagen sowie genügend Ersatzteilen nach St. Leonhard in Österreich ab. Dort wurden die Männer Anfang Mai 1945 von amerikanischen Soldaten in Gewahrsam genommen. Gleichzeitig erbeuteten sie neben zwei fast vollständigen »Nattern« noch zwei weitere auf Transportanhängern, vier Feststoffraketen, vier Ersatzflächen und zwei Kisten mit Zubehör für die Startraketen. Auch in Ainring wurden die Alliierten fündig. Bei der DFS entdeckten sie die beschädigte Zelle einer BP 20, die vorher Schleppversuchen gedient hatte.

Insgesamt wurden von der Bachem BP 20 etwa 30 Maschinen, bei Hirth möglicherweise nochmals einige »Nattern« fertiggestellt oder fanden sich kurz vor Abschluß der Endmontage. Laut Aufzeichnungen von Erich Bachem entfielen davon die meisten auf die Ausführung A, einige wenige, darunter die in St. Leonhard aufgefundenen Maschinen, gehörten zur B-Ausführung.

Die Version Ba 349 C konnte mit ihren für den Transport leicht abnehmbaren Flächen nicht mehr realisiert werden. Mit den in Waldsee produzierten Maschinen wurden etwa 18 bis 20 unbemannte Steilstarts, einschließlich eines bemannten durchgeführt. Außerdem

Eines der von alliierten Truppen nahezu unversehrt erbeuteten Ba 349 »Natter«-Geräten.

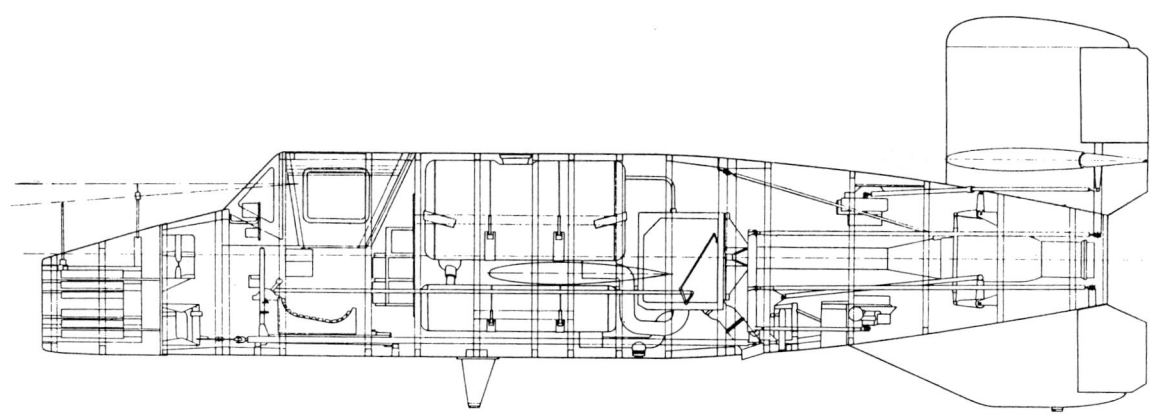

Rumpfübersicht der späteren Ba 349-Serien-ausführung.

Dreiseitenansicht der BP 20 vom 16. 2. 1945.

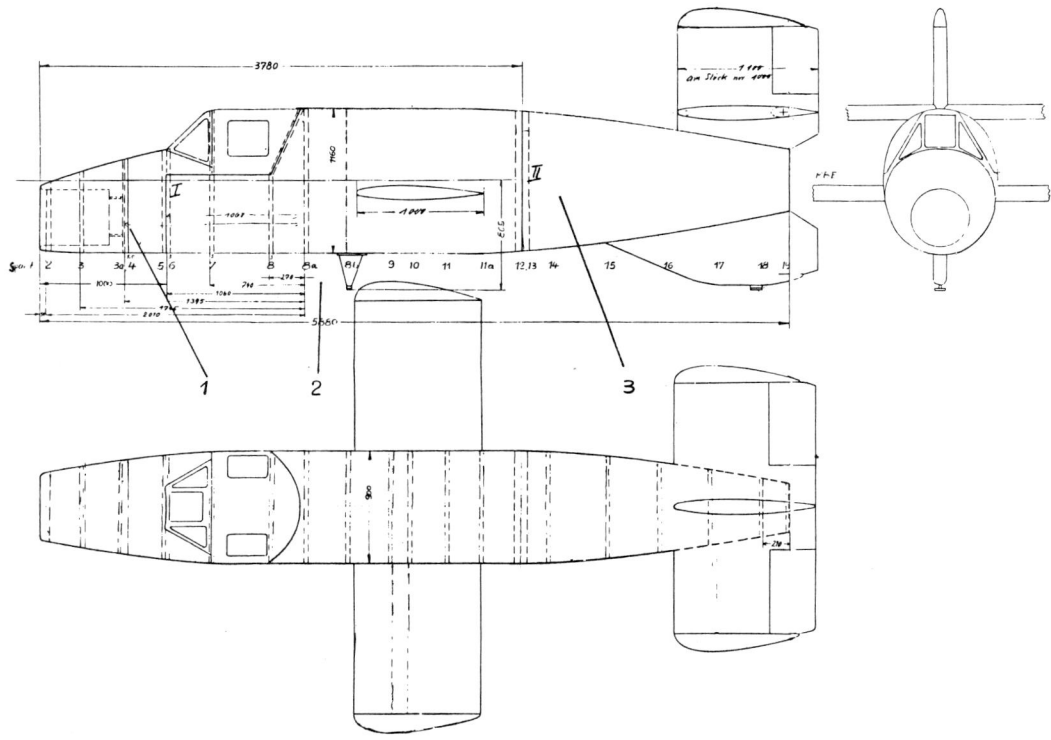

Bachem »NATTER«

BP 20 M 1 Schleppflüge hinter He 111 H-6 (DG+RN) in Neuburg. Erster Schleppflug am 22. 12. 1944.

BP 20 M 2 Musterflugzeug mit Kl 35-Dreibeinfahrwerk.

BP 20 M 3 Schlepperprobung wie BP 20 M1, danach Umbau. Erster Schleppflug am 14. 12. 1944.

BP 20 M 4 Vorgesehen für Schlepperprobung/Rumpftrennung.

BP 20 M 5 Vorgesehen für Schlepperprobung/Rumpftrennung.

BP 20 M 6 Vorgesehen für Schlepperprobung/Rumpftrennung.

BP 20 M 7 Vorgesehen für Schlepperprobung/Rumpftrennung.

BP 20 M 8 Fertiggestellt mit Startwagen für Tragschlepp. Erfolgreiche Trennung im Flug am 9. 2. 1945.

BP 20 M 9 Mustermaschine im Januar 1945 in Bad Waldsee im Bau.

BP 20 M10 Vorgesehen für Schlepperprobung/Rumpftrennung.

BP 20 M11 Vorgesehen für unbemannten Steilstart.

BP 20 M12 Vorgesehen für unbemannten Steilstart.

BP 20 M13 Unbemannte Raketenmaschine mit LGW-Steuerung.

BP 20 M14 Unbemannte Raketenmaschine mit LGW-Steuerung.

BP 20 M15 Unbemannte Raketenmaschine mit LGW-Steuerung.

BP 20 M16 Start von 17,0 m-Lafette mit LGW-Steuerung.

BP 20 M17 Start von 12,5 m-Lafette auf 2500 m Höhe.

BP 20 M18 Unbemannte Raketenmaschine für R-Erprobung.

BP 20 M19 Unbemannte Raketenmaschine für R-Erprobung.

BP 20 M20 Unbemannte Raketenmaschine für R-Erprobung.

BP 20 M21 Unbemannte Raketenmaschine für R-Erprobung.

BP 20 M22 Steilstart, Triebwerk- und Bremsschirmerprobung.

BP 20 M23 Bemannter Steilstart am 1. 3. 1945 mit Vollgerät.

BP 20 M24 Unbemannte Triebwerkmaschine im Bau am 1. 3. 1945.

BP 20 M25 Bemannte Triebwerkmaschine, Abnahme am 1. 3. 1945.

BP 20 M26 Verwendung unbekannt.

BP 20 M27 Verwendung unbekannt.

BP 20 M28 Verwendung unbekannt.

BP 20 M29 Verwendung unbekannt.

BP 20 M30 Verwendung unbekannt.

BP 20 M31 Steilstart von 8,0 m-Lafette zur Brems-Schirm-Erprobung

BP 20 M32 Steilstart mit Drallblechen zur Lafetten-Erprobung

BP 20 M33 Steilstart als unbemanntes, triebwerkloses Gerät.

BP 20 M34 Bemannte Raketenmaschine am 1. 3. 1945 in Bau.

Ba 349 A 1. Flugzeug am 1. 3. 1945 im Bau.

Ba 349 B Umbauflugzeuge aus Bald Waldseer Produktion.

Ba 349 C Serienausführung mit verbesserten Flächen.

kam es zu mehr als fünf Tragschleppflügen, oftmals mit Trennung im Fluge und Herabschweben von Zelle und Piloten am Bergungsschirm.

Bei den Versuchen gingen etwa zehn »Nattern« vorzeitig zu Bruch, zwei Maschinen verbrannten bei Tests mit dem Raketenantrieb bereits im Werk.

Eine weitere »Natter« nebst einem Zeichnungssatz soll bei Kriegsende in sowjetische Hände gefallen sein. Sie befand sich in einem Ausweichbetrieb in Thüringen, wo die Ba 349 in Lizenz anlaufen sollte. Ob es sich bei einer zweiten ebenfalls in Mitteldeutschland vorgefundenen »Natter« überhaupt um eine Originalzelle gehandelt hat, ist zweifelhaft. Bei der FAG Stettin waren unter Leitung von Ingenieur Göhring Ende 1944 »Natter«-Modelle im Bau, von denen eines im Maßstab 1:2 eine Rhein-metall-Borsig-Feststoffrakete im Rumpf erhielt. Es sollte damit untersucht werden, ob sich das aufwendige und relativ hohe Startgestell nicht umgehen oder zumindest in der Größe reduzieren ließ.

Aus diesem Grunde wurde vorgeschlagen, die »Natter« während der Startphase von drei oder auch vier schräg gespannten Seilen führen zu lassen, die gleichmäßig abrollten. Ein erster senkrechter Modellstart in Peenemünde mißlang im Februar 1945. Die Rezirkulation der Raketengase hatte den Bergungsfallschirm herausgezogen und die verkleinerte »Natter« vom Kurs abgebracht. Wegen der Kriegslage kam es zu keinen weiteren Versuchen. Damit endete auch in Mitteldeutschland die Entwicklung der Bachem »Natter« und gleichzeitig die fast aller Kleinstraketenjäger.

IIII. Fernaufklärer mit Raketenantrieb

A. ARADOS »U2«

Mitte 1943 entstanden bei Arado mehrere Projektstudien der Reihe TEW 16/43, die alle die Schaffung eines schnellsteigenden Interceptors zum Ziel hatten. Keines dieser Projekte konnte verwirklicht werden.

Praktisch umgesetzt wurde die Idee eines Arado-Raketenflugzeugs mit den Arbeiten an der Ar 234R.

Im Oktober 1941 erhielten die Aradowerke den Projektauftrag des Technischen Amtes, einen einsitzigen Schnellaufklärer mit Strahlturbinen für den Einzeleinsatz zu schaffen. Nachdem die konstruktive Seite abgeschlossen war, stellte Arado im Sommer 1943 die Ar 234 V1 fertig, die am 30. 7. 1943 zum Erstflug startete. Zwei Tage nach dem ersten Flug einer Ar 234 B mit Einziehfahrwerk, am 14. 3. 1943, wurde ein Bericht über die Einsatzmöglichkeiten einer nur mit R-Triebwerken ausgestatteten Ar 234 im Bereich kurzer Flugstrecken in Höhen von 17 000 m herausgebracht. Dazu wurden zunächst zwei Ausführungen der künftigen Ar 234 R untersucht:

Einmal die Ar 234 mit zwei R-Geräten (je

Die vierstrahlige Ar 234 V6 mit Startwagen.

78

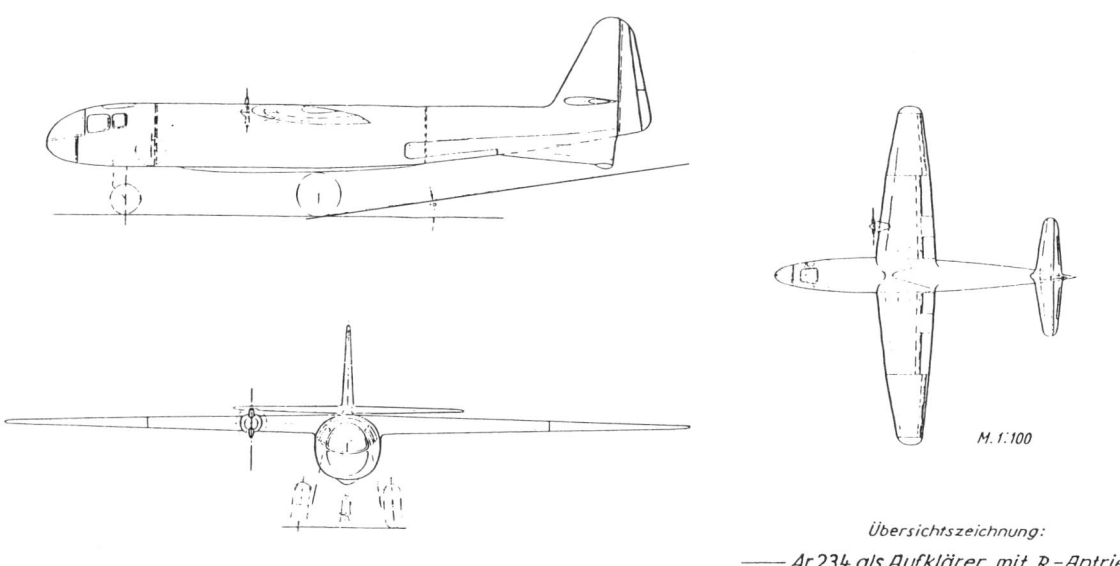

M. 1:100

Übersichtszeichnung:
―――― *Ar 234 als Aufklärer mit R-Antrieb* ――――

M. 1:50

Dreiseitenansicht der Ar 234 R vom 22. 3. 1944.

zweimal 1500 kp Steigschub und 400 kp Marschschub), die unter dem Flügel eingehängt waren. Diese Version hatte ein Startgewicht von 9100 kg. Ferner liefen zielstrebig Untersuchungen, ein R-Gerät mit 2000 kp Steigschub und 400 kp Marschschub im Rumpf zu installieren. Am 22. 3. 1944 wurden die ersten Zeichnungssätze der Ar 234 R erstellt. Als Druckkabine hatte man sich auf die Kabine der Ar 234 C geeinigt.

Nach den im April 1944 vorliegenden Leistungswerten alliierter Jäger sollte der Leistungsbereich der Ar 234 R über dem der P-51 und P-47 liegen. Taktische Aufklärungseinsätze, beispielsweise auf London, erschienen daher leicht möglich:

Nach dem Steigflug im Schlepp von Paris aus, würde über Calais abgekoppelt und dann mit eigener Kraft, etwa in Höhe von Dover, bis auf 17 000 m weitergestiegen. Mit 915 km/h auf dem Hinflug und 870 km/h auf dem Rückflug vom Einsatzziel konnte man nahezu gefahrlos über England operieren und die entsprechenden Reihenbild-Aufnahmen herstellen. Über dem Kanal begann dann der Gleitflug zurück in den Pariser Raum.

Die Mangel an einer ausreichenden Zahl von A 234-Bombern und der Anlauf der Me 262-Produktion verhinderten jedoch die Realisierung aller Planungen. Am 24. 5. 1944 wurde dennoch die Berechnung der endgültig bei der Ar 234 R zu erwartenden Leistungen mit einer Gesamtflugzeit von $2^{1}/_{3}$ Stunden vorgelegt.

Im Juni 1944 zogen sich die Besprechungen über die künftige Druckkabine und die lebenssichernden Systeme für den Höhenpiloten schier endlos hin. Zwischen den Herren Kosin, Lehmann, Meyer, van Nes und Stelzer wurden wiederholt neue Flächenformen und die Verbesserung der R-Anlage diskutiert.

Dabei wurde klar, daß aus Zeitgründen bei der künftigen Verwendung des Holzpfeilflügels, neben dem Jumo 004 und dem

79

BMW 003 A-1 Doppel-
triebwerke der Ar 234
C-Serie.

BMW 003 TLR keine weitere TL-Anordnung mehr einbezogen werden durfte. Die am 5. 7. 1944 abgeschlossene Untersuchung über die Verwendung der Ar 234 C als Verfolgungsjäger durch den Einbau von BMW 109-003R-TLR bildete währenddessen einen weiteren Entwicklungsschwerpunkt. Die aufwendige TLR-Anlage sollte aus zwei BMW 003A und zwei BMW 003R bestehen. Infolge des Mittelholms ergaben sich aber gravierende Einbauprobleme bei der BMW-Anlage. Die Berechnung des Verfolgungsjägers mit zwei oder auch vier TLR-Sätzen sowie die Einbeziehung von 600 l T-Stoff, der in zwei Abwurftanks unter den TLR angebracht werden sollte, führte zu merklichen Leistungseinbußen. Es

wurde klar, daß ab 13 000 m Höhe ein starker Abfall der Steigwerte eintreten würde und damit verbunden ein Absinken der Pumpleistung für die R-Antriebe, deren Kraft von den Strahlturbinen kam. Es wurde angenommen, daß die Maschine zunächst mit vier TL steigt und dann beide oder alle vier R-Sätze vom Piloten zugeschaltet werden. An Reichweiten wurden Strecken bis 880 km ermittelt.

Die Schwierigkeiten bei der Erprobung der Druckkabine infolge schlechter Verkehrsverbindungen und eines Verbots, das werkseigene Reiseflugzeug zu verwenden – die Erprobung lief bekanntlich gleichzeitig in Schlesien, Brandenburg und bei der Firma Kopperschmidt in Blumberg/Schwarzwald –

Werksfoto des Sondertriebwerks BMW 003 TLR.

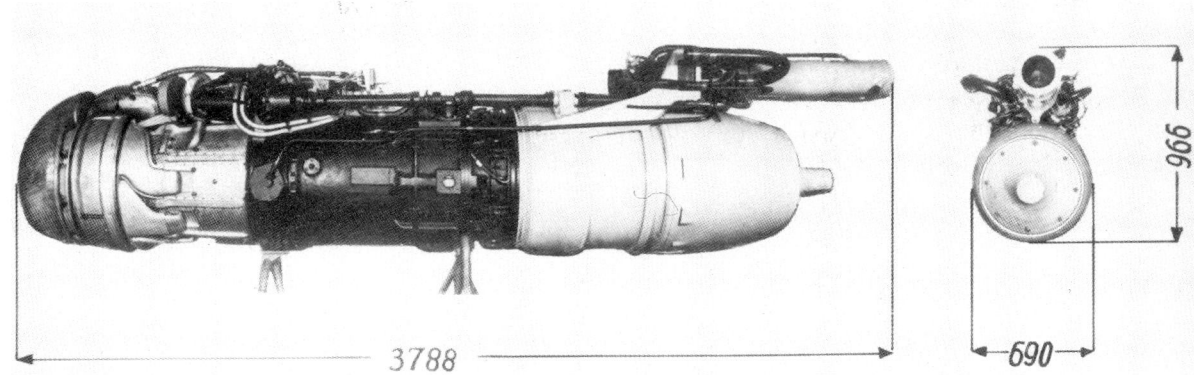

3788

966

690

Rückansicht der Ar 234 V17 mit Startraketen.

erwiesen sich mehr als störend. Am 17. 8. 1944 ergab eine Besprechung über die Ar 234-Versuchsflügel zwischen den Herren Kosin, Lehmann, Liebig und Kröger, daß die R-Ausführung unbedingt den Holzpfeilflügel mit zwei BMW 003 TLR-Geräten erhalten müsse. Als erstes Musterflugzeug wurde die Ar 234 V16 geplant, deren Fertigstellung bzw. deren Erstflugtermin jedoch ebenso unbekannt blieb, wie der Verbleib oder die des Versuchsmusters. Sicher ist jedoch, daß weder am 15. 10. 1944, noch am 5. 1. 1945, der Flugklartermin gehalten werden konnte.

Einen Schatten auf die geplanten Erprobungsvorhaben warf auch die bis zum 22. 12. 1944 fertiggestellte Gesamtbeurteilung der Ar 234 C und Ar 234 C-3. So traten schon bei der Ar 234 V19 während des Ausfliegens in 8000 m Höhe Störungen um die Querachse auf, nachdem es vorab zu einer Unruhe im Hö-

henruderbereich gekommen war. Da die Ar 234 V19 zu jener Zeit praktisch die einzige, vollständig ausgerüstete C-Zelle war und erhebliche TL-Probleme bestanden, konnten keine genauen Angaben über die wirklichen Höhenleistungen mit BMW-TL gemacht werden. Der ausführliche Bericht vom 27. 1. 1945 über die Flugleistungen der Ar 234 mit zwei BMW 003 A und zwei BMW 003 R ergab an Leistungswerten eine Geschwindigkeit bei TL-Vollschub mit allen vier Triebwerken von 900 km/h in 11 000 m Höhe. Bei Zuschaltung von zweimal 1000 kp Schubleistung der beiden BMW 003R ermöglichte dies eine Steiggeschwindigkeit von etwa 60 m/s. Man ging dabei davon aus, daß sich sicherlich Steigflüge bis auf 15 000 m Höhe durchführen und Geschwindigkeiten von bis zu 960 km/h erreichen ließen. Die größte Flugdauer wurde mit 1 h 12 min angenommen. Die Flugleistun-

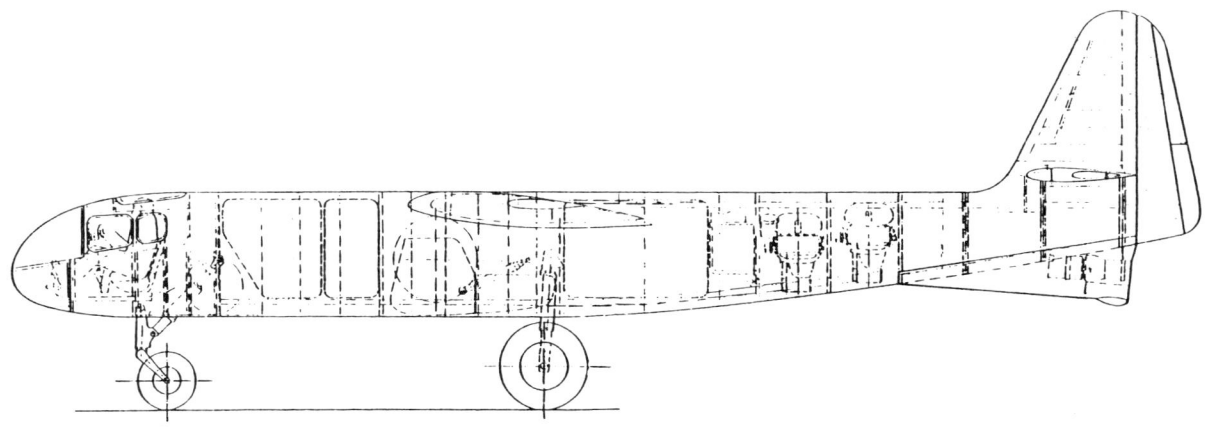

Arado Ar 234 R-Höhenaufklärer mit HWK 109-509.

gen lagen damit rechnerisch noch höher als die der Me 262 C-2 mit BMW 003 R-Triebwerken.

Doch noch ein weiteres Problem sollte die spätere Produktion der Ar 234 R gefährden. Im Februar 1945 kam es infolge der Verlagerung des Werks zu einem fast 50%igen Einbruch bei der BMW 003-Herstellung. Die Feindflüge der Arado-Strahlaufkläror und -bomber liefen währenddessen planmäßig weiter.

Trotz aller Anstrengungen traten auch bei den letzten beiden noch fertiggestellten Prototypen, der Ar 234 V23 und V24, Ende Februar 1945 erhebliche Probleme mit der Höhenkabine infolge merklichen Druckverlusten auf. Außerdem blieben die BMW-Triebwerke nur

auf Höhen von bis zu 10 000 m voll funktionstüchtig und betriebssicher genug. Bei Flügen in größere Höhen neigten die vier BMW-Turbinen zu einer ganzen Reihe unterschiedlicher Betriebsstörungen.

Da die Kapazität für die Ausrüstung von speziellen Höhenversionen mit dem BMW 003 TLR wegen der Kriegslage nicht mehr möglich war, wurde ab Mitte März 1945 aufgrund eines Vorschlags von Arado-Direktor Blume beschlossen, die geplante Ar 234 C-3-Serie mit vier BMW 003 auf die Ar 234 C-8 mit zwei Jumo 004 umzustellen. Dagegen schlug der F1-E-Chef die komplette Absetzung aller Ar 234 C-Ausführungen und den Verbrauch der fertigen Zellen mit zwei Jumo 004 als Mi-

Seitenriß der Ar 234 R mit Marsch- und Steigtriebwerk.

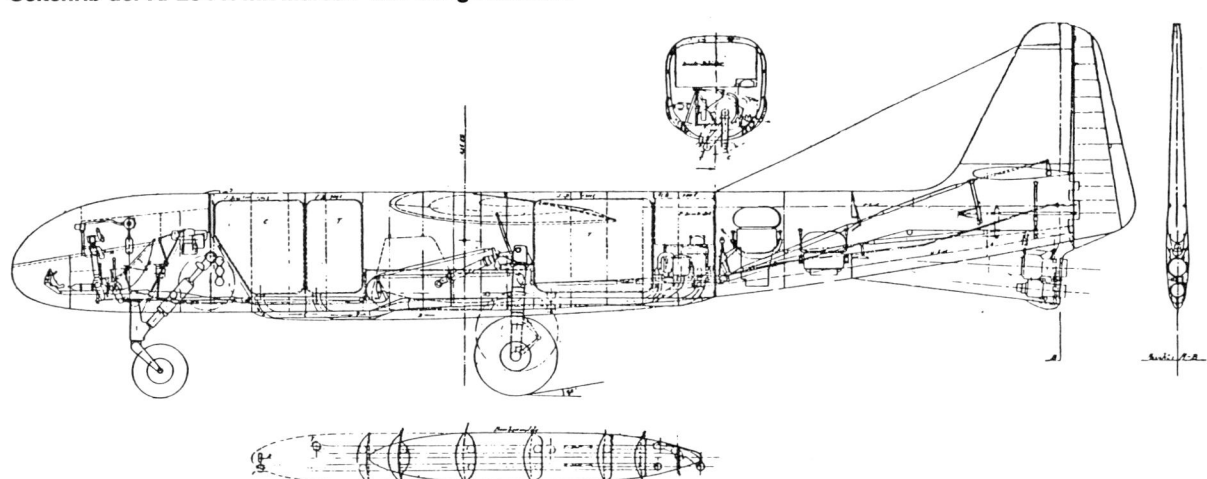

stel-Verbrauchsträger vor. So kam es, daß nur knapp 15 Ar 234 C-3 und C-4 bis Kriegsende produziert wurden. Die katastrophale Kriegslage an allen Fronten bewirkte Ende März 1945 den Befehl Hitlers, daß nur noch die Me 262, der Volksjäger He 162 und die Ta 152 als Jagdflugzeuge vom Band liefen. Am 27. 3. 1945 wurde die Dringlichkeitsreihenfolge Me 262 und He 162 vor Ar 234 befohlen und angeordnet, die Ta 152 und Ju 88 schnellstens serien- und entwicklungsmäßig einzustellen, womit auch die Ar 234 R ihr Ende fand.

B. HÖHENFERNAUFKLÄRER UND FORSCHUNGSFLUGZEUGE DER DFS

Die DFS wurde 1925 als Forschungsinstitut der Rhön-Rossitten-Gesellschaft e. V. gegründet. Anfänglich war die Deutsche Forschungsanstalt für Segelflug in die flugtechnische sowie die aerodynamische Abteilung auf der Wasserkuppe und die Flugabteilung mit der Flugvermessungsgruppe in Darmstadt geteilt gewesen. Infolge der schwierigen Arbeitsverhältnisse im Winter auf der Wasserkuppe und der Entfernung zwischen beiden Stellen wurden 1933 alle Abteilungen der Rhön-Rossitten-Gesellschaft von der Wasserkuppe auf den Flugplatz Griesheimer Sand nahe Darmstadt verlegt. Wegen Schwierigkeiten mit der Unterbringung und dem ständigen Anwachsen der Forschungsanstalt kam es im Sommer 1940 zur erneuten Übersiedlung, diesmal nach Ainring nahe Freilassing in Oberbayern.

Außer den verschiedenartigsten Schleppversuchen und der umfangreichen Erprobung von Lastenseglern beschäftigte sich die DFS Ende 1939 auch mit Höhen-Segelflügen bis über 10 000 m. Erste aussagekräftige For-

schungsergebnisse lagen bereits 1940 vor. Die theoretischen Grundlagen des »Stratosphärenflugs« konnten bereits Anfang des folgenden Jahres weitestgehend abgeschlossen werden. Anfang 1942 forderte das RLM dann ein Segelflugzeug mit Sondertriebwerk als Höhenaufklärer. Die DFS befaßte sich daher intensiv mit der konkreten Auslegung einer solchen Maschine. In dem umfassenden Bericht vom 9. 2. 1942 wurden alle Möglichkeiten untersucht, Segelflugzeuge mit Raketentriebwerken auszurüsten, die im Schleppflug bis auf 7000 m Höhe gebracht werden sollten und dann mit dem vollen Schub des RII 203 auf zunächst 20 850 m weitersteigen würden.

Die Entwurfsbeschreibung der DFS – Abteilung Segelflug und Flugzeugkonstruktion – vom 20. 9. 1942 gab bereits ein recht anschauliches Bild des künftigen Hochleistungsflugzeugs DFS 228 wieder, dessen einzige Nutzlast in einer rund 50 kg schweren Sonder-Reihenbildanlage bestand. Eine Bewaffnung erachtete man als nicht notwendig, da in den errechneten Höhen vorläufig nicht mit gegnerischen Jägern zu rechnen war. Außerdem sollte die gewählte Bauausführung, bei der die DFS weitestgehend auf Metall verzichtet hatte, die Ortung der Maschine überaus erschweren.

Die späteren Berechnungen ergaben, daß bei einem konstanten Raketenschub von 1000 kp, vom Ausklinken in 10 000 m an, noch Flüge bis auf eine Höhe von über 20 000 m möglich wären. Allerdings sollte die Maschine nur zwischen 18 000 und 19 000 m Höhe pendeln und dort 775 km zurücklegen können. Zusammen mit dem Steigflug auf einer Do 217 würde die Gesamtflugstrecke im Bereich um 1000 km schwanken. Die zugehörige maximale Flugzeit in 10 000 m Höhe belief sich auf 1 h 40 min. Der Steigflug machte noch einmal

1 h, der Gleitflug zum Heimathorst erneut 1 h 20 min aus. Damit ergaben sich Gesamtbetriebszeiten von rund vier Stunden, die der Pilot in der engen Höhenkammer zubringen würde.

Die spätere DFS 228 war zu diesem Zeitpunkt auslegungsmäßig bereits nahezu fertiggestellt.

Die besten Bahngeschwindigkeiten im Steigflug lagen jedoch wesentlich höher als die kritischen Geschwindigkeiten, so daß, abgesehen vom Beginn des Steigflugs, zweckmäßigerweise stets mit Höchstschub geflogen werden sollte. Aus diesem Grunde wählte F. Kraft ein symmetrisches NACA 0012-63 Profil aus, das im Bereich der Flügelwurzel auf 13,5% verdickt war. Den Tragflügelumriß plante man als Doppeltrapez mit geringer Pfeilform auszuführen. Es erübrigte sich dabei die Verwendung von Slots. Der Einstellwinkel des Tragwerks zur Rumpflängsachse lag bei etwa 4,5 Grad. Im Innenteil des Flügels waren im Nasen- und Mittelstück Betriebsstofftanks mit einem Fassungsvermögen von jeweils 275 l pro Flächenhälfte untergebracht.

Das Leitwerk hatte eine einholmige Höhen-

flosse mit Sperrholzbeplankung, die im Fluge über eine selbstsperrende Spindel verstellbar war. Das Ruder war zweiteilig ausgeführt, und in Form eines einfachen Klappenruders mit Massenausgleich konzipiert. Das Seitenleitwerk war ebenfalls einholmig und an drei Punkten mit dem Rumpf verbunden. Das massenausgeglichene Ruder besaß einen Kraftausgleich mittels eines Flettner-Ruders.

Der Rumpf war dreiteilig ausgeführt; er gliederte sich in die Druckkabine, das Rumpfmittelstück mit Flügelanschluß und Tankeinbauten sowie dem Rumpfheck mit den Leitwerksanschlüssen. Der Verbindungsspant zwischen Rumpfmittelstück und Rumpfheck diente zudem als Triebwerksträger.

Die Druckkabine sollte als Sperrholzschale mit ebener Abschlußwand ausgeführt werden. Der Sitzträger und die übrige Ausrüstung waren an der Rückwand zu befestigen. Die abwerfbare Haube führte die DFS als Teil der Rumpfschale aus. Die Kabine war als dichter Druckkörper ausgelegt und hatte eine Frischluftversorgung, die denen der Unterseeboote entsprach. Der Pilot würde die normale Kabinenluft atmen, wobei lediglich die ausgeat-

84

mete Luft über eine Alkali- und Silikagelpatrone geleitet wurde, um ihr die überschüssige Kohlensäure und Feuchtigkeit zu entziehen. Ein besonderer Schwerpunkt der Kabinenauslegung bestand in der sorgfältigen Isolierung des Besatzungsraums. Hierbei würden 50 mm starke Alfol-Planfolien den zusätzlichen Wärmebedarf der Druckkammer auf 80–90 Kcal/h herabsetzen. Den Wärmeverlust gedachte F. Kracht mittels Heizpatronen zu ersetzen, die von den IG-Farben entwickelt worden waren. Die Patronen brachte man unmittelbar in der Kabine unter, da sie beim Zerfallsprozeß lediglich Sauerstoff abgaben.

Mit Rücksicht auf das geringe Gewicht und die einfache Kabinenauslegung mußten die Sichtverhältnisse naturgemäß zurücktreten. Unmittelbar im Kopfbereich des Piloten waren vier Scheiben angeordnet, die ein großes Blickfeld nach rechts und links gewährleisteten. Ferner fand sich im Rumpfbug eine Doppelscheibe, die ausreichend Sicht nach vorne ermöglichte und auf das überflogene Gebiet freigab.

In diesem Bereich dürfte noch von Interesse sein, daß bei Henschel im Mai 1945 ein »Technischer Vorbescheid« für die Konstruktion einer abgewandelten Höhenkammer für den DFS-Aufklärer vorlag. Aufbauend auf den mit der Hs 128 und 130 gewonnenen Erfahrungen sollte dort im Sommer 1944 eine eigene Attrappe der DFS 228 entstehen. Bereits im Anfangsstadium mußte dieses Vorhaben an die Firma Siebel abgegeben werden.

Ob man letztlich auf den Mistelschlepp oder normalen Seilschlepp zurückgreifen würde,

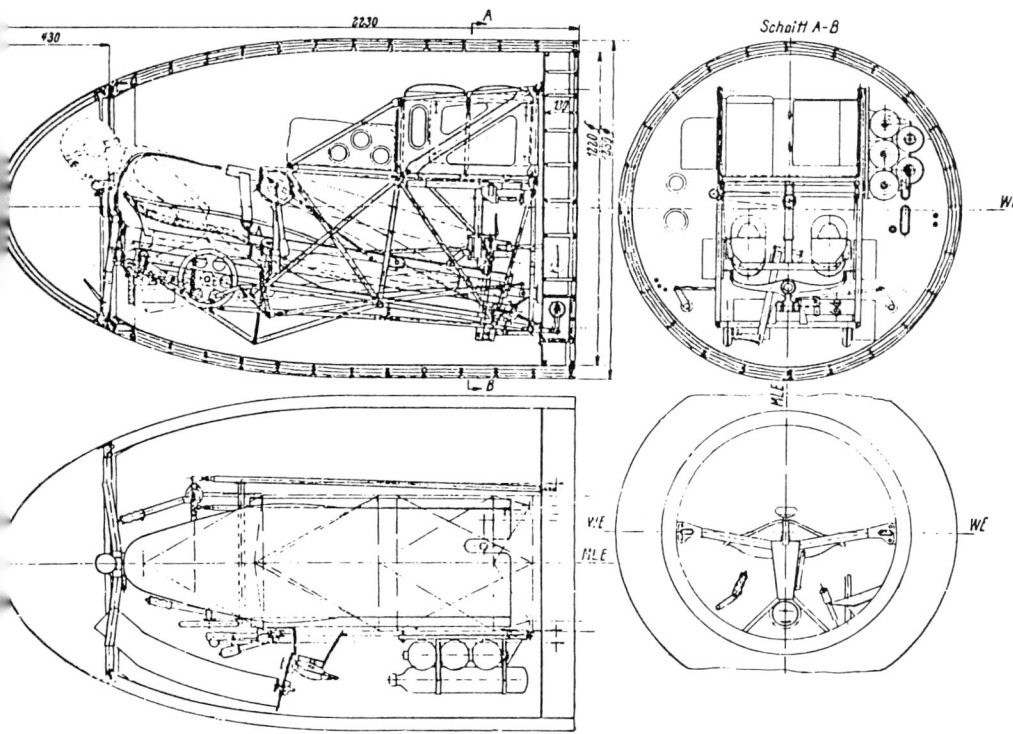

Druckkabine des Höhenaufklärers DFS 228.

stand damals noch nicht fest. Erst einmal plante man ein abwerfbares Rollwerk für den Start zu verwenden. Am Heck sollte ein Spornrad starr eingebaut werden, das nur der Sicherheit halber eingebaut war, bei der Landung aber normalerweise keine Beanspruchung fand.

Im Rumpfheck war die von dem Triebwerksblock getrennte Brennkammer eingesetzt, die leicht aus der offenen Sperrholzschale herausragte. Das Triebwerk selbst hatte einen spezifischen Kraftstoffverbrauch von 5,5 kg/s, stammte von BMW, und trug die Bezeichnung P 3390 A-VO. Es sollte außer bei der künftigen DFS 228 auch bei der Me 163 B Verwendung finden.

An Sicherheitseinrichtungen war beim Höhenaufklärer bereits an einen Katapultsitz gedacht, da die Kräfte des Piloten bei einem überraschenden Druckabfall vermutlich für das Verlassen der Maschine nicht ausreichen würden. Darüber hinaus mußte als unerläßlich angesehen werden, daß der Pilot einen Fallschirm mit automatischer Auslösung zwischen 3000 und 5000 m Höhe sowie eine Not-Sauerstoffanlage erhalten sollte.

Im September 1942 lagen die präziseren Daten des Höhenflugzeugs vor. Die Zelle nebst Kabine und Isolierung wog 825 kg, zusammen mit dem 60 kg wiegenden Leitwerk, der Behälteranlage und dem Triebwerk, war man danach bei einem Leergewicht von 1105 kg angelangt. Das höchstzulässige Fluggewicht lag bei 3755 kg. Die dem RLM übersandte Baubeschreibung gab die Größe der Maschine mit einer Spannweite von 17,4 m, einer Länge von 10,12 m und 2,60 m in der Höhe an.

Als Ergänzung zum Bericht vom 20. 9. 1942 folgte am 17. 2. 1943 eine Untersuchung über die Möglichkeiten zur Vergrößerung der Reichweite der erstmals offiziell mit DFS 228 bezeichneten Maschine. Ausgehend von Höchstfluggewichten bis zu 5500 kg und einer zulässigen Maximalgeschwindigkeit von 240 m/s dachte man, die Flugstrecke auf 1100 km zu vergrößern.

Anfang 1944 hatte man die Gesamtkonstruktion der DFS 228 abgeschlossen und bis März 1944 Flügel, Leitwerk, Rumpfmittelteil und Heck fertiggestellt. Im April begann man mit der Endmontage des ersten Versuchsmusters, der DFS 228 V1. Auch die Kabine mit

Werkszeichnung der geplanten DFS 228 A-0.

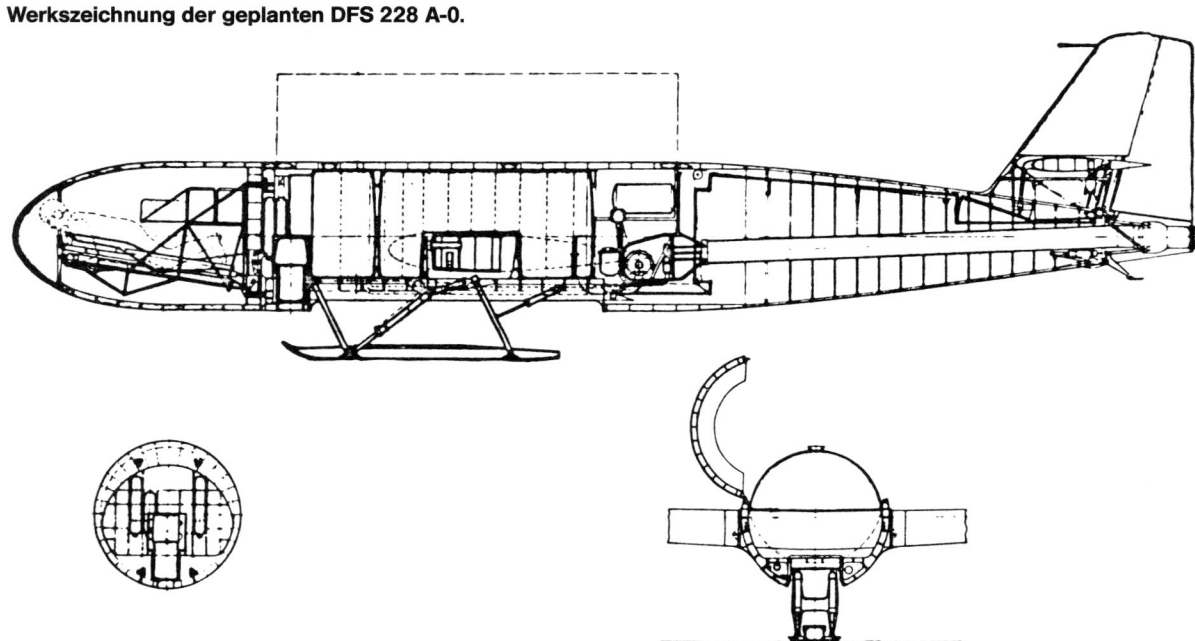

Sitzträger und der notwendigen Ausrüstung machte zunächst gute Fortschritte. Wegen anhaltender Beschaffungsprobleme traten dann Verzögerungen ein. Man hoffte jedoch, das Versuchsmuster bis Mai 1944 in flugklaren Zustand zu versetzen und mit ersten Schleppflügen zu beginnen.

Anfang 1944 stand auch ein Mistelverband, bestehend aus einer DFS 230 mit aufgesetzter Bf 109 E für Flugvermessungen in Ainring zur Verfügung.

Doch erst im August 1944 wurde die DFS 228 V1 fertiggestellt. Mehrere Mängel an der hölzernen Zelle sowie Fehler an der Kraftstoffanlage hatten für das Verschieben des Erstflugs genauso gesorgt wie die gewählte Kabinenform. Die schlechten Sichtverhältnisse erforderten einen vollständigen Umbau des Rumpfbugs. Für die neue Druckkanzel wurde eine liegende Anordnung des Flugzeugführers gewählt, die es erlaubte, für die gesamte Kabine nur eine einzige Scheibe vorzusehen. Zudem erforderte die neue Ausführung nur einen Bruchteil des Arbeitsaufwands der ursprünglich gewählten Kabinenverglasung. Nachdem die beiden bisherigen Druckkammern in Holzbauweise ausgeführt worden waren, wurde für die nachfolgenden Zellen von der Firma Henschel – mit Unterstützung der DFS – eine Kabine in Blechschalenbauweise konstruiert. Auch in diesem Fall war der Flugzeugführer liegend unterzubringen.

Erst nach Abschluß des Umbaus der Musterzelle folgte die Flugerprobung der noch nicht mit einem Triebwerk versehenen DFS 228 V1. Da sich bei den Standläufen erhebliche Mängel am Raketentriebwerk bemerkbar machten, blieb nichts anderes übrig, als den Einbau des Geräts über 10 Wochen hinweg aufzuschieben und erst am Boden für eine ausreichende Betriebssicherheit zu sorgen.

Probleme bereitete die Funktion der Kraftstoffanlage, da die Treibstofförderung über die Pumpen nicht als ausreichend angesehen wurde und mittels Stau- oder Preßluft unterstützt werden mußte. Inzwischen war man in Ainring auch vom BMW 3390 A-VO abgekommen, da dieses nicht in Serien gehen würde, und hatte sich für ein Walter 109-509 entschieden, wie es auch bei der Me 163-Serienausführung üblicherweise eingebaut war.

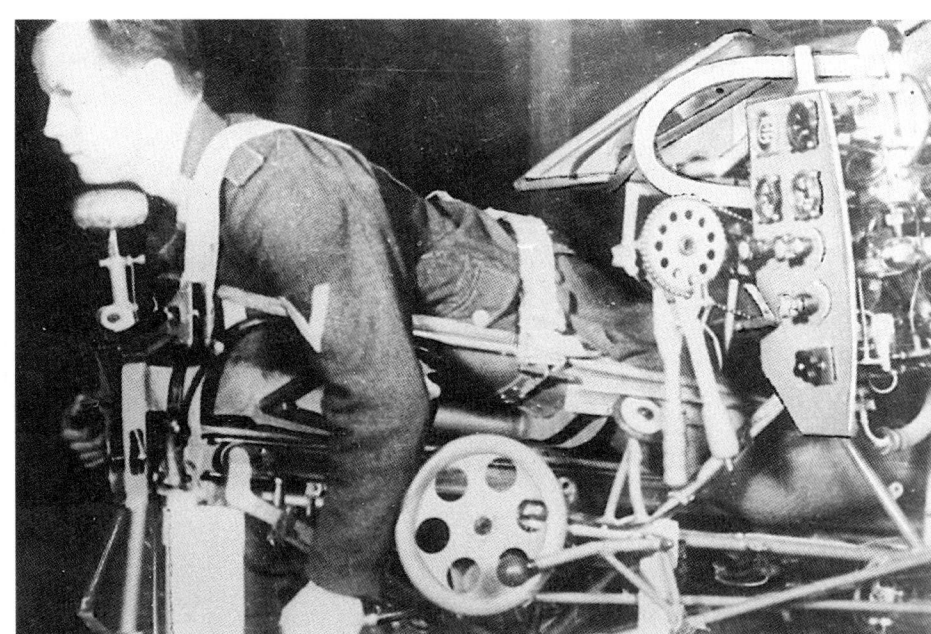

Liegende Anordnung des Flugzeugführers in der DFS 228.

Bis zum 21. 12. 1944 befand sich lediglich die DFS 228 V1 im Flugbetrieb, mit der zweiten Versuchsmaschine rechnete man jeden Tag. Hinsichtlich des geplanten Produktionsanlauf hatte es durch die Verlagerung der Firma Schmetz aus Herzogenrath inzwischen neue Schwierigkeiten gegeben. Eine Ersatzlösung mußte schleunigst gefunden werden. Im Kriegstagebuch des Chefs TLR wurde daher am 21. 1. 1945 festgestellt, daß nunmehr die Firma Wrede in Freilassing mit der Herstellung von zehn Musterflugzeugen betraut werden mußte, die zwischen dem 1. März und 1. November 1945 ausgeliefert werden sollten. Für eine weitergehende Serienfertigung fehlten schon damals die technischen Möglichkeiten.

Im Notprogramm für die Erprobung neuer Flugzeugmuster jedenfalls war die DFS 228 – Ende Februar 1945 – nicht mehr aufgeführt. Auch in der Aufstellung der bis April 1945 vorliegenden Testvorhaben fanden sich fast nur noch die He 162 und Me 262.

Die Anfang Mai 1945 nach Ainring vorstoßenden amerikanischen Verbände fanden dort die DFS 228 V1 vor, welche mit einem »kalten Triebwerk«, dem RII 203, ausgerüstet war. Neben der D-IBFQ erbeuteten alliierte Truppen in Hörsching bei Linz noch das zweite, etwas abgewandelte Versuchsmuster der DFS 228. Was mit der zweiten Maschine geschah, blieb unbekannt. Die DFS 228 V1 wurde in leicht beschädigtem Zustand nach

Beschädigte DFS 228 V1 (D-IBFQ) 1945 in Farnborough.

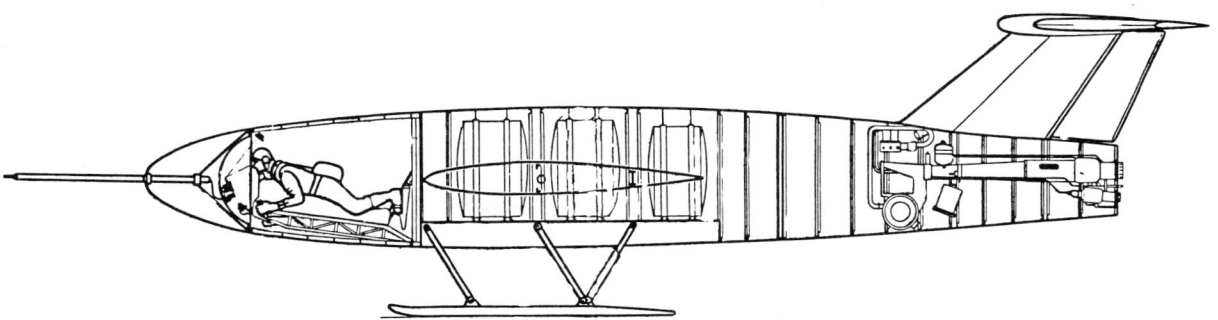

Ausführung der DFS 346 mit Einzeltriebwerk mit Marschofen.

Farnborough zur RAE gebracht und kam später zur Slingsby Sailplanes Ltd. zur weiteren Begutachtung. 1946 führte der Weg der Maschine schließlich nach Wright Field und endete im Fundus des NASM in Washington/DC.

Außer am Höhenaufklärer DFS 228 arbeitete man in Ainring auch an einem Überschallforschungsflugzeug, der DFS 346. Mit diesem Hochgeschwindigkeits-Entwurf befaßte sich schwerpunktmäßig ab dem 1. 8. 1944 das Institut für Aerodynamik und Flugmechanik der DFS. Als erstes wurden dazu 3 Komponentenmessungen an einem trapezförmigen Pfeilflügel mit Querruder und Landeklappe und 45 Grad Pfeilung bei einer Streckung $\gamma = 4$ vorgenommen. In der Zeit vom August bis November 1944 untersuchte die DFS, welche Leistungen man bei der Verwendung von Raketentriebwerken in großen Flughöhen zu erwarten hatte. Insbesondere galt es abzuklären, ob es möglich wäre, die Schallgrenze mit den herkömmlichen Mitteln zu erreichen und zu überwinden. Der Reichsforschungsführung wurde daher der Vorschlag unterbreitet, eine Zelle ausschließlich als Forschungsflugzeug zu entwickeln, um die flugmechanischen Probleme zu klären, die beim Überschreiten der »Schallmauer« erwartet wurden. Vorab wollte

man die Probleme soweit als möglich im Windkanal abklären, um Zeit zu sparen. Nachdem im Herbst 1944 der Auftrag einging, wurde die DFS 346 vollständig ausgearbeitet und die notwendigen Unterlagen sowie Beschreibung der Zelle nebst Leistungsberechnung bis zum 30. 11. 1944 fertiggestellt. Die Zeichnungssätze erhielt die Firma Siebel in Halle, welche die Teilkonstruktion sowie den Musterbau übernehmen sollte. Die DFS unterstützte die Arbeiten ab dem Spätherbst 1944 mit zahlreichen Windkanalstudien, die vor allem zum Ziel hatten, ein aerodynamisch günstiges Leitwerk zu gestalten. Es scheint, als habe es von der DFS 346 mindestens zwei unterschiedliche Versionen gegeben, die sich durch die Triebwerksanlage und möglicherweise auch durch die Leitwerksform unterschieden haben. Wie bei der DFS 228 war der Flugzeugführer in einer Druckkanzel liegend untergebracht. Das nahe Kriegsende sorgte dafür, daß die Arbeiten vorerst nicht zum Abschluß kamen. Die Siebel-Werke in Halle wurden durch sowjetische Truppen besetzt. Die gut informierten russischen Technischen Offiziere und Ingenieure wußten genau, wonach sie zu suchen hatten. In Halle schienen sie besonderes Glück zu haben. Neben Entwicklungsunterlagen der DFS 228 fanden sie auch die Zeichnungssätze und Berechnungen des Überschallflugzeugs DFS 346, das eigentlich bis zum Sommer 1945 fertiggestellt sein sollte. Dank dem augenscheinlichen Desinteresse amerikanischer Stellen, die auf manchen »fähigen Kopf« verzichten zu können glaubten, fanden sich Männer wie Dr. Siegfried Günther von den Heinkel-Werken und viele andere in Podberesje, 120 km östlich von Moskau, wieder. Bei Siebel mußten alle Mitarbeiter vollzählig antreten. Vom Chefkonstrukteur, dem Dipl.-Ing. Heinson, über den Chefpiloten, Flugkapitän Wolfgang Ziese, über die Werkmeister bis hin zur Putzkolonne, standen alle in Reih

und Glied auf dem Werksgelände. Nach einer Ansprache durften alle fast in gewohnter Weise weiterarbeiten, als habe es nur einen Wechsel im Management gegeben.

Mehrere Muster von Überschallflugzeugen befanden sich damals in Halle in fortgeschrittenem Entwicklungsstadium. Außer an den dünnen Hochgeschwindigkeitsprofilen und den modernen Flächen- und Leitwerksformen schienen die sowjetischen Offiziere besonders an den Walter-Triebwerken interessiert, von denen die DFS 346 eines oder auch zwei erhalten sollte. Neben dem in Arbeit befindlichen ersten Musterflugzeug soll es in Halle auch eine maßstabgerechte Segler-Ausführung gegeben haben, welche angeblich die Bezeichnung DFS 301 trug. Die folgerichtige Fortentwicklung der DFS 346 schien in Moskau so interessant zu sein, daß man dort entschied, am 22. 10. 1946 alle führenden »Köpfe« aus Halle für fünf Jahre »als Gäste der Sowjetunion einzuladen«. Rotarmisten und Dolmetscher fuhren morgens gegen 4 Uhr bei den ausgewählten Siebelmitarbeitern vor und brachten sie auf den Weg nach Podberesje.

Flugkapitän Ziese wurde dort auf zwei umgebauten Segelflugzeugen, einem »Kranich« sowie einer »Grunau IIB«, geschult. Beide Maschinen waren mit im Liegen zu bedienenden Steuerungsanlagen versehen worden, um die Flüge mit der DFS 346 vorzubereiten. Auf dem Flugplatz Toplistan, nur acht Kilometer vom Stadtrand Moskaus entfernt, wurde von den beiden Flugerprobungsleitern, den Herren Rauschen und Motsch, die praktische Erprobung der Überschallforschungsmaschine vorbereitet. Die ersten Schleppversuche mit der DFS 301 gerieten im Spätsommer 1947 zu einem vollen Erfolg für die deutschen Techniker und Konstrukteure. Im Anschluß daran sollte sich der Erstflug der mit Raketenantrieb

Anordnung des Regelgerätes beim HWK 109-509 A.

90

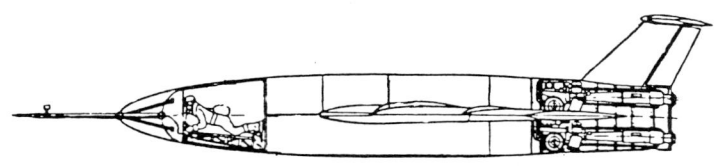 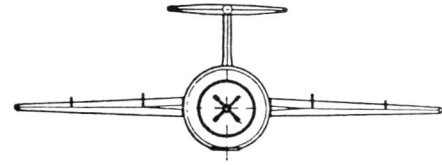

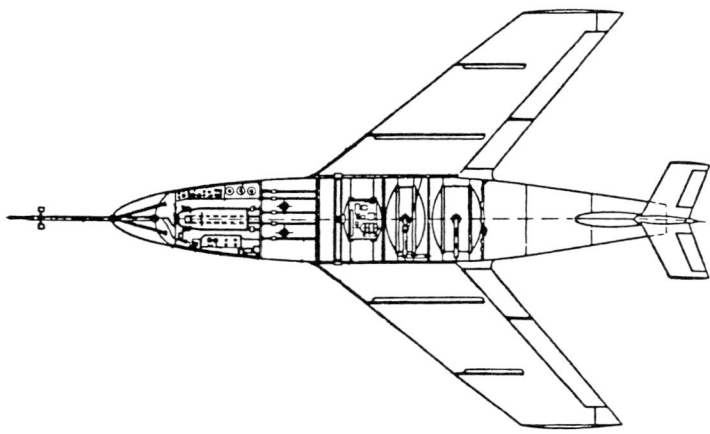

Sowjetische Ausführung der
DFS 346 mit zwei getrennten
Raketenmotoren.

ausgerüsteten DFS 346 anschließen. Während der aus Halle mitgebrachte erste Versuchstyp von nun an nur noch für statische Versuche Verwendung fand, entstand ein weiteres Musterflugzeug, das an vier Grenzschichtzäunen erkennbar war. Im Gegensatz zu den ersten Plänen sollte der »Prototyp No. 2« mit zwei der erbeuteten HWK 109-509 A-1 ausgerüstet werden, die einen angetriebenen Flug von sieben Minuten Dauer ermöglichten.

Wegen ständiger Beobachtung und allzu häufigen Besuchen von bekannten Konstrukteuren wie Sergej A. Iljuschin und Andrej N. Tupolew gingen die Arbeiten langsam voran. Erst im Frühjahr 1948 konnte die Flug-

erprobung bei Moskau aufgenommen werden. Mittels einer B-29 wurde die DFS 346 auf etwa 10 000 m Höhe getragen. Dann wurde Wolfgang Zieses Maschine ausgeklinkt. Er drückte die Maschine leicht nach unten weg und zündete eines der beiden HWK. Die DFS 346 begann augenblicklich zu steigen, bei einer Geschwindigkeit von etwa 1100 km/h mußte Ziese den Flug abbrechen, nachdem die Zelle zu vibrieren begonnen hatte.

Auf der breiten Kufe landete Flugkapitän Ziese ohne besondere Probleme. Für seinen Flug erhielt er eine einmalige Sonderprämie von einigen Tausend Rubel, wie Werner Keller zu berichten weiß. 1949 wurde die B-29 dann durch deren Nachbau, die Tu-4, ersetzt, die

man eigens für die Testflüge umgerüstet hatte. Gleichzeitig verbot man den deutschen Testpiloten, weiterhin in der Sowjetunion zu fliegen. Eine Ausnahme bildete allein Wolfgang Ziese, da sich vorerst kein sowjetischer Pilot fand, der mit der raketengetriebenen DFS 346 zu fliegen vermochte. Bei einigen Bahnneigungsflügen kam Ziese in den kritischen Machbereich und erreichte möglicherweise auch inoffiziell die Schallmauer. Im Herbst 1951 kam es bei einem Testflug in 20 000 m Flughöhe zum Bruch eines Flügels. Der Pilot behielt die Nerven und blieb noch eine Zeitlang in seiner druckdichten Kanzel, ehe er nach dem Erreichen dichterer Luftschichten gefahrlos mit dem Fallschirm abspringen konnte. Nach dem Unfall wurde die weitere Erprobung – aus Geheimhaltungsgründen – hinter den Ural verlegt.

Neben der DFS 228 und 346 gab es möglicherweise noch eine Alternativ-Ausführung, welche die Bezeichnung DFS 446 trug. Statt der beiden HWK erwog man in der Sowjetunion, nun zwei BMW 003-Turbinen zu instal-

lieren. Die Daten werden wie folgt angegeben: Die sieben Tonnen schwere Maschine besaß eine Länge von 10,0 m und eine Spannweite von 8,0 m. Die Pfeilung entsprach mit 45 Grad der der DFS 346. Die Flügelfläche sollte etwa 24,0 qm betragen. Neben den kaum lesbaren Gewichtsaufstellungen blieben keine weiteren Daten erhalten.

Noch eine dritte DFS-Maschine sollte mit Raketenantrieb zum Einsatz kommen, das Doppelrumpf-Meßflugzeug DFS 332. Die Entwicklung dieses Versuchsflugzeugs ging auf die von der DFS eingereichten Entwicklungsanträge DFS 332-524B und C sowie die ausführliche Beschreibung vom 15. 10. 1943 zurück, die am 20. 11. 1943 durch das Technische Amt des RLM ausdrücklich genehmigt wurden.

Zunächst kam es zwischen Dezember 1943 und März 1944 mit einem Modell des Meßsegelflugzeugs DFS 332 zu ersten Windkanalversuchen. Die Fertigstellung des ersten Versuchsmusters verzögerten sich jedoch von Monat zu Monat, so daß wegen der schwieri-

92

gen Beschaffungs- und Transportlage nicht vor Ende Juni 1944 mit einer Fertigstellung der DFS 332 V1 zu rechnen war.

Am Modell der doppelrumpfigen DFS 332 wurde eingehend der Rumpfeinfluß auf den Strömungsverlauf im Mittelflügelbereich untersucht. Außerdem erbrachten Interferenzmessungen mit und ohne seitliche Rümpfe neue Aufschlüsse. Ab August 1944 wurden die Arbeiten an der DFS 332, sie waren zum Großteil an französische Firmen, Potez beziehungsweise Caudron, übertragen worden, wieder von den DFS-Werkstätten übernommen. Sämtliche Teile für das erste Musterflugzeug waren bis Ende November 1944 fertiggestellt, so daß mit der Endmontage in Prien am Chiemsee kurzfristig zu rechnen war. Nachdem das erste Musterflugzeug, die DFS 332 V1, nicht wie geplant am 15. 5. 1944 herauskam, stand zu befürchten, daß auch die nachfolgende Maschine nur mit erheblichen Verzögerungen verfügbar sein würde. Aus diesem Grund kam es zur Übertragung des Auftrags an die Firma Gotha. Anders als die DFS 332 V1, sollte die V2 bereits mit Raketenantrieb versehen werden. Die erste Mustermaschine wurde vermutlich nicht fertiggestellt und wegen der Kriegslage sofort auf die zweite Mustermaschine übergegangen. Nach ihrer Fertigstellung wurde die DFS 332 V2 zumindest am 14. 2. 1945 noch im Schlepp einer He 111 H kurzzeitig erprobt. Über den Verbleib des Forschungsflugzeug ist nichts bekannt.

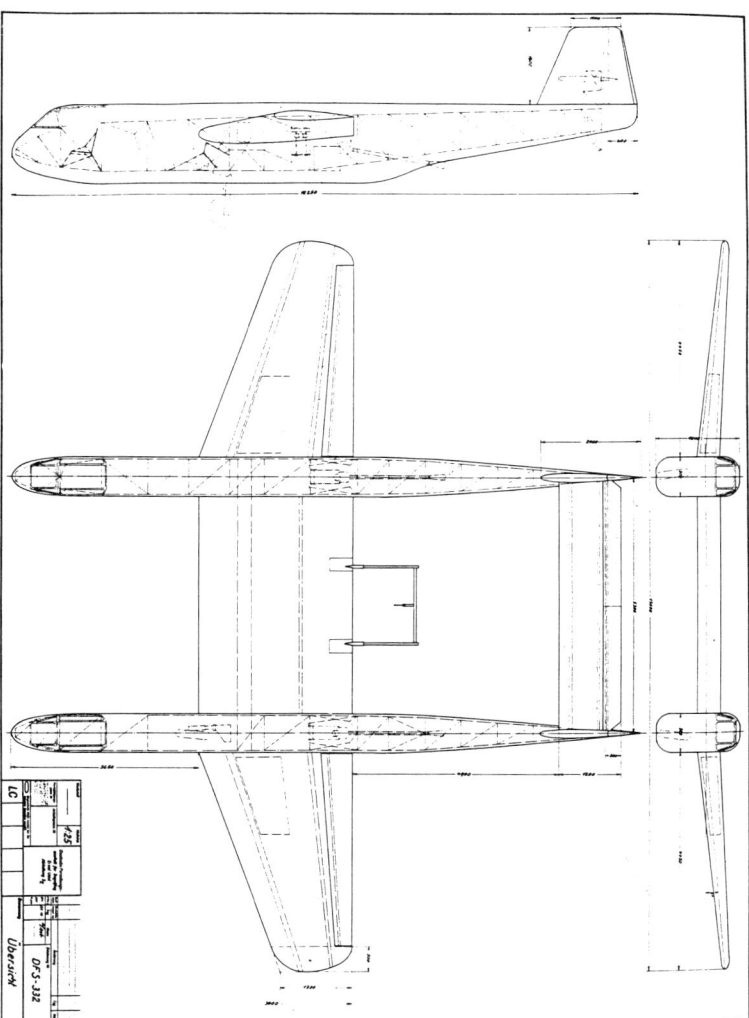

Übersichtszeichnung des Versuchsflugzeugs DFS 332.

IV. Hochleistungsflugzeuge mit Mischantrieb

A. HEINKEL- UND FOCKE-WULF-MASCHINEN MIT TLR-ANTRIEB

Schon früh, im März 1943, stellte das Fock-Wulf-Projektbüro den ersten Entwurf eines einsitzigen Strahljägers mit unter dem vorderen Rumpf untergebautem TL und Heckrad vor. Wenige Monate später, im Juni 1943, legte man einen zweiten Entwurf mit untergebautem TL, Bugrad und Zentralleitwerk vor.

Im November 1943 überraschte man mit

Windkanalmodell des Focke-Wulf »Flitzer« ohne Lufteinlauf.

dem dritten Entwurf, einem Jäger mit im Rumpf eingebautem TL, doppeltem Seitenleitwerk und Bugfahrwerk.

Kurz darauf, Mitte Dezember 1943, folgte der Entwurf 4, es war gleichzeitig der erste in einer Reihe von »Flitzer«-Studien. Die Zelle ähnelte dem Entwurf 3, wies jedoch zwei Leitwerksträger auf. Zur Verbesserung der Steiggeschwindigkeit wurden nun erstmals zwei R-Geräte seitlich des TL vorgesehen.

Kurz darauf folgte im Januar 1944 der Entwurf 5, die Ta 183 mit He 011, welche später die Bezeichnung »Huckebein I und II« erhalten sollte. Diese Version stellte den Versuch dar, die kritische Machzahl durch stärker gepfeilte Flächen heraufzusetzen. Mehrere Tests mit einem freifliegenden Modell (Maßstab 1:10) führten aber zu erheblichen Bedenken hinsichtlich der späteren Flugeigenschaften.

Der sechste Entwurf, datierend vom 1. 2. 1944, besaß die Zelle des vierten Entwurfs mit einer He 011-Strahlturbine sowie erstmals einem untergebautem Walter-Triebwerk. Die Bewaffnung bestand aus zwei MK 108 mit je 60 Schuß Munitionsvorrat. Ferner dachte die Projektabteilung daran, Einbaumöglichkeiten für ein MK 103 oder je zwei MG 213 oder zwei weitere MK 108 zu schaffen. Als Zielmittel sah man entweder das Revi 16C oder EZ 42 vor. Die FT-Ausrüstung bestand bereits im Anfangsstadium der Planung aus einem FuG 15ZY und einem FuG 25 als Kenngerät. Die Baubeschreibung 280 wies die Maschine als 830 km schnellen »Einmotorigen TL-Jäger mit He S11 und R-Gerät« aus, dessen Rumpfwerk aus Bugkappe, Rumpfvorderteil, dem

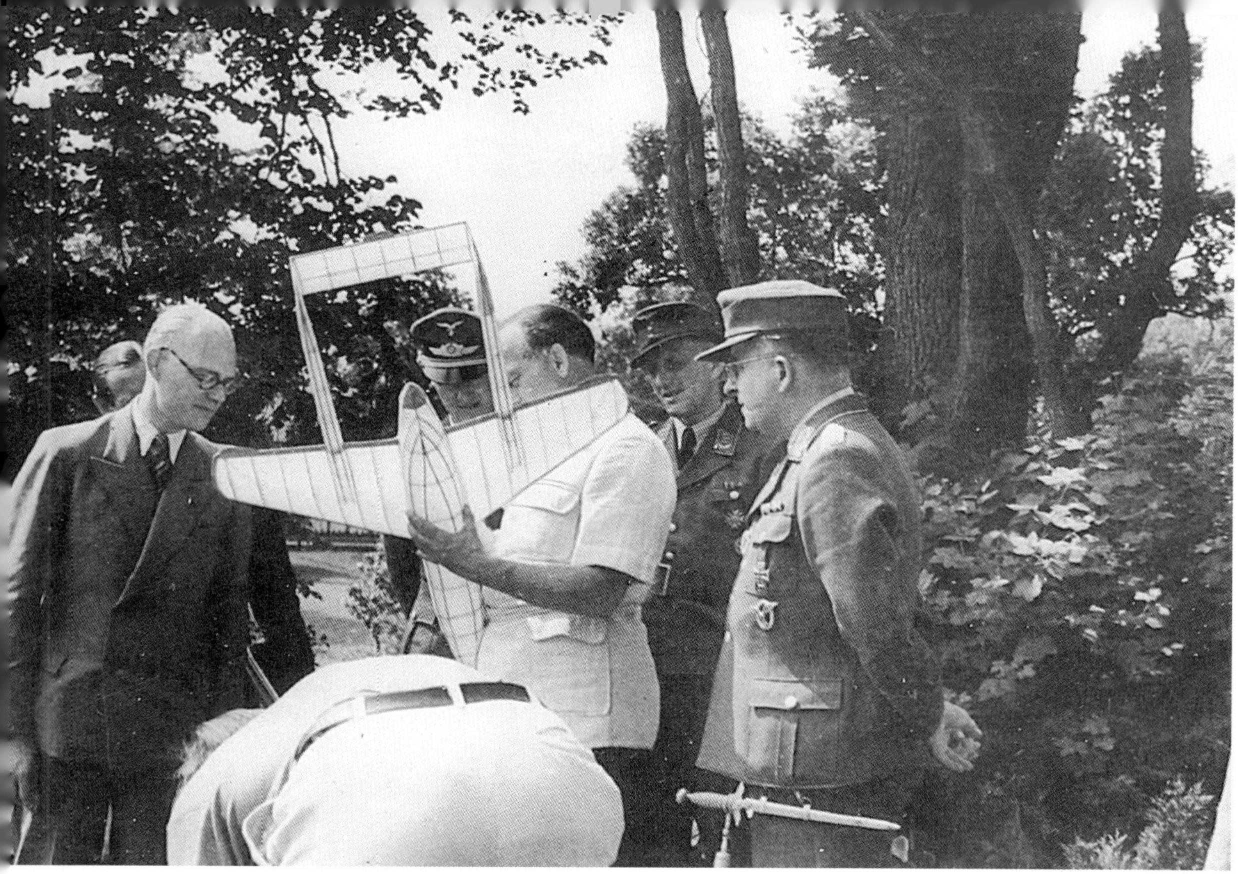

Kurt Tank mit einem
flugfähigen Modell
des »Flitzer«.

Modellversuche mit
der Ta 183 (v. l. n. r.:
Käther, unbekannt,
unbekannt, Stampp,
unbekannt, Mittel-
huber, Pabst, Nau-
mann-Assistent von
Prof. Tank).

95

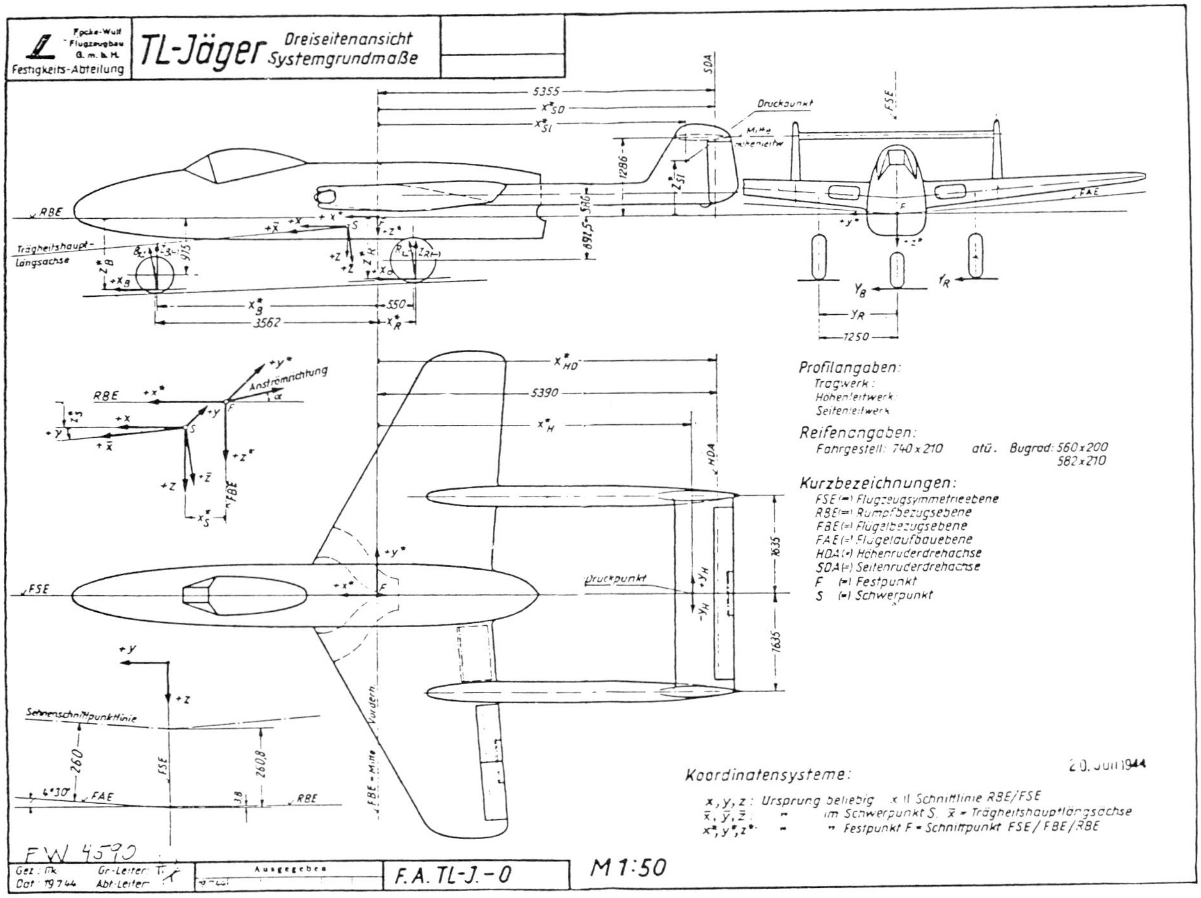

Dreiseitenansicht des Focke-Wulf TLR-Jägers vom 20. 6. 1944.

Halbmodell des TLR-»Flitzer« mit angedeutetem Raketentriebwerk im Rumpfheck.

Holzattrappe des »Flitzer«
mit HeS 11-Triebwerk.

Rumpfhinterteil mit Triebwerkanlage und den beiden Leitwerksträgern bestand. Der Führerraum war als Druckkabine ausgeführt. Die rechnerischen Werte waren derart verlockend, daß ab Juni mit der Konstruktion des Flugzeugs begonnen werden konnte.

Zusammen mit der PTL-Ausführung sah man in dem Focke-Wulf-TLR-Jäger die ideale Ausrüstung der Luftwaffe, sofern es gelänge, das He S11 serienreif zu bekommen. Am 14. 7. 1944 fand folgerichtig die Besprechung über den Einbau des HeS 011 mit R-Zusatz-

97

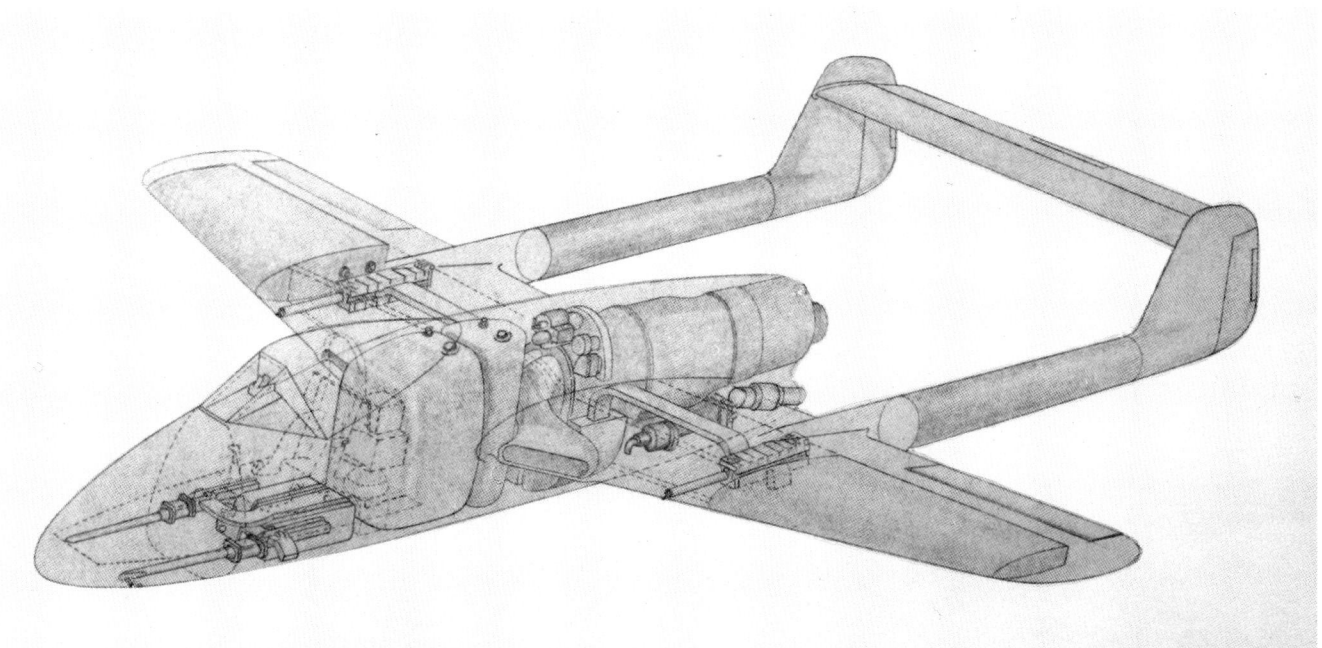

Schnittzeichnung des TLR-»Flitzer« vom 20. 9. 1944.

antrieb bei Hirth in Stuttgart statt. Vorab konnte Focke-Wulf jedoch nur mit einer von zehn Konstruktionsattrappen rechnen, die das TA in Auftrag gegeben hatte.

Nachdem am 10. 9. 1944 auch ein Vergleich der unterschiedlichen Jägerentwürfe mit einem TL in Oberammergau keine wirkliche Alternative zur Me 262 erbracht hatte, unter-

Modell der Ta 183 im Windkanal.

breiteten die Focke-Wulf-Werke am 15. 9. 1944 einen neuen Flitzer-Entwurf. Es handelte sich dabei um eine leicht herzustellende, insgesamt stark entfeinerte Maschine mit nunmehr BMW 003-Antrieb. Auch sie fand kein durchschlagendes Interesse beim Technischen Amt. Daher schlug Focke-Wulf vor, gleich auf einen »Einheits TL-Jäger« umzuschwenken, der vorläufig noch mit einem BMW-Triebwerk, später mit dem He S11 – als Ablösung der Me 262 – herauskommen sollte.

Infolge des noch nicht serienreifen TL He 011 mußte im November 1944 auch der »Flitzer« mit zusätzlichem R-Gerät zurückgestellt werden. Um dennoch einen Focke-Wulf-Jäger mit oder ohne Zusatzraketenanlage zu realisieren, unterbreitete die Projektabteilung am 11. 12. 1944 eine weitere Aufstellung unterschiedlich ausgelegter Projektstudien:

Ta 183 Ra 1 mit zwei He S11 und einem R-Gerät, 17 qm Fläche und vier Waffen.

Ta 183 Ra 2 mit einem Jumo 004 und 22,8 qm Fläche. Eine verkleinerte Attrappe flog.

Ta 183 Ra 3 mit einem He S11 A und 20,0 qm Fläche, eine flugfähige Attrappe war geplant.

Ta 183 Ra 4 mit einem He S11 A und vier Waffen. Serienreife ab April 1945 vorgesehen.

Laut der Produktionsplanung vom 17. 2. 1945 sollte das erste Versuchsmuster im August 1945 zum Fliegen kommen, nachdem mit drei flugfähigen Attrappen die ersten Daten vorlagen. Die ersten Serienflugzeuge der Ta 183 erwartete man bereits am 15. 10. 1945. Nachdem sich das RLM für den Junkers-Entwurf EF 128 entschieden hatte, rückte man schrittweise von der Forderung ab, einmal 300 Ta 183 im Monat zu produzieren.

Trotz nochmaliger Anläufe, einige der »Flitzer«- und Ta 183-Projekte zu realisieren, blieb es bestenfalls bei Windkanalmodellen oder freifliegenden, antriebslosen Attrappen.

Außer bei Focke-Wulf befaßte man sich auch bei Heinkel intensiv mit raketengetriebenen Einsatzmaschinen. Neben der He P 1077 »Julia« bearbeitete das Projektbüro in Schwechat den Entwurf eines TLR-Jägers auf der Basis des »Volksjägers«.

Noch Ende Februar 1945 war die Erprobung und Entwicklung der He 162 A längst nicht abgeschlossen. Die der Serienproduktion entnommenen Versuchsmuster eines TLR-Jägers waren alle mit BMW 003-Triebwerken ausge-

Erste He 162 aus dem Werk Marienehe vor dem Erstflug am 25. 3. 1945.

Serienmontage der He 162-Rümpfe im unterirdischen Werk »Languste« nahe Mödling bei Wien im März 1945.

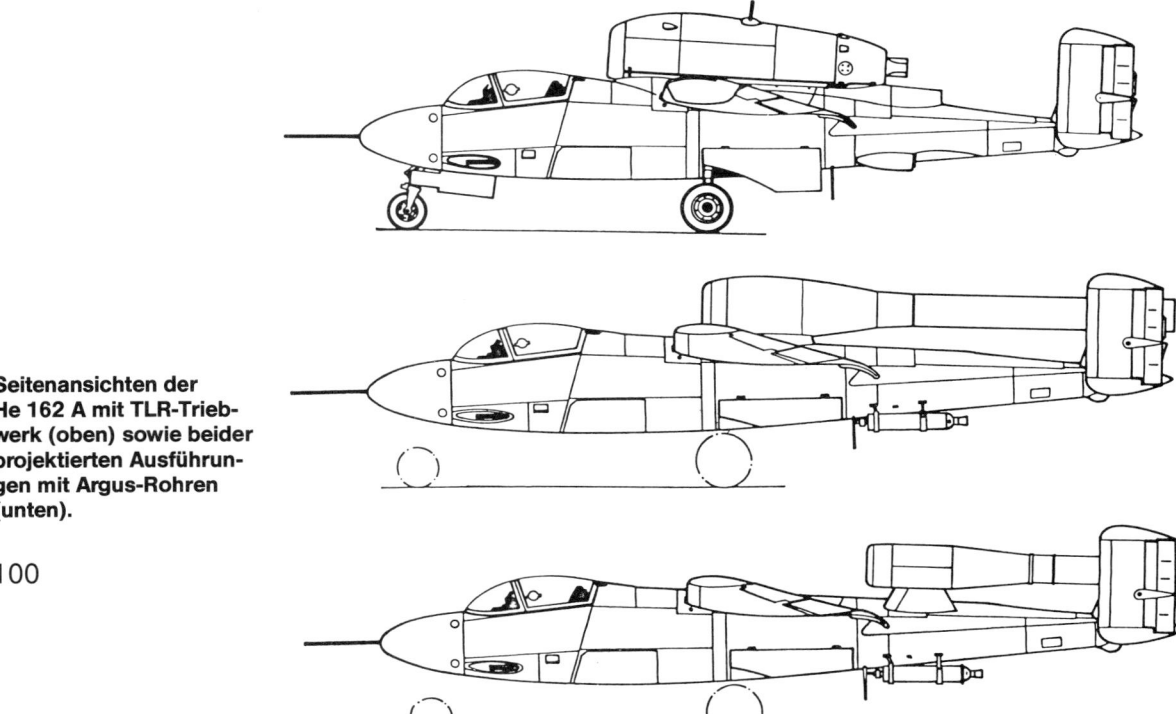

Seitenansichten der He 162 A mit TLR-Trieb-werk (oben) sowie beider projektierten Ausführun-gen mit Argus-Rohren (unten).

rüstet, die selbst Anfang März 1945 noch nicht als truppeneinsatzreif galten.

Gleichzeitig damit befaßten sich BMW und Heinkel Anfang 1945 mit der künftigen Serienversion der 8-162 als TLR-Jäger mit BMW 003 R-Triebwerk. Die Berechnung der Flugleistungen befriedigte jedoch nicht, zumal die größte Flugstrecke 400 km nicht überstieg und die maximale Flugzeit sich nur auf 30 Minuten bemaß. Außerdem stand zu bedenken, daß das vorhandene Fahrwerk des »Volksjägers« dem infolge der TLR-Anlage nebst den dazugehörigen Sonderkraftstoffbehältern gestiegenen Fluggewicht nicht gewachsen wäre.

Neben den beiden projektierten Ausführungen des He 162 TLR-Jägers befaßten sich die Konstrukteure in Wien noch mit der Ausrüstung des »Volksjägers« mit dem Heinkel S 11-Strahltriebwerk sowie mit zwei Ausführungen, die von einem oder zwei Pulso-Schubrohren

der Ausführungen As 014 oder As 044 angetrieben werden sollten. Man erhoffte sich davon Geschwindigkeiten zwischen 710 und 810 km/h in Bodennähe sowie zwischen 590 und 710 km/h in 6000 m Einsatzhöhe zu erreichen. In der Startphase mußte man jeweils auf 1000 kp abgebende Feststofftriebwerke zurückgreifen, die unter dem Rumpfwerk installiert werden sollten.

Eine Mustermaschine mit doppeltem Pulsorohr soll noch Ende März 1945 fertiggestellt worden sein. Die als He 162 M 42 bezeichnete Maschine soll am 29. März 1945 in der Nähe von Gandersheim geflogen sein. So blieb es am Ende sowohl bei Focke-Wulf als auch bei Heinkel bei einer Vielzahl zukunftsweisender Projekte, Attrappen und Musterbauten. Die Früchte der ereignisreichen Entwicklungsarbeiten sollten ab Mai 1945 jedoch den Siegermächten in Ost und West zufallen.

DATENÜBERSICHT HOCHLEISTUNGSFLUGZEUGE MIT MISCHANTRIEB

Hersteller Baumuster Tarnname		Focke-Wulf – »Flitzer«	Focke-Wulf Ta 183 »R« »Huckebein«	Heinkel AG He 162 »R« –	Messerschmitt Me 262 C-1a »Heimatschützer I«	Messerschmitt Me 262 C-2b »Heimatschützer II«
Spannweite	(m)	8,00	11,00	7,20	12,35	12,35
Länge	(m)	10,55	9,50	9,20	10,60	10,60
Höhe	(m)	2,35	–	2,60	2,80	2,80
Flügelfläche	(qm)	14,00	22,50	11,20	21,70	21,70
TL-Triebwerk		109–011	109–011	109–003R	109–004 B/C	109–003R
R-Triebwerk		109–509	109–509	109–718	109–509	109–718
Schubleistg.	(kp)	TL + 1700	TL + 1700	2030	TL + 1700	2 × 2030
Leergewicht	(kg)	3200	3450	1800	4440	4160
Fluggewicht	(kg)	4750	5700	3350	7150	8060
Bewaffnung		2 MK 108 2 MG 151/20	2 Mk 108 (4 MK 108)	2 MK 108 –	4–6 MK 108 –	4–6 MK 108 –
FT-Anlage	FuG	16 ZY, 25a	16 ZY, 25a	16 ZY, 25a	16 ZY, 25a	16 ZY, 25a
V/max	(km/h)	975	990	985	975	950+
V/steig	(m/s)	820	860	845	900	880
Gipfelhöhe	(m)	13000+	15500+	12000+	10000+	11500+
Reichweite	(km)	660	950	550	400	850

B. LORINFLUGZEUGE MIT ZUSÄTZLICHEM RAKETENTRIEBWERK

Bereits im Jahre 1913 erschien in der Zeitschrift »L'Aerphile« ein Bericht des französischen Ingenieurs René Lorin, der sich mit einem neuartigen Flugkörperantrieb befaßte, den er mit »Propulseur par réaction dirécte« (Staustrahltriebwerk) bezeichnete.

Außer der Einfachheit der Konstruktion und der relativen Unempfindlichkeit gegenüber dem zu verwendenden Kraftstoff, stach besonders die Robustheit des neuartigen Triebwerks hervor. Dennoch gelang es auch Rene Leduc nach jahrelangen praktischen Versuchen nicht, die Durchführbarkeit des Lorinschen Vorschlags zu bekräftigen, und ein serienreifes Fluggerät mit diesem Antrieb zu schaffen.

In Deutschland begann 1937 Hellmuth Walter in Kiel mit ersten systematischen Prüfstandsversuchen bei Staustrahlantrieben. Erst 1941, als das RLM ein Fluggerät forderte, das in nur zwei Minuten auf 12000 m Höhe aufzusteigen in der Lage wäre, entschloß sich Eugen Sänger, dem Technischen Amt seine Pläne eines »modifizierten Lorintriebwerks« vorzulegen. Der am 22.9.1905 in Preßnitz geborene Eugen Albert Sänger hatte am 5.7.1930 zum Dr.-Ing. promoviert und sich schon früh mit Flüssigkeitsraketen-Antrieben be-

schäftigt, ein eigenes Institut aufgebaut und schließlich Grundlagenforschung im Bereich des Staustrahltriebwerks unternommen. In diesem Bereich hatte er durch Anwendung sehr hoher Feuergastemperaturen die Schubkonzentration auf Kosten des Wirkungsgrades derart gesteigert, so daß zu erwarten stand, daß sein Antriebssystem den Raketen im hohen Unterschallbereich wegen des weit geringeren Brennstoffverbrauchs und den Turbinenluftstrahltriebwerken infolge der höheren Schubkraft überlegen war. Das Staustrahlflugzeug sollte damit in puncto Steigvermögen mit dem Raketenträger durchaus vergleichbar sein. Nach Versuchen mit modellmäßig verkleinerten Lorin-Triebwerken und der provisorischen Erprobung der auf einem Opel »Blitz«-LKW aufgebauten Musteranlage im Frühherbst 1941, folgten Flugversuche mit einem 500 mm-Strahlrohr, das auf einer Do 17 Z aufgebaut war. Die praktische Erprobung wurde danach mit einer Do 217 E-2 während 32 Flügen fortgeführt. Sie endete am 30. 8. 1944 infolge der eingetretenen Kraftstoffverknappung. Dies führte dazu, daß sich Dr. Sänger nunmehr auf bodengebundene Untersuchungen beschränken mußte. Insgesamt maß das RLM der gesamten Staustrahlentwicklung zunächst kaum größere Bedeutung zu. Erst im Dezember 1944 begann eine engere Zusam-

Erprobung des Sängerschen Lorin-Triebwerks im Frühherbst 1941.

102

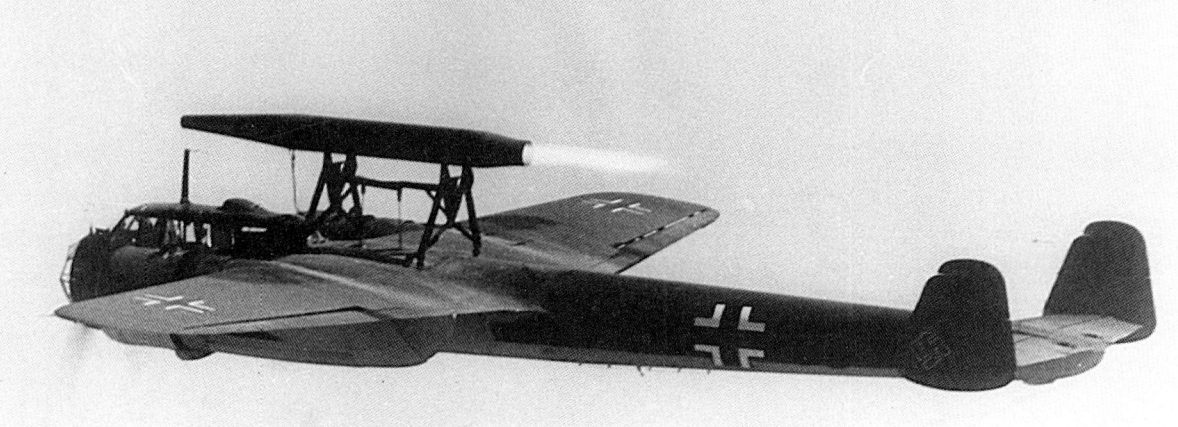

Flugerprobung mit einem auf die Do 17 Z-2 aufgesetzten Lorin-Triebwerks, Frühjahr 1942.

menarbeit zwischen Forschung und Industrie, als der Mangel an hochwertigem Flugbenzin nach Ersatzstoffen suchen ließ. Kurz zuvor, am 30. 11. 1944, hatte es in einer Besprechung bei der Abteilung Technische Luftrüstung geheißen: »... es wird auf die Wichtigkeit der Entwicklung von Lorintriebwerken hingewiesen ...«.

Nach ersten Projekten, die Alexander Lippisch im Oktober 1939 mit Staustrahltriebwerken bedachte, griffen Eugen Sänger und Irene Bredt 1943 die Konzeption eines »Strahljägers« mit Lorinantrieb wieder auf. Es handelte sich dabei um einen einsitzigen Jäger in Form eines Mitteldeckers mit einem 60 000 PS (!) leistenden Strahlrohr. Auf der voluminösen

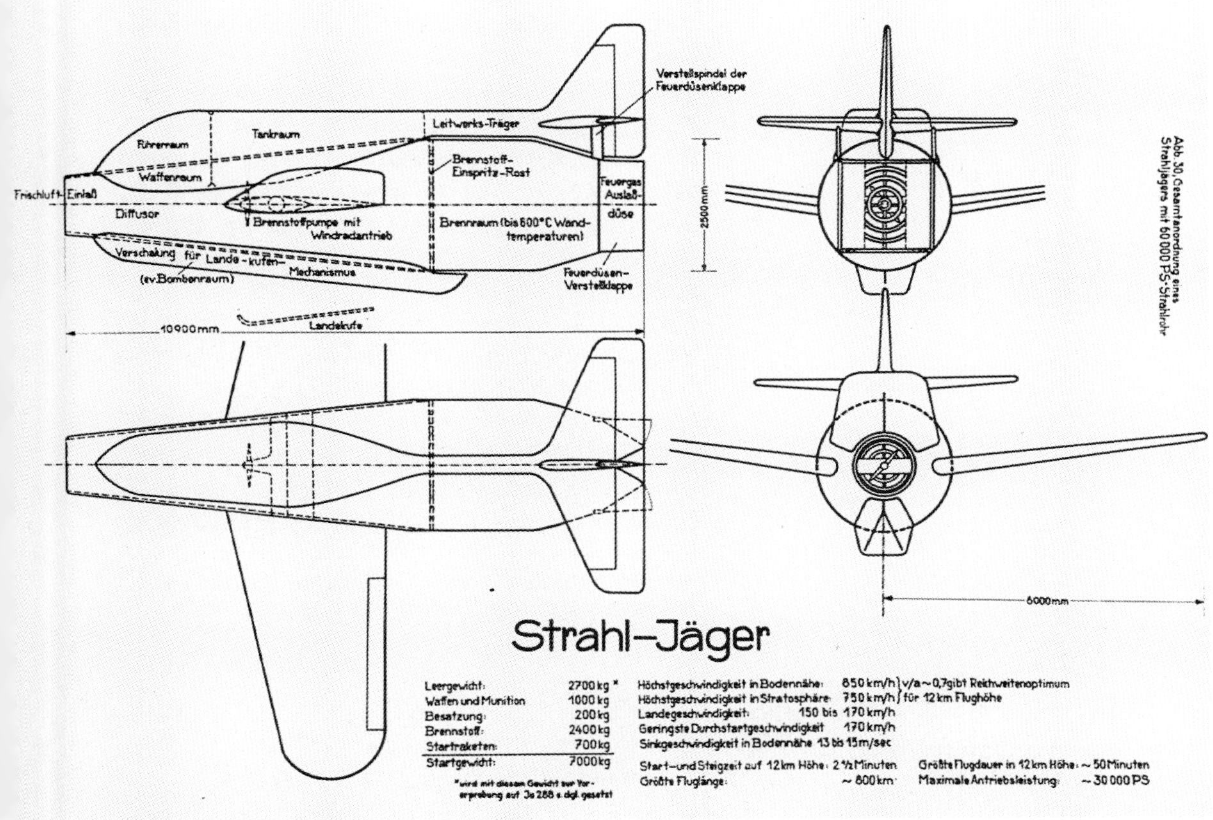

Verstellspindel der Feuerdüsenklappe
Leitwerks-Träger
Tankraum
Führerraum
Waffenraum
Frischluft-Einlaß
Diffusor
Brennstoff-Einspritz-Rost
Feuergas Auslaß-düse
Brennstoffpumpe mit Windradantrieb
Brennraum (bis 600°C Wand-temperaturen)
Verschalung für Lande-kufen-Mechanismus
(ev. Bombenraum)
Feuerdüsen-Verstellklappe
Landekufe
10900 mm
2500 mm
6000 mm
Abb. 30. Gesamtanordnung eines Strahljägers mit 60 000 PS-Strahlrohr
Strahl-Jäger
Leergewicht: 2700 kg *
Waffen und Munition 1000 kg
Besatzung: 200 kg
Brennstoff: 2400 kg
Startraketen: 700 kg
Startgewicht: 7000 kg
*wird mit diesem Gewicht zur Vorerprobung auf Ju 288 o. dgl. gesetzt
Höchstgeschwindigkeit in Bodennähe: 850 km/h
Höchstgeschwindigkeit in Stratosphäre: 750 km/h
v/a ~ 0,7 gibt Reichweitenoptimum für 12 km Flughöhe
Landegeschwindigkeit: 150 bis 170 km/h
Geringste Durchstartgeschwindigkeit 170 km/h
Sinkgeschwindigkeit in Bodennähe 13 bis 15 m/sec
Start- und Steigzeit auf 12 km Höhe: 2½ Minuten
Größte Fluglänge: ~ 800 km
Größte Flugdauer in 12 km Höhe: ~ 50 Minuten
Maximale Antriebsleistung: ~ 30 000 PS

Früher Entwurf eines Lorinjägers mit 60 000 PS-Triebwerks und Raketenstarthilfe.

Do 217 E-2 mit aufgebautem 20 000 PS Mustertriebwerk.

Triebwerksanlage sollten der Führerraum nebst Bewaffnung sowie der Tankraum mit dem sich daran anschließenden Leitwerksträger aufgebaut werden. Die relativ einfache Lorinanlage füllte fast den gesamten Rumpf aus und besaß einen 2,50 m durchmessenden Brennstoffeinspritzrost sowie einen Brennraum, der Temperaturen von bis zu 6000 Grad standhalten konnte. Daran schloß sich die Feuergasauslaßdüse mit einer mechanisch verstellbaren Klappe an. Die 7000 kg schwere Maschine sollte in der Stratosphäre etwa 750 km/h schnell sein. In der Startphase sollten zwei 3000 kp-Startraketen das Hochleistungsflugzeug auf die Mindestgeschwindigkeit beschleunigen, ab der das Lorintriebwerk zu arbeiten begann. Daneben wurden noch zwei weitere Lorinjäger mit Feststoffraketen als Starthilfe durchgerechnet, die man mit 20 000 PS- oder 40 000 PS-Triebwerken ausrüsten wollte. Die Maschinen sollten außer in der Stratosphäre als Jagdflugzeuge mit einer Flugdauer von bis zu einer Stunde, auch als Tiefangriff-Jagdbomber Verwendung finden, so jedenfalls ein Bericht des Herstellers. In Zusammenarbeit mit den Firmen Dornier, Junkers und Walter, kam es ab Mai 1944 in Hirschberg zu Vorarbeiten für einen kombinierten Raketen-Staustrahlantrieb. Der eigentliche Umschwung zu einer positiven Zusammenarbeit mit der Luftfahrtindustrie begann erst im Dezember 1944. Außer der Entwicklung einer Me 262-Ausführung mit zusätzli-

Vorschlag zur Kombination eines 20 000 PS-Lorin-Rohres mit der Zelle der Lippisch »Delta VI« vom 12. 04. 1944.

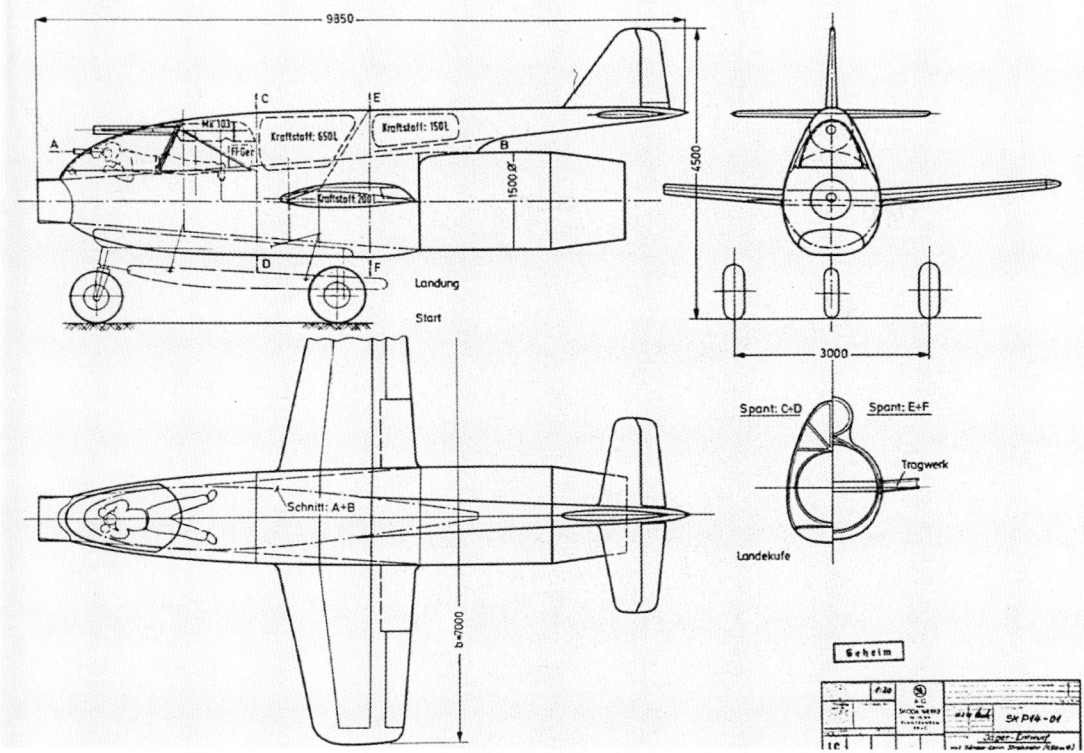

chem Lorin- und Feststoffraketenantrieb erging ein zweiter Auftrag. In Zusammenarbeit mit der Luftfahrtforschungsanstalt Wien (LFW), sollte 1944 der Lippisch Delta VI-Entwurf als »Unbemanntes Gerät mit Feststoff-Betrieb auf Lorinbasis, dessen Zelle weitgehend aus Sprengstoff besteht« fortentwickelt werden. Anfang 1945 wurden die Skoda-Werke in Prag beauftragt, ein leistungsfähiges Unterschall-Versuchsflugzeug mit Staustrahl- und Feststoffraketenantrieb für die Anfangsbeschleunigung herzustellen. Als Kraftstoff war der Not gehorchend Kohlegranulat geplant.

Die Baubeschreibung des nur 2850 kg schweren »Skoda-Jagdflugzeugs Sk P 14 mit Sänger-Lorin-Staustrahlrohr« vom Februar 1945 sah eine einsitzige Maschine mit Zentraltriebwerk von 1,5 m Durchmesser vor, über dem der Führerraum, die Brennstoffbehälter

sowie die gesamte notwendige Ausrüstung untergebracht waren. Auf dem Sänger-Aggregat befand sich ferner das einfache Seitenleitwerk. Die optimale Flugdauer in 13000 m lag bei 640 km/h Geschwindigkeit im Bereich einer dreiviertel Stunde. Die Höchstgeschwindigkeit betrug in Bodennähe bis zu 1000 km/h, die Dienstgipfelhöhe bis zu 18500 m.

Auch das ursprünglich von Sänger geplante Überschall-Staustrahlflugzeug bedurfte zweier Feststoffraketen, um zu starten. Die Maschine ähnelte im Grunde der zuvor beschriebenen Unterschallversion, hatte aber eine andere Flächen- und Höhenleitwerksform. Der Jäger wurde von Dr. Sänger als »Staustrahlüberschallflugzeug« mit einer Höchstgeschwindigkeit bis zu 3200 km/h ausgelegt. Wie der Unterschalljäger, kam auch diese Studie nicht mehr zur Ausführung, obwohl die Arbeiten bei

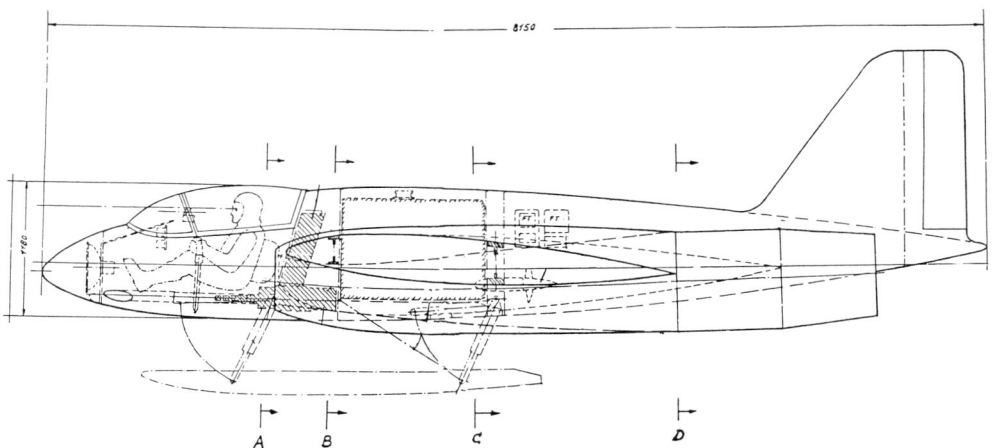

Seitenansicht des Heinkel-Projekts He P 1080 aus dem Jahre 1945.

Skoda bereits weit fortgeschritten und angeblich schon eine 1:1 Attrappe in fortgeschrittenem Bauzustand war.

Bei der DFS liefen damals schon seit mehreren Monaten Untersuchungen Dr. Eugen Sängers. Die Berechnungen verfolgten das Ziel, die Leistungen der Me 262 A-1 zu verbessern, indem man auf jedes der Jumo 004 B ein Lorintriebwerk aufsetzte. Für schnellere Beschleunigung des Strahlflugzeugs beim Start einigte man sich auf zwei untergehängte Feststoffraketenantriebe. Infolge des Zusatzantriebs sanken die Steigzeiten bis auf 10 000 m Höhe von 26 Minuten auf nur sechs Minuten. Die Gipfelhöhe wuchs von knapp 11 000 auf 15 000 m. Außerdem traf im April 1945 der Auftrag für einen Jagdeinsitzer mit benzinbetriebenem Zentraltriebwerk bei Heinkel-Süd in Jenbach/Tirol ein. Die Maschine wurde dort als Tiefdecker mit liegendem Piloten und benzinbetriebenem Lorintriebwerk konzipiert. Ein ähnliches Projekt entstand bei der DFS.

Bei Heinkel entstanden 1945 unter der Federführung von Siegfried Günther gleichzeitig auch vier Ausführungen des Projekts P 1080, eines Lorinjägers, der zum Start die Schubkraft von vier 1000 kp Feststoffraketen mit 12 s

Brenndauer bedurfte. Außerdem planten die Heinkel-Werke die Maschine auf einen gleichfalls von Raketen zu beschleunigenden Startwagen zu setzen und damit mehr Treibstoff für den eigentlichen Einsatz aufzusparen. Die 3325 kg schwere He P 1080 sollte maximal 980 km/h schnell sein. Die Flugdauer berechnete Dipl.-Ing. Günther auf etwa 90 min, wobei zeitweise im Gleitflug geflogen werden mußte.

Trotz relativ schneller Realisierungschancen infolge der einfachen Flugzeugkonstruktion durfte die Maschine nicht einmal als Versuchsflugzeug produziert werden. Zwei Jahre zuvor, im Sommer 1943, hatte Alexander Lippisch, als Leiter der Luftfahrtforschungsanstalt Wien, begonnen, sich mit der Problematik schwanzloser Überschallflugzeuge zu beschäftigen.

Das zunächst konzipierte einsitzige Jagdflugzeug P 12 diente nur als Grundstudie. Es folgte das Baumuster P 13a, der Entwurf eines Überschalljägers in Deltaform und Metallbauweise. Das Staustrahltriebwerk saß im Flügelmittelstück und sollte über einen runden Einlauf im Bug mit Luft versorgt werden. Ein Fahrwerk war zunächst aus fertigungstechnischen Gründen nicht geplant. Für die Landung sollte eine zentrale, ausfahrbare Kufe völlig ausreichen. Als Bewaffnung kamen neben dem schweren MK 108 noch verschiedene, gerade in Entwicklung befindliche Raketenprojektile in Frage. Um die Flugeigenschaften dieses futuristisch anmutenden Entwurfs mit dem in der Seitenflosse befindlichen Flugzeugführers zu testen, fanden am 28. 11. 1944 15 Modellversuche statt. Das verkleinerte Modell wurde bei Wien mittels Gummiseil gestartet und flog mit Lorinantrieb bis zu 130 m weit. Kurz zuvor war es zu Tests mit einem nicht angetriebenen Modell am Spitzerberg bei Hainburg nahe Wiens und zu Windkanalversuchen bei der AVA in Göttingen gekommen. Da die Ergebnisse befriedigten, begann man schnell mit dem Bau eines triebwerkslosen, bemannten 1:1 Versuchsgleiter, der DM 1 (Darmstadt-München 1), um praktische Flugerfahrungen sammeln zu können. Als provisorischer Antrieb sollte vorerst nur eine Pulverrakete mit einer Schubkraft zwischen 200 und 300 kp dienen, welche an den »Huckepackbeschlägen« befestigt werden sollte.

Mit dem Bau des ersten Versuchsmusters wurde Wolfgang Heinemann von der Darmstädter Akademischen Fliegergruppe betraut. Die antriebslose DM 1-Maschine sollte auf einer der Si 204 A erprobt werden; als die alliierten Panzer am 3. 5. 1945 den Chiemsee erreichten, war die DM 1 jedoch noch immer im Bau. Nach ihrer Fertigstellung wurde die Maschine in die USA abtransportiert. Nach zahlreichen Windkanalversuchen kam die DM 1 im Januar 1950 zum Bestand des National Air & Space Museums in Washington DC.

Dem Versuchsflugzeug sollte die DM 2 und DM 3 folgen. Im Grunde handelte es sich dabei um eine vergrößerte DM 1 mit liegend untergebrachtem Flugzeugführer, Raketentriebwerk und konventionellem Seitenleitwerk.

Musterflugzeug DM 1 Mitte Mai 1945 in Prien am Chiemsee.

Das erste flugfähige Versuchsmuster als alliierte Kriegsbeute.

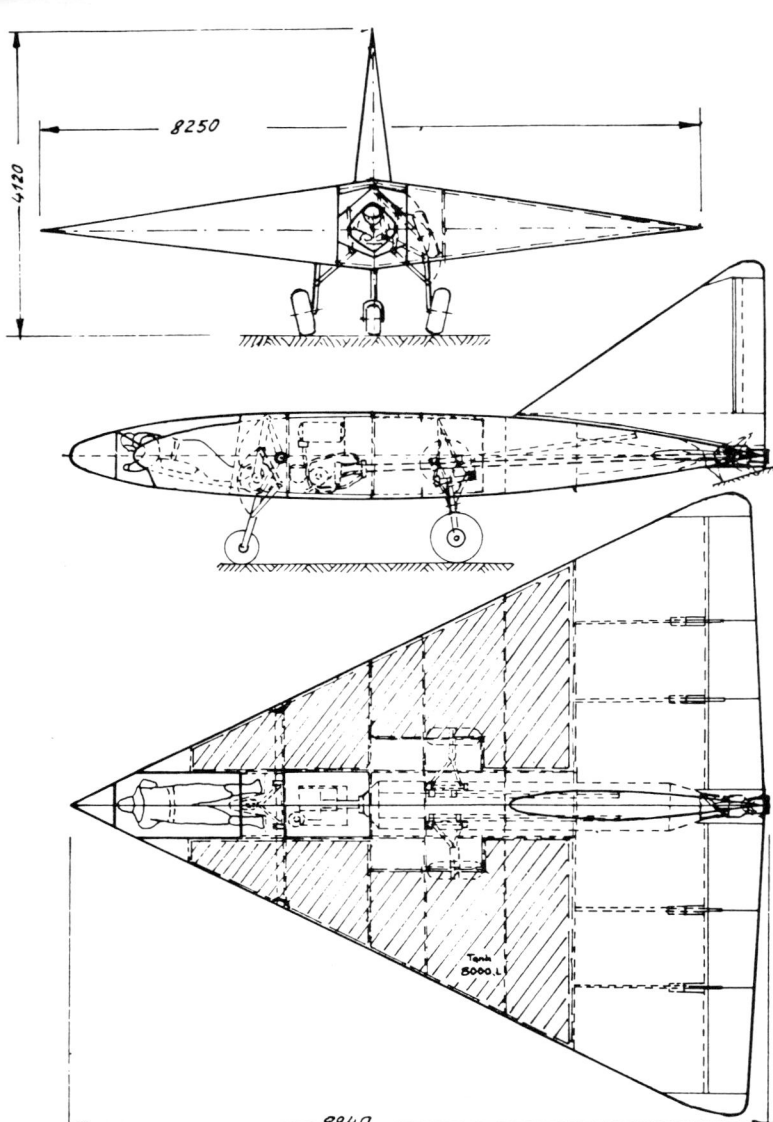

Dreiseitenansicht der DM 3, Februar 1945.

schaftler Prof. Dr. von Holst ein entscheiden-
der Schritt in diese Richtung, als er beim
»Breslauer Saalflugwettbewerb« ein funktions-
tüchtiges Modell eines Schwingenflugzeugs
mit vier kleinen Flügeln vorstellte, die sich
paarweise, gegenseitig in Bewegung setzen
ließen. Schließlich ließ von Holst die Flügel um
den Rumpf rotieren und fertigte hiervon eine
ganze Reihe »Triebflügel«-Modelle an und erprobte diese im Flug. Im Frühjahr 1944 führte
der Konstrukteur seine Modelle dem Bad Eilsener Entwicklungsbüro von Focke-Wulf vor.
Dort nahmen sich von Halem und Multhopp
des interessanten Konzepts an und stellten im
Frühsommer 1944 einen imposanten Jäger-
entwurf mit einem dreigeteilten Triebflügel und
drei Lorin-Raketen-Antrieben an den Flächen-
enden vor. Die Bewaffnung sollte aus zwei
MK 103 und zwei MG 151 bestehen. Die drei
kleinen Walter-R-Triebwerke dienten lediglich
dazu, den Triebflügel in Bewegung zu setzen.
Die Kraft für den Steigflug kam dann von den
Lorin-Triebwerken, von denen Modelle mehrfach erfolgreich getestet wurden. Die Aufwen-

Übersichtszeichnung des »Triebflügels« vom 15. 9. 1944.

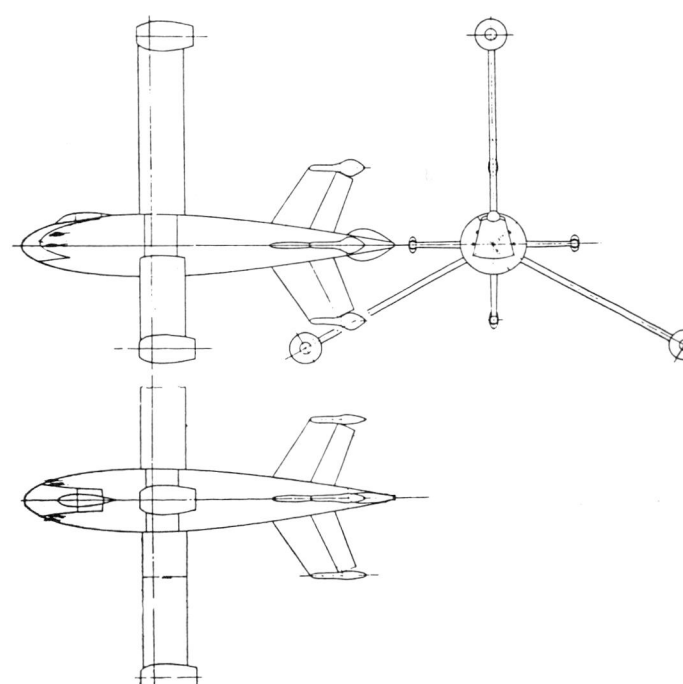

Außer der DM-Reihe kam es ab 1944 zur
Entwicklung von Lorintriebwerken mit inte-
grierten Raketenmotoren. Zu nennen sind hier
der Focke-Wulf-»Triebflügel«, ein senkrecht
startender, hubschrauberähnlicher Jäger.

Im Jahre 1940 gelang dem Naturwissen-

108

Modellaufnahme des Focke-Wulf-Projektes »Triebflügel«.

digkeit des Entwurfs, dessen Realisierung hochwertige Baustoffe erforderte, paßte allerdings nicht in die von Materialengpässen bestimmte Fertigungsanlage im Herbst 1944. Der »Triebflügeljäger« verschwand daher schnell im Eilsener Archiv.

Im Frühsommer 1944 entstand bei Focke-Wulf auch der »Strahlrohrjäger mit zwei Strahlrohren am Höhenleitwerk«. Die Maschine besaß ein 3000 kp leistendes R-Gerät im hinteren Rumpf sowie zwei seitlich des Leitwerks angebaute Lorin-Triebwerke. Der mit zwei

Modellaufnahmen des »Strahlrohrjägers mit zwei Strahlrohren am Höhenleitwerk« vom Frühsommer 1944.

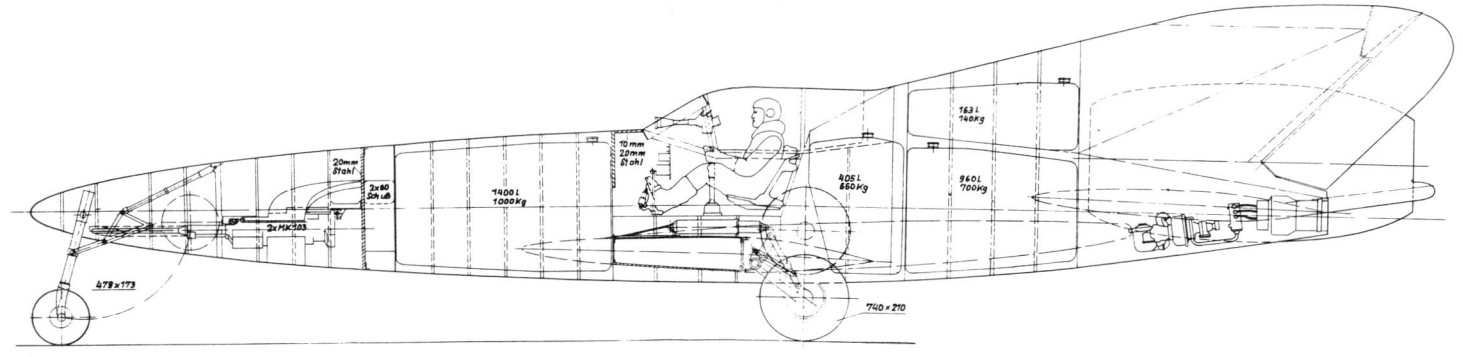

Heinkel »Strahlrohrjäger« vom 18. 7. 1945.

MK 108 oder 103 armierte Jäger mit Druckka-bine und Bugfahrwerk sollte ein Startgewicht von 5400 kg aufweisen. Leistungsmäßig wäre der »Strahlrohrjäger« mit 1100 km/h wesent-lich schneller als die Me 262 A-1a gewesen. Wegen der laufenden Arbeiten an der Ta 183 mußte bei Focke-Wulf die Entwicklung vorzei-tig abgebrochen werden.

ME 262-HEIMATSCHÜTZER

Die technischen Angaben vom 15. 12. 1938 beschreiben das Messerschmitt-Projekt P 65 (Me 262) als »Schnelles Jagdflugzeug für den Einsatz gegen Luftziele«. Infolge der geringen Fortschritte in der neuartigen Triebwerktech-nologie verzögerte sich die Entwicklung der Me 262 zusehends. Mit dem Erstflug der Me 262 V1 (PC+UA) im März 1942, die Ma-schine war noch immer mit dem Jumo 210 G und zwei BMW P 3302 ausgestattet, war kaum etwas gewonnen. Auch nicht mit dem ersten Start der Me 262 V3 mit zwei Jumo-Strahltur-binen am 17. 7. 1942. Ohne hier näher auf die Entwicklung und Erprobung der einzelnen Versuchsmuster des neuen Verfolgungsjagd-flugzeugs bis Oktober 1943 einzugehen, kann jedoch gesagt werden, daß hinter den Kulis-sen mit Sorge von der Qualität und Quantität der in Einführung befindlichen Feindmuster gesprochen wurde. Immer leistungsfähigere Maschinen, etwa die schnellen, hölzernen »Mosquitos«, tauchten am Himmel über dem Reich auf und konnten vorläufig nur in gerin-gem Maße abgefangen werden. Wie das Kom-mando der Erprobungsstellen der Luftwaffe im Dezember 1943 ausführte, »war die Erprobung bei der E-Stelle und Messerschmitt durch feh-lende Triebwerke sehr schleppend«.

In dieser Situation sollte unverzüglich ein Musterflugzeug mit BMW 003A erstellt wer-den, um alle Fragen der Betriebssicherheit zu klären, die besonders für das spätere BMW 003R wichtig waren. Wesentlich war daran Dr.-Ing. Hermann Oestrich beteiligt.

Obwohl schon Anfang 1939 ein RLM-Auf-trag für die Produktion von zehn Versuchsmu-stern des P 3302-TL bestand und fieberhaft an der Prüfstandsreife des Stahltriebwerks ge-arbeitet wurde, stellten sich Erfolge nur lang-sam ein. Im Herbst 1940 konnte das erste Ver-suchstriebwerk bei BMW endmontiert werden. Die Flugerprobung – unter einer Bf 110 – be-gann jedoch erst im Spätsommer 1941, Tests

110

Me 262 A-1a-Jäger mit zwei R I 502-Zusatzraketenantrieben während der Erprobung 1944.

mit der Me 262 gar erst im Jahr darauf. Die ersten Nullserientriebwerke des Typs BMW 003 A-0 kamen im März 1943 auf den Prüfstand. Es dauerte aber noch bis zum Herbst, ehe auch die neuen BMW 003A-0 im Flug getestet werden konnten. Bis zum Sommer 1944 behinderten immer neue Störungen und Defekte die Erprobung. So kam es, daß der schon lange Zeit geplante Standlauf einer Me 262 mit BMW 003A (Werk-Nr. 170078) erst am 20. 10. 1944 durchgeführt werden konnte. Bis Ende November folgten sieben Flüge, nach denen allein vier BMW-Turbinen infolge Triebwerkfehlern ausgetauscht werden mußten. Damit blieb es bis Jahreswechsel bei nur 14 Flügen mit einer Gesamtdauer von 3 h 24 min. Der Mangel an B4-Treibstoff behinderte die Werksfliegerei maßgeblich. Am 31. 3. 1945 mußte daher die Werknummer 170078 stillgelegt werden. Zahlreiche Schwachstellen beim BMW 003 A-1 konnten bis dahin nicht vollständig ausgeräumt werden, das gleiche galt für die davon abgeleiteten TLR-Sätze und deren Leistungsspektrums.

Die Verwendung von Starthilfen wurde damit unumgänglich.

Bis Oktober 1944 waren, aufbauend auf Versuchen mit der Me 262 V5, vom Erprobungskommando 262 (Lechfeld) und in Zusammenarbeit mit der E-Stelle Karlshagen umfangreiche Versuche mit RI 502-Feststoffraketen durchgeführt worden. Nach der Einweisung des Erprobungskommandos 262, des Erprobungskommandos Lärz sowie der I./KG 51 wurde 1944 auch das Wartungspersonal der II./KG 51 in Schwäbisch-Hall an dem RI 502 ausgebildet.

Neben den RI 502, die im Bereich des hinteren Tankdeckels unter dem Rumpf aufgehängt wurden, kam für die Me 262 noch eine zweite, weit stärkere Starthilfe in Betracht. Das Gerät trug die Bezeichnung RI 503. Sie hatte ein Gewicht von gut 100 kg und leistete einen Spitzenschub von bis zu 3000 kp, der Nennschub wurde dagegen mit nur 1000 kp angegeben. Praktisch wurden diese Starthilfen vermutlich beim Kommando Stamp eingesetzt, bei wel-

Leutnant Schall vor einer Me 262 A-1a des JG 7.

chem Versuche mit der probeweisen Bombardierung gegnerischer Bomberpulks unternommen wurden. Nach aufwendigen Tests mit den verschiedenartigsten Zündern und Abwurflasten wurde die praktische Erprobung etwa ab Mitte Januar 1945 mit bis zu fünf Me 262 in Lärz aufgenommen. Nachdem sich keine befriedigenden Ergebnisse erreichen ließen, wurde das Kommando aufgelöst und die Piloten zum Jagdgeschwader 7 versetzt.

Einer von ihnen, S. Schlüter, erhielt den Auftrag, im März 1945 eine neuartige Visieranlage zu testen. Nach einigen Versuchseinsätzen kam es plötzlich zu Tauwetter. Da erst ein Teil der Startbahn betoniert, der Rest noch eine normale Grasbahn war, kam seine Me 262 A-1 nicht an die vorgeschriebene Abhebegeschwindigkeit heran. Die Maschine wurde völlig verdreckt und mußte von der Feuerwehr abgespritzt werden. Man entschied, die Me 262 mit zwei der neuen Starthilfen zu versehen und damit erneut den Start zu wagen. Ohne Einweisung, dafür aber mit genügend interessierten Zuschauern am Pistenrand, löste Schlüter die beiden Startraketen aus. Der Strahljäger schoß in steilem Winkel in den völlig bedeck-

ten Himmel. Nach Abwurf der leergebrannten Hülsen und einer kleinen Platzrunde zog er mit seiner Me 262 A-1 davon und erreichte Braunschweig-Waggum buchstäblich mit dem letzten Tropfen Sprit. Später nahm Schlüter an der Erprobung der Me 262 A-1a/R1 mit R4M-Raketen teil.

Me 262 C-1a

Nach mehreren Vorstudien entstand bis zum 26. 5. 1943 ein Interceptor auf der Basis des Me 262-Strahljägers mit zwei Jumo 004 C-Turbinen und einem Walter-Raketentriebwerk des Typs RII 211/3. Als Kraftstoff konnten neben 900 l J2, 900 l T-Stoff und 400 l C-Stoff getankt werden. Das Messerschmitt-Projektbüro gab die Steigzeit auf 10 000 m mit 2,8 min sowie die Geschwindigkeiten bis 950 km/h an. Die Berechnungen ergaben eine Flugdauer von maximal 26 Minuten und Flugstrecken von bis zu 300 km. Im Juli 1943 begannen die Vorbereitungen für die Umrüstung eines ersten Me 262-Interceptors I mit allen notwendigen zellenseitigen Änderungen.

Im Juli setzte die Planung eines Versuchs-

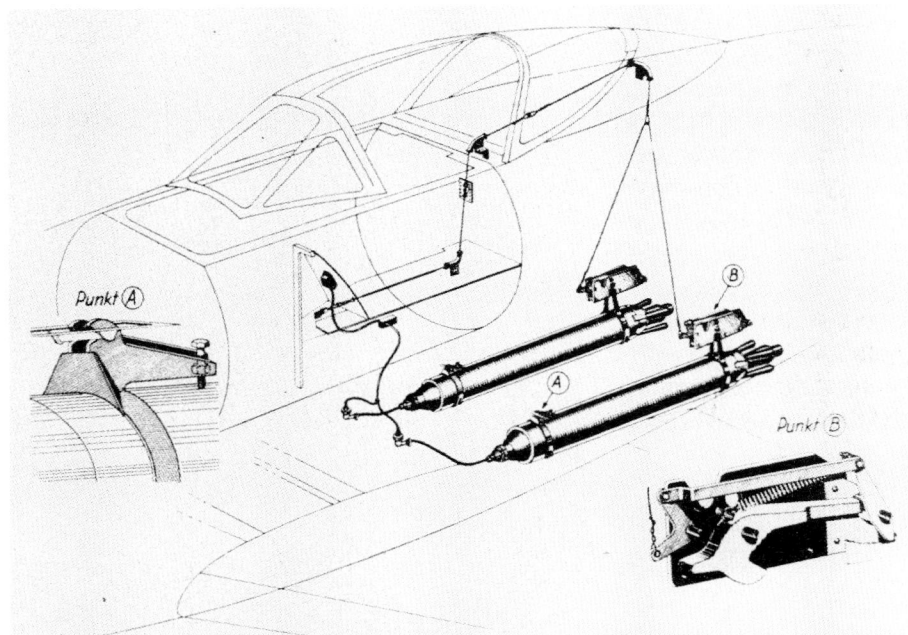

Zeichnung aus der Lehrbildreihe über die Auslösung der Starthilfen bei der Me 262 A-1a.

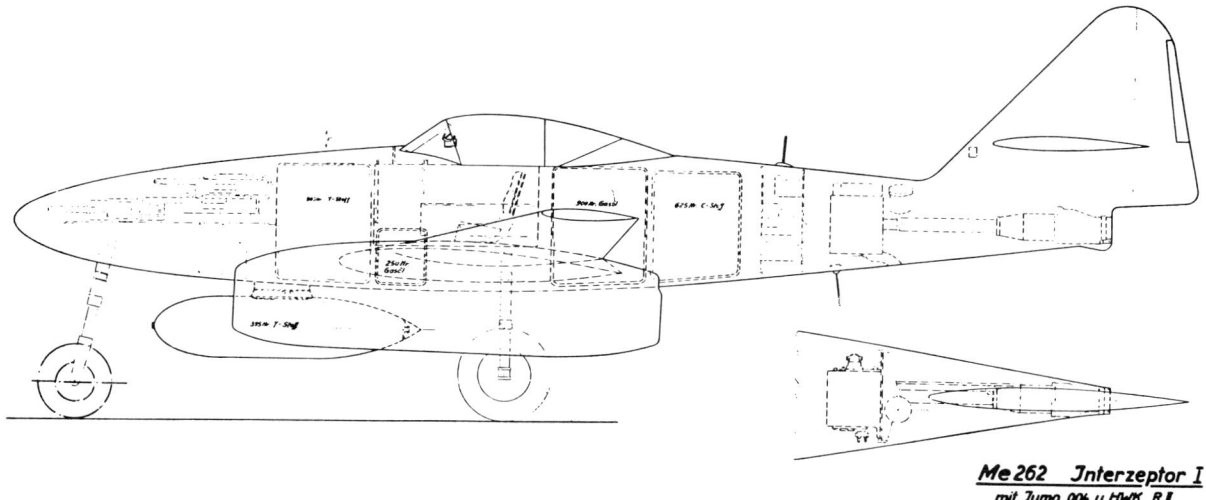

Me 262 *Jnterzeptor I*
mit Jumo 004 u. HWK R I

Rumpfübersicht der ME 262 Interceptor I vom 22. 7. 1943.

musters mit einem RII 211/3-Raketentriebwerk ein. Hieraus ging die Projektbeschreibung vom 11. 10. 1943 hervor. Neben einer auf sechs MK 108 erweiterten Bewaffnung, einer säureresistenten Tankanlage zeichnete sich das Flugzeug durch ein verstärktes Fahrwerk aus. Der neue Abfangjäger sollte trotz der hervorragenden rechnerischen Leistungen im Dezember 1943 auf den Vorschlag der Messerschmitt-Werke gestrichen werden. Seitens des RLM wurde dem nicht entsprochen, da das erprobte R-Gerät, anders als die neuen TLR-Sätze beim Me 262 Interceptors II, praktisch bereits ihre Bewährungsprobe bestanden hatten.

Ab dem 2. 9. 1944 begann die Aufrüstung der ersten Mustermaschine des Heimatschützers Me 262 C-1a, Werk-Nr. 130 186. Die C-1a war bis auf Details die Quintessenz der Interceptor I-Entwicklung. Die Arbeiten am ersten Musterflugzeug dauerten noch bis zum 28. 1. 1945 an. Insbesondere galt es, die Tankbelüftung zu ändern und die Schäden zu beheben, die am 12. 9. 1944 durch einen Luftangriff entstanden waren.

Im Oktober 1944 folgten die ersten drei Flüge nur mit TL-Antrieb. Am 25. 10. 1944 wurde ein erster Scharflauf unternommen. Hiernach mußte eine Änderung der Triebwerksaufhängung durchgeführt werden, nachdem die Befestigungsösen des HWK verbogen wurden. Beim nächsten Standlauf riß infolge eines Fertigungsfehlers erneut eine Schweißnaht in der Brennkammer. Zwischen dem 9. und dem 29. 11. 1944 mußte die Erprobung in Lechfeld häufig unterbrochen werden. Neben 35,5 Stunden Luft- oder Luftvoralarm ließ die Wetterlage zu 30 % der Zeit keine Flugaktivitäten in der Werkserprobung zu. Mehrere technische Defekte im Bereich der Kraftstoffanlage und der Flossenverstell-Mechanik sorgten für zusätzlichen Ärger.

Beim Standlauf am 18. 12. 1944 riß dann zum dritten Male die Schweißnaht an der Brennkammer. Die Zelle geriet in Brand. Nach den Löscharbeiten folgte wieder einmal der Abbau des Heckteils mit anschließender Triebwerksreparatur sowie der Einbau eines neuen Gashebels im Führerraum.

Etwa ab dieser Zeit bekam der erste Heimatschützer die Bezeichnung Me 262 V6.

Da die Abdichtung der Kabine noch nicht

113

Me 262 C-1a (WerkNr. 130186) während der Erprobung des ersten Musterflugzeugs in Lager-Lechfeld südlich von Augsburg am 27. 2. 1945.

befriedigte, mußten die geplanten Höhenflüge verschoben werden.

Nach der gründlichen Überprüfung kam es wieder zu einem Wasserlauf. Die kalte Witterung sorgte aber in der Nacht zum 12. 1. 1945 für merkliche Frostschäden innerhalb der T-Stoffleitungen, so daß die Spezialisten nach weiteren zwei Standläufen das Heckteil erneut abnehmen mußten. Am 15. 1. 1945 geriet das R-Triebwerk infolge einer Undichtigkeit im Triebwerkraum in Brand, und zehn Tage später wurde eine neue Brennkammer mitsamt des Regelgeräts installiert. Fast jeden Tag kam es von nun an zu neuen Störungen im Bereich des Raketentriebwerks. Während dieser Zeit installierte die Flugerprobungsabteilung eine Rumpfschnelltrennstelle, um die Montagezeit des schon »traditionell gewordenen Rumpfan- und abbaus« auf ein Mindestmaß herabzusetzen.

Erst bei der dritten Version des Schnellablasses waren Techniker und Pilot zufrieden, wenn auch das außenliegende Ablaßrohr aerodynamisch nicht gerade begrüßt wurde. Doch aller Optimismus war verfrüht. Am 11. und 13. 2. 1945 traten Risse an den C- und T-Stoffleitungen auf, was wiederum zu einigen Tagen Verzögerung führte.

Nach den zahlreichen Pannen und Defekten war es dann am 27. 2. 1945 endlich soweit:

Werkspilot Lindner konnte erstmals mit TLR-Hilfe starten. Dabei trat nur geringfügiger Schaden an der Fahrwerksabdeckung ein; ansonsten jedoch befriedigte das Ergebnis.

Im Februar 1945 wurden insgesamt nur 14 Minuten mit der Me 262 C-1a (V6) geflogen, was eine bisherige Gesamtflugzeit von 43 Minuten ergab. Es folgte nun die weitere Erprobung des Schnellablaßsystems.

Wegen des inzwischen eingetretenen Schadens an der R-Regelung konnte der für den 2. 3. 1945 vorgesehene zweite TLR-Flug nicht stattfinden. Im Regler für die Sonderkraftstoffanlage fand sich plötzlich Sand! Weitere Standläufe nach einer peinlich genauen Kontrolle am Boden befriedigten Anfang März 1945 vollkommen.

Wegen des bis zum 13. 3. 1945 währenden schlechten Wetters mußte der nächste Testflug vorerst unterbleiben. Dafür trat einen Tag später während des Rollens in Lechfeld ein weiterer Turbinenschaden ein. Der zweite Flug des Heimatschützers I erfolgte daher erst am 16. 3. 1945 unter Leitung Lindners.

Beim dritten Flug unter Werkspilot Kaiser wurde versuchsweise das zweite C-Stoffsieb ausgebaut, um einer erneuten Verschlammung durch unsauberen Kraftstoff vorzubeugen. Hierdurch trat ein Ofendruck von 24 atü auf, was den Flugzeugführer veranlaßte, den

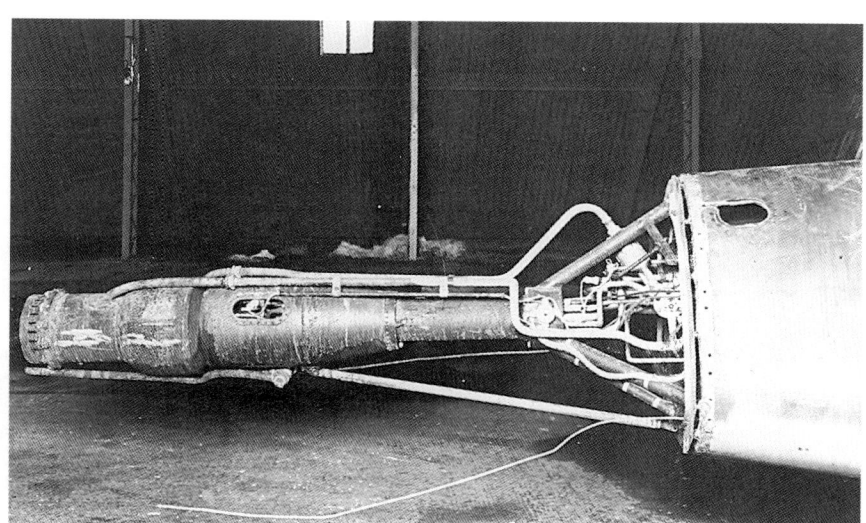

Detailansicht des HWK 109-509 im Heck der Me 262 C-1a.

115

Treibstoffdruck auf 15 atü zurückzunehmen. Die Maschine wurde schließlich mit nur noch 5 atü leergeflogen.

Nach dem dritten Flug überprüfte die Bodenmannschaft die Maschine sorgfältig und fand dabei eine defekte Buna-Dichtung.

Am 19. 3. 1945 kam es zu einem Fehlstart Lindners infolge eines viel zu geringen Ofendrucks. Dies führte zwangsläufig zur Abschaltung des HWK. Eine Luftblase im schlecht entlüfteten Schnellablaßrohr bildete die Ursache dieses kaum vorhersehbaren Defekts. Außerdem verformte sich die Rumpfspitze infolge des Flatterns des Bugfahrgestells. Die Maschine mußte zur Reparatur in einer Splitterschutz-Box in Lagerlechfeld abgestellt werden. In der Nacht zum 22. 3. 1945 wurde die erste und einzige Me 262 C-1a durch alliierte Tiefflieger leicht beschädigt. Infolge der Treffer mußte die geplante Erprobung vorläufig zurückgestellt werden. So blieb es bei einer Flugzeit von nur 22 Minuten im März 1945. Insgesamt konnten bis dahin nur sieben Flüge absolviert werden, während denen auch das HWK nicht immer einwandfrei funktionierte.

Die rechnerischen Leistungen wurden jedoch erreicht. Ob Oberstleutnant Bär, der Kommandeur der III.(Erg.)/JG 2 in Lechfeld, wie verschiedentlich berichtet wurde, die Me 262 C-1a flog und damit zu Abschüssen kam, konnte nicht mit letzter Sicherheit geklärt werden. Es ist aber anzunehmen, daß seitens der Messerschmitt-Werke das Musterflugzeug im April wiederhergerichtet wurde. Am 20. 4. 1945 fand sich der Prototyp – von alten Planen geschützt – in Lagerlechfeld. Vor der Maschine stand ein Schild: »Vorsicht Versuchsträger – nicht zerstören, auch nicht bei Feindeinwirkung!«.

Nach der Erbeutung durch die alliierten Truppen tauchte zumindest der Rumpf mit dem HWK in England auf, wo er durch die RAE gründlich untersucht wurde.

Me 262 C-2b

Im Sommer 1942 stellten die BMW-Werke erste Werkstattgeräte ihrer neuartigen Parasit-Triebwerke vor, die auf BMW 003 A-1-Strahl-

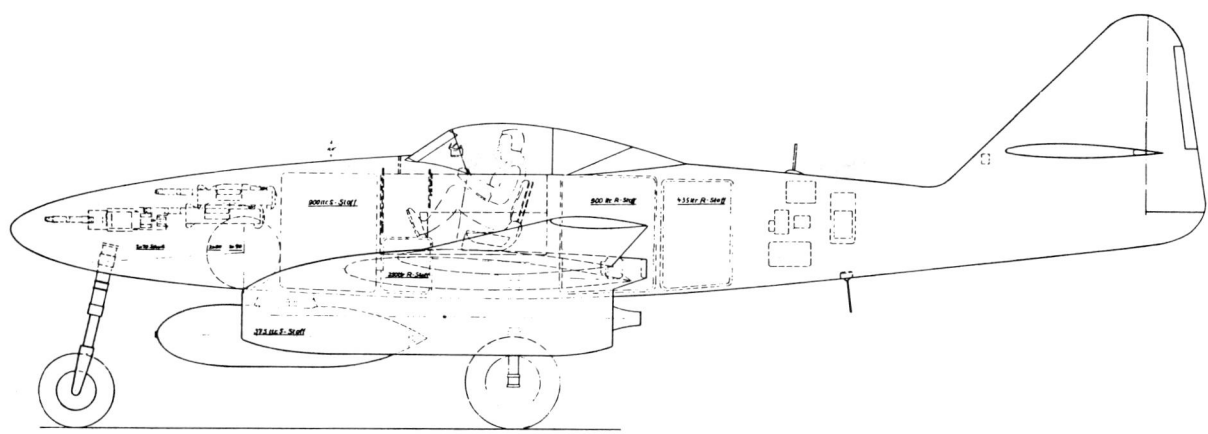

Zeichnung der ME 262 C-2b vom 6. 7. 1943.

triebwerke aufgesetzt werden konnten. Hiermit sollte beispielsweise die Me 262 A-1 nachgerüstet werden und so ein Objektschutzjäger mit größerer Flugdauer – als bei der Me 163 – entstehen.

Im Sommer 1943 hatte das Messerschmitt-Projektbüro alle Fakten zum Interceptor II zusammengetragen und legte am 1. 9. 1943 seinen Vorschlag für die Umwandlung der serienmäßigen Me 262 A-2 in einen Interceptor mit 6 MK 108 und BMW TLR-Triebwerken vor. Die Umrüstung erforderte insbesondere den Einbau einer korrosionsbeständigen Sonderkraftstoffanlage, die Verstärkung des Fahrwerks auf Doppelräder (770 × 270 mm) sowie die Verwendung von Abwurfbehältern, was eine Flugzeit von 70 Minuten erbracht hätte.

Außerdem untersuchte Messerschmitt die Möglichkeiten einer rüstsatzmäßigen Umwandlung der Me 262 A-1 Normalausführung in einen schnellsteigenden Abfangjäger mit zwei BMW-TLR-Sätzen, zumal die Prüfstandserprobung dieses Sondertriebwerks bereits ab Anfang November anlaufen sollte. Bis Juni 1944 war an die Herstellung von 15 BMW-TLR (109-718) gedacht, für die seit Oktober 1943

ein verbindlicher Auftrag des RLM vorlag. Dem Vorschlag der Messerschmitt-Werke, die Me 163 aus der Fertigung zu nehmen, da die Me 262-Interceptoren wegen der längeren Flugzeit mehr taktische Möglichkeiten aufweisen würden, wollte das Ministerium jedoch nicht folgen. Zwar könnte die Me 262 C-1a, so das Werk, kurzfristig einsatzfähig werden und sich gegenüber der C-2b als Übergangslösung anbieten, doch es stände in den Sternen, wann ein wirklich funktionssicheres BMW-TLR zur Truppe gelangen würde. Mit den ersten Scharfläufen rechnete man nicht vor Ende des Jahres und sah bereits das Frühjahr 1944 als den weit realistischeren Termin an.

Nach der Vorlage der Entwurfsbeschreibung der Me 262 C-2 mit zwei BMW P 3390-Triebwerken, Mitte Januar 1944, begann auch die Vorkonstruktion des nunmehr als Heimatschützer II (vormals Interceptor II) bezeichneten Abfangjägers sowie die Erstellung einer Ausrüstungsattrappe bei BMW im Werk Berlin-Spandau. Letzteres hatte zudem den Sinn, die Verwendungsmöglichkeiten für das neue P 3390 zu untersuchen und den Einbau der neuartigen Parasitantriebe bei anderen Hoch-

leistungsmaschinen als der Me 262 vorzube-reiten. In diese Zeit fielen zudem Anstrengun-gen, wie etwa der Plan vom 1. 2. 1944, die Höhenleistung der Strahljäger ab 7000 m mit einem kurzfristig verfügbaren Zusatzschub von etwa 150 kp zu erhöhen. Das Vorhaben wurde jedoch wegen der größeren Leistungs-reserven der Me 262 C-1a und C-2b schnell wieder zu den Akten gelegt.

Früher als geplant kam es im März 1944 zu Standversuchen mit einem ersten BMW 003R-Vollgerät in Spandau. Diesen schlossen sich etwa 50 Probeläufe am Boden in den nächsten Wochen an. Nach Vorlage der Ergebnisse beim TA in Berlin wurde daraufhin eine vorläu-fige Betriebsgenehmigung für das BMW 003 R erteilt. Zudem kam es Mitte April 1944 zu wei-teren Überlegungen, stärkere Triebwerke mit einem BMW-Parasitaggregat auszurüsten und

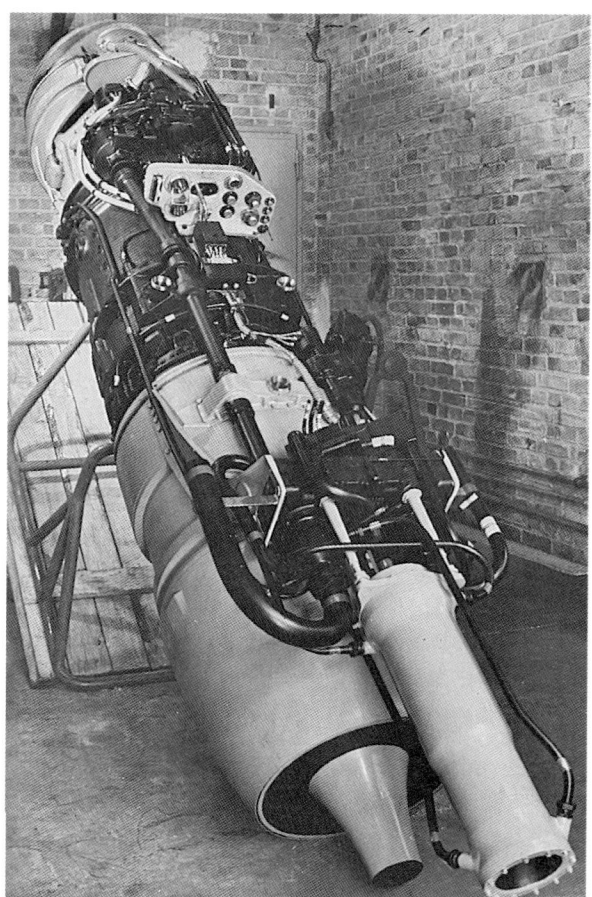

BMW-TLR-Triebwerk 003 R als Mustergerät für die geplante Serienproduktion.

118

Zweite Ausführung des Treibstoff-Schnellablaßrohrs der Me 262 C-2b.

so die Leistungen nachhaltig zu optimieren.

Fast zur gleichen Zeit, Ende Mai 1944, die Projektübergabe des Heimatschützers II war inzwischen vollständig fertiggestellt worden, erfolgte die Freigabe für die Serienfertigung des BMW-TLR. Vorangegangen waren 15 Testläufe zu je drei Minuten mit jeweils 1000 kp Vollastschub und die übliche Abnahmeprozedur durch die BAL im Werk selbst.

Zusammen mit der Projektübergabe für die Me 262 C-2b, der Interceptor wurde zeitweise auch als D-1 bezeichnet, wurden im Juni 1944 nochmals alle Unterlagen durchgesehen und letzte Hand an die funktionstüchtige Me 262 C-2-Attrappe zur Verbesserung der Ausrüstung in Forschan gelegt. Die praktische Erprobung der neuen Me 262-Ausführung begann am 20. 12. 1944 mit der Zellenanlieferung für das erste Versuchsmuster (Werk-Nr. 170074) am 20. 12. 1944 in Lechfeld.

Nach der Behebung einiger Mängel am Mu-sterflugzeug installierten Techniker den Zusatzantrieb. Nach Abschluß dieser Arbeiten kam es am 8. Januar zu einem ersten Werksflug – ausschließlich mit TL-Antrieb – von 13 Minuten Dauer. Nach dem Flugtest bedingten Anlaßprobleme den Wechsel beider Riedelmotoren. Außerdem mußte das linke TLR ausgewechselt werden, da man im Getriebelager Metallspäne fand, welche deren Funktion nachhaltig störten. Am 12. 1. 1945 folgte ein TL-Standlauf sowie ein Wasserversuch mit dem rechten TLR-Satz. Wegen der Undichtigkeit der Kraftstoffpumpe mußte 24 Stunden später das linke R-Gerät ausgetauscht werden. Beim abschließenden Standlauf am darauffolgenden Tag explodierte nach Betätigung der Zündung des R-Gerätes überraschend die rechte Brennkammer. Starke Beschädigungen infolge verwässerten R-Stoffs, ferner erhebliche Schäden an den Kraftstoffleitungen im Bereich des rechten TLR und der Triebwerkinstallation waren die Folge.

119

Explosion der rechten Brennkammer des ersten Musterflugzeugs der Me 262 C-2b am 25. 01. 1945 in Lechfeld.

Oben: Verbrannter Schutzanstrich nach dem Unfall am 25. 1. 1945.

Links: Das am 25. 1. 1945 stark beschädigte rechte Triebwerk der Werknummer 170074.

Standlauf im Februar 1945 in Lechfeld.

In den ersten Februartagen wurde auch der linke TLR-Satz wieder klar gemeldet, nachdem drei kurze Standläufe und zwei weitere von jeweils 70 s Dauer erfolgreich verlaufen waren. Aber schon beim nächsten Test mußte das linke Aggregat infolge Sv-Mangel vorzeitig ausgeschaltet werden. Außerdem warnten die Spezialisten vor einer Gefährdung von Pilot und Flugzeug im Falle eines Fehlstarts. Dabei mußte mit dem gleichzeitigen Ausströmen sowie der Selbstentzündung des S- und R-Stoffs während des Ausrollens gerechnet werden. Trotz aller nur denkbaren Anstrengungen mußte ein R-Start auch weiterhin unterbleiben, obwohl schon am 4. Februar 1945 ein Ersatz-TLR eingetroffen war. Die mehrfach angeforderten Sv-Stoff-beständigen Dichtungen fehlten noch immer und ließen erneut Sonderkraftstoff austreten.

Am 18. 2. 1945 mißlang der Blindlauf zur Kontrolle des Stoffdrucks. Ein zweiter Lauf zum Zwecke der Störungsbeseitigung folgte. Danach kam es zu einem Scharflauf mit dem rechten R-Satz, sodann mit beiden R-Geräten. Nach dem Ausfall der Triebwerkanlage blieb den Technikern nur übrig, das linke TLR wieder auszubauen.

Auch die Blindläufe am 23. 2. 1945 brachten nicht die gewünschten Ergebnisse. Zudem trat eine Fehlfunktion bei der Sicherheitsschaltung auf. Fieberhaft suchten die Spezialisten von BMW nach dem Fehler. Am 28. 2. 1945 wurde deshalb ein neues R-Gerät per Expreß angeliefert, damit die Maschine endlich zum ersten TLR-Flug ansetzen konnte. Nach den zahlreichen vorangegangenen Tests und häufigen Fehlschlägen war die Stimmung der beteiligten Männer inzwischen fast auf den Nullpunkt gesunken. Trotz aller Bemühungen konnte bis zum 8. 3. 1945 der Flugklarzustand nicht erreicht werden. Bis auf einige neue Standläufe trat die Entwicklung auf der Stelle. Auch während der nächsten drei Tage mußte der Erstflug mit TLR-Antrieb aufgeschoben werden, da für die BMW 003 A1 nun nicht mehr genug B4-Benzin vorhanden war. Erst am 23. 3. 1945 glückte in Lagerlechfeld der abschließende Standlauf mit beiden TLR-Geräten.

Am 26. 3. 1945 fand endlich der erste TLR-Flug durch Flugkapitän Baur statt. Das R-Gerät

121

Triebwerksansicht der Me 262 C-2b mit BMW 003 R-Gerät kurz vor dem Erstflug am 26. 3. 1945.

war dabei genau 40 Sekunden in Betrieb. Drei Tage später folgte ein zweiter Testflug, bei dem im Thermorelais der TLR-Anlage ein Schaltfehler auftrat. Infolge des erneuten Mangels an B4-Benzin konnten weitere, notwendige Standläufe nicht durchgeführt werden, um die Fehlerquelle zu lokalisieren. Am 30. 3. 1945 wurde die Erprobung unterbrochen. Die Umstellung der TLR-Anlage von B4 auf das leichter beschaffbare Gasöl J2 sollte bereits in den nächsten Tagen erfolgen.

Aus diesem Grunde wurden beide BMW 003R abgebaut und das Musterflugzeug

(Werk-Nr. 1 700 074) in Lagerlechfeld abgestellt. Darüber hinaus sollte die Produktion des BMW-TLR schnellstmöglich in München-Allach anlaufen, ein Vorhaben, das wegen der Kriegslage kaum noch Aussicht auf Erfolg hatte.

Am 12. 4. 1945 traf bei BMW die Anweisung ein, daß auch die sogenannte »Ausrüstungsattrappe« (Werk-Nr. 170 272) in ein serienmäßiges Jagdflugzeug zurückzurüsten. Damit endete die Geschichte der Me 262 C-2b.

Me 262 Interceptor III und Me 262 C-3

Neben den bisher beschriebenen Me 262-Interceptoren war im Sommer 1943 ein reiner raketengetriebener Objektschutzträger mit zwei RII/211 geplant.

Im September 1944 erstellte man bei Messerschmitt die Ablaufpläne für den geplanten Musterumbau einer serienmäßigen Me 262A-2 mit zwei Walter RII/211-Geräten und sechs MK 108. Gleichzeitig wurde das Technische Amt über den planmäßigen Fortgang der Arbeiten unterrichtet und um Genehmigung für den Musterumbau gebeten.

Gegenüber der Standardausführung der Me 262 A-2 unterschied sich der neue Interceptor außer durch die R-Triebwerksanlage noch durch die Verlegung der Kraftstoffleitungen und des Gestänges in Rumpf und Fläche. Außerdem sollte die Behälteranlage aus Antikorrodal bestehen. Zur Erweiterung der Treibstoffanlage plante man bei Messerschmitt die Anbringung großer Abwurfbehälter unter den beiden Rumpf-ETC.

Die von Althoff bei Messerschmitt errechneten Leistungen sahen bei einem Fluggewicht von 5480 kg eine Steigzeit von nur noch 2,43 Minuten auf 12 000 m und 3,07 Minuten auf 16 000 m einschließlich der Start- und Be-

schleunigungszeit vor. Die Horizontalflugdauer in 12 000 m Höhe lag bei einer konstanten Geschwindigkeit von 800 km/h bei 7,6 Minuten, bei Einhaltung des besten Gleitwinkels bei 9,0 Minuten. Für den horizontalen Einsatzflug in 16 000 m Höhe standen maximal nur 4,5 Minuten zur Verfügung. Mit Flugstrecken von 270 und 310 km wurde bei 800 km/h und bestem Gleitwinkel auf jeden Fall gerechnet.

Als vorläufige Übergangslösung bis zur Produktion des Interceptor III entstand bis September 1943 eine von der Me 262 A-1 abgeleitete Version. Nach der Reduzierung der Bewaffnung auf nur noch vier MK 108 und dem Wegfall der Panzerung bis auf die des Pilotensitzes sollte das Rollgewicht bei 7385 kg liegen. Darin eingeschlossen war die modifizierte Tankanlage sowie die nach dem Start abwerfbaren Hilfsräder. Neben dem mit zwei HWK ausgerüsteten Raketenjäger entwickelte BMW in Berlin-Spandau ab 1943 das Versuchstriebwerk P 3390 C, das für die Me 262 ebenfalls in Frage kam.

Um die Reichweite sowie die Flugzeit zu erhöhen, wandte sich BMW jedoch gegen den »reinrassigen Interceptor mit R-Antrieb« und schlug Mitte Februar 1944 vor, statt dessen die TLR-Jäger-Entwicklung augenblicklich zu forcieren, um auch im Bereich zwischen 10 und 15 km optimal operieren zu können. Gleichzeitig sprachen sich die Spezialisten bei BMW dafür aus, die Me 262 sowohl als reinen TL, aber auch – zellengleich – als R- und TLR-Jäger heranzuziehen. Die Planung von aufwendigen Spezialmaschinen wurde dagegen abgelehnt. Im März 1944 wurde nach Auswertung aller Daten und Fakten die Baubeschreibung des nunmehr als Heimatschützer III bezeichneten Interceptors herausgegeben. Zwei Monate später tauchte ferner die Benennung »Me 262 mit Dackelbauch« kurzzeitig auf, die später in die Baureihenbezeichnung Me 262 C-3 abgeändert werden sollte. Seit diesem Zeitpunkt schien das Interesse des Technischen Amtes des RLM an einem reinen Me 262 R-Jäger verklungen zu sein, zumal man ja auf die Me 163 B zurückgreifen konnte.

Die neue Ausführung erhielt später folgerichtig die Bezeichnung Me 262 C-3 »Heimatschützer IV« und sollte ein abwerfbares HWK-Triebwerk unter dem mittleren Rumpfteil erhalten. Wie es scheint, traten die Arbeiten an dieser Version jedoch lange auf der Stelle. Dagegen kam es am 15. 6. 1944 zu einem direkten

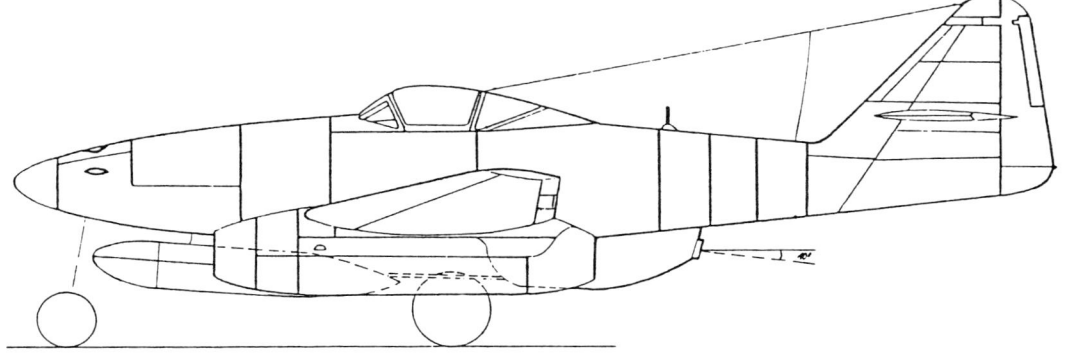

Seitenansicht der Me 262
C-3, die sich im Frühjahr
1945 in Arbeit befand.

Abgleich der möglichen Flugzeiten zwischen der Me 163 C und dem Heimatschützer III durch das Messerschmitt-Projektbüro.

Neben der Me 262 C-1a und der C-2b stand ab Winter 1944/45 vollends die neue Ausführung Me 262 C-3 im Blickpunkt der Entwicklungsarbeiten. In einer Aktennotiz, datierend vom 1. 2. 1945, legte die Oberbayrische Forschungsanstalt in Oberammergau fest, daß der neue »Heimatschützer« mit angebautem R-Gerätesatz unter dem Rumpf der Baureihenbezeichnung 8-262 C-3 erhält. Gleichzeitig sollte die Entwicklung wie folgt ablaufen: Nach der zügigen Ablieferung der konstruktiven Arbeiten und der vollständigen Projektbeschreibung plante man, sofort die Triebwerksteile bei Walter anzufordern. Zunächst wollte die Entwicklungsabteilung erst einmal drei Aufhängerahmen, davon einer mit vollständiger Wanne, herstellen. Einen davon sollte Walter in Kiel erhalten um schleunigst den R-Satz zu installieren. Der erste Rahmen dagegen würde vorab der attrappenmäßigen Anpassung des serienmäßigen R-Satzes und der Verkleidung des Zusatzantriebs dienen. Ferner wurde der Bau von zwei 600 l fassenden Außenbehältern angeordnet. Die erste Attrappe sollte dann in Oberammergau an eine Me 262 angepaßt werden. Im Januar 1945 kam die technische

Beschreibung des unterhängbaren R-Geräts 509 S2 (Serienausführung II) heraus, da man in Kürze mit einer kleinen Versuchsserie der C-3 rechnete, wenn auch nur in äußerst begrenzten Stückzahlen. Besonders beunruhigte die Konstrukteure sowie die Triebwerkspezialisten die mögliche Hitzeentwicklung durch das untergehängte, abwerfbare R-Triebwerk sowie den zu erwartenden Luftwiderstand infolge des »Dackelbauchs«. Die inzwischen eingetretene Kriegslage verhinderte jedoch alle derartige Aktivitäten. Dennoch gingen die Arbeiten an einem abwerfbaren HWK, von dem im Februar 1945 erste Werkszeichnungen vorlagen, fast unvermindert weiter. Die neuen Zusatzgeräte erhielten die RLM-Bezeichnung 109-509 S2 und hatten eine Länge von 1,94 m sowie eine Breite von 0,54 m. Die als Staatsgeheimnis eingestufte Anlage bestand aus einem vollständigen R-Gerät mit stromlinienförmiger Verkleidung, das nach Erreichen der gewünschten Steighöhe abgeworfen werden konnte. Den Sonderkraftstoff wollte man – wie erwähnt – in zwei großen abwerfbaren Zusatzbehältern von je 600 l Fassungsvermögen mitführen, die unter den beiden Rumpf-ETC der Me 262 gerade Platz fänden. Insgesamt 600 l C-Stoff sollten im hinteren Rumpfbehälter untergebracht werden.

124

Als alliierte Truppen bei Kriegsende nach Oberammergau vorstießen und die Oberbayrische Forschungsanstalt, das dislozierte Erprobungszentrum der Messerschmitt AG erreichten, fanden sie dort neben einer Vielzahl von neuen Ausrüstungsgegenständen, modernen Maschinenwaffen, wie dem MG 213/20, auch sechs der erst vor wenigen Tagen angefertigten Kraftstoffbehälter für die Me 262-Heimatschützer und einige der großen 600 l-Abwurftanks für die geplante Me 262 C-3 vor.

125

V. Vom Projekt zur Großserie: Raketenjäger Me 163

A. MESSERSCHMITT ME 163A

Im Januar 1939 begann Prof. Dr. Alexander Lippisch in Augsburg bei Messerschmitt in der Abteilung L (Lippisch) mit den Arbeiten an einem Forschungsflugzeug, dem »Projekt X«, das später zur Me 163 A wurde. Der Entwurf basierte zellenseitig auf der 1937 bei der DFS entwickelten »Delta IV c«, der DFS 39. Bereits im Juni 1939 lagen die ersten Zeichnungssätze vor.

Nach Herstellung der notwendigen Vorrichtungen und Betriebsmittel lief ab Juli 1939 die Einzelteilfertigung an. Zu diesem Zeitpunkt lagen auch die ersten Windkanal-Ergebnisse vor. Zu Beginn des Zweiten Weltkrieges stoppte das OKL den Weiterbau der späteren Me 163 A, da während des Krieges keine langfristigen Projekte bearbeitet werden sollten.

Nach der Zurückstellung der Arbeiten sollten diese nach dem Kriegsende wieder begonnen werden. Um dennoch Ergebnisse zu erhalten, ließ Lippisch die mit einem Druckschraubenantrieb ausgerüstete DFS 194 mit einem Raketentriebwerk versehen.

Im August 1940 flog Heini Dittmar die DFS 194 in Peenemünde zum ersten Mal. Wegen der dabei erzielten guten Ergebnisse erlaubte die Reichsforschungsführung die Fortsetzung der Arbeiten, die zur Me 163 A führen sollten. Unter Berücksichtigung der Erfahrungen mit der DFS 194 erfolgte in der Zeit von Juni bis November 1940 die Montage der Me 163 AV 4 sowie im Januar 1941 die Endkontrolle beim ersten Versuchsmusters der Me 163 in Augsburg.

Die Me 163 A war ein schwanzloser Mitteldecker in Gemischtbauweise. Das Raketenflugzeug besaß bei einer Spannweite von 8,85 m eine Flügelfläche von 17,51 qm. Seine Länge über alles belief sich auf 5,33 m, die Höhe ohne Rollwerk maß nur 2,22 m.

Der Rumpf bestand aus einer Magnesiumlegierung, das um 23 Grad gepfeilte Tragwerk aus Holz. Die Steuerung erfolgte mittels eines

DFS 39 während der Flugvorbereitung in Griesheim.

Me 163 AV4, das erste Versuchsmuster der Me 163. Beachtenswert ist der hellgraue Hochglanzanstrich.

kombinierten Quer- und Höhenruders an der Tragflächenhinterkante sowie über das Seitenruder. Als Auftriebshilfe dienten zwei feste Vorflügel, als Landehilfe zwei unter dem Tragwerk befindliche Klappen.

Der Antrieb bestand aus einem Zweistoff-Raketenantrieb, dem HWK RII 203. Der Schub war zwischen 150 und 750 kp regelbar. Mit eingebauter Triebwerkanlage und aufgetankt betrug das Startgewicht der Me 163 A etwa 2200 kg. Das Landegewicht belief sich auf rund 1100 kg, je nachdem, wieviel Resttreibstoff sich noch in den Tanks befand. Das völlige Leerfliegen des Sonderkraftstoffs erwies sich als fast unmöglich. Die dadurch erhöhte Unfallgefahr sollte später bei der Me 163 B mehrere Opfer fordern.

Als Höchstgeschwindigkeit waren maximal 800 km/h zwingend vorgeschrieben. Die größte Flughöhe lag – eine Druckkabine gab es bei der A-Ausführung bekanntlich nicht – bei 10 000 m.

Die Me 163 A war zunächst ein reines Versuchsflugzeug für den raketengetriebenen Hochgeschwindigkeitsflug sowie die Eigenschafts- und Stabilitätserprobung. Die Rolle als Schulflugzeug für die zu erwartende Umsetzung auf die Me 163 B ergab sich erst später, da für diesen Zweck keine geeigneten Typen zur Verfügung standen. Aus einem Flugzeugtypenblatt geht hervor, daß man die Me 163 A zunächst mit zwei MG 131, die in den Flügelwurzeln untergebracht waren, bewaffnen wollte. Ferner stand die Ausrüstung mit zwei Mehrfachschußgeräten für pulvergetriebene Luft-Luft-Raketen, dem »Rauchzylinder« RZ 65, zur Diskussion. Baureihenmäßig wurde die so ausgerüstete Maschine als »Me 163 B« ausgewiesen, obwohl einwandfrei aus der Typenblatt-Abbildung hervorgeht, daß es sich um eine Me 163 A-Zelle handelte.

Im März 1943 stattete man ein A-Versuchsmuster zu Erprobungszwecken mit einer Gondelbewaffnung unter den Flächen aus. Solche Pläne wurden später auch für die B-Ausführung in Erwägung gezogen. Mit Ausnahme geringer Lastigkeitsänderungen bei der Waffenauslösung verlief die Erprobung insgesamt zufriedenstellend.

Der erste der neuen Raketenjäger erhielt die

127

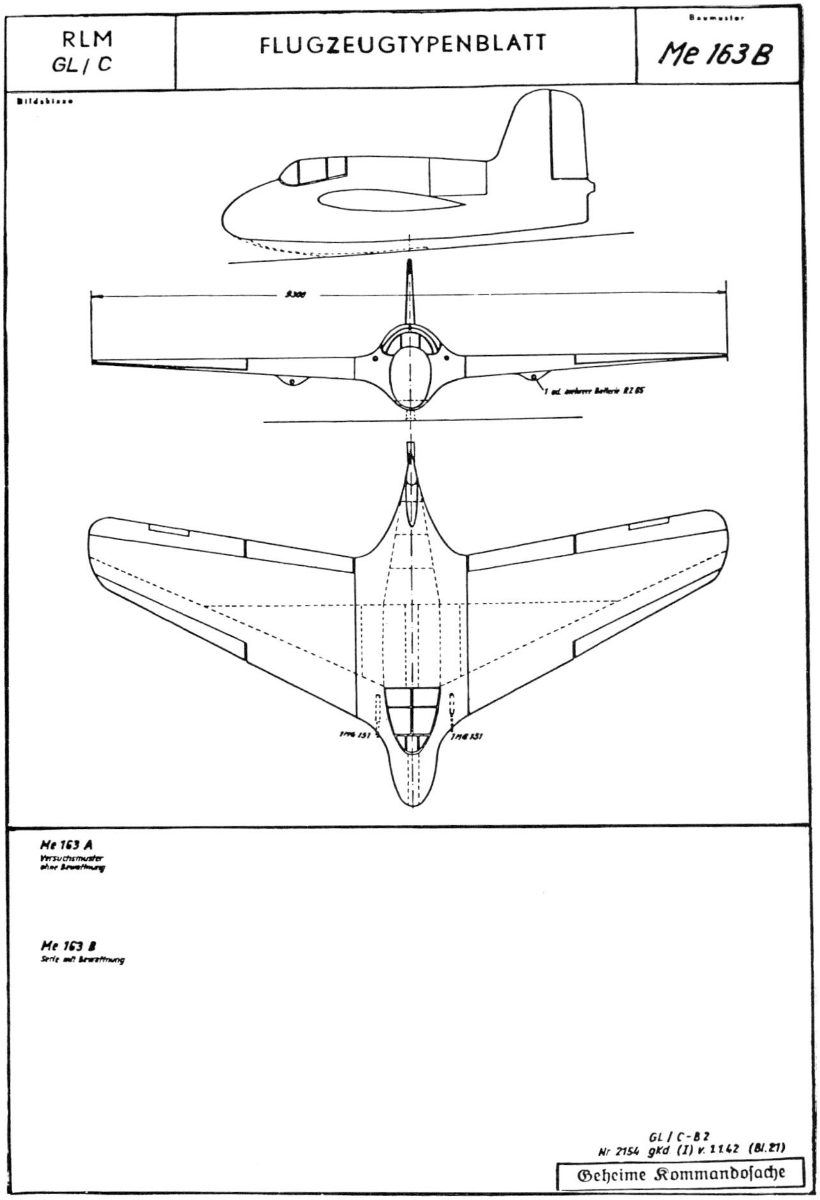

Bildskizze

8300

1 od. mehrere Batterie 82 05

Me 163 A
Versuchsmuster
ohne Bewaffnung

Me 163 B
Serie mit Bewaffnung

1/MG 151   1/MG 151

GL / C-B 2
Nr 2154 gkd (I) v. 1.1.42 (Bl. 21)
Geheime Kommandosache

Flugzeugtypenblatt der geplanten Me 163 A mit Bewaffnung. Die Maschine erhielt später die Bezeichnung Me 163 B.

Rumpf der Me 163 A auf der Helling.

Bezeichnung Me 163 AV 4. Er trug das Kennzeichen KE+SW und hatte die Werk-Nummer 163 000 0001. Noch ohne Eigenantrieb startete die Maschine erstmals am 13. 2. 1941 im Schlepp.

An dieser Stelle muß eine falsche Ansicht in der Fachliteratur korrigiert werden. Die erste Me 163 A war nachweislich die Me 163 AV 4. Es gab keine Versuchsmuster AV 1 bis AV 3. Aus Geheimhaltungsgründen sollte der Eindruck entstehen, die Me 163 sei vollkommen mit der 1936 entwickelten Bf 163 identisch. Von diesem, als Konkurrenzmuster zum Fieseler Fi 156 »Storch« und der Siebel Si 201 entstandenen Verbindungsflugzeug, existierte nur ein Prototyp, die Bf 163 V1 (Kennung D-IUCY, Werk-Nummer 0822). Zwei weitere Versuchsmuster und eine aus zehn Flugzeugen bestehende Nullserie waren lediglich geplant. Zunächst war die Fertigstellung der Bf 163 V 1 bis V 3 vorgesehen. Folgerichtig erhielt die erste Me 163 dann die Bezeichnung »V 4«. Auch die Nullserie von zehn Baumustern paßte gut in das Bild. Nur daß es sich nicht um zehn Verbindungsflugzeuge Bf 163, sondern um zehn Raketenflugzeuge des Typs Me 163 A handelte, nämlich die Baumuster AV 4 bis AV 13. Deren Vorhandensein geht zweifelsfrei aus einer BAL-Übernahmeliste, der Baureihenübersicht vom 19. 1. 1944 sowie dem Ablaufplan für diese Baumuster hervor.

Anfang April 1941 begann die Endmontage der zweiten Me 163 A, kurz AV 5 genannt. Das Flugzeug trug die Werk-Nummer 163 000 0002, ihre Kennung lautete GG+EA.

Bereits am 17. 4. 1941 überführte man das erste Versuchsmuster nach Peenemünde, um dort die Flugeigenschaften zu testen und zudem den notwendigen Festigkeitsnachweis zu erbringen. Im Sommer 1941 installierten Techniker der E-Stelle, unter Beteiligung von

Spezialisten der Firmen Walter und Messerschmitt, erstmals ein R II 203-Triebwerk in der Me 163 AV 4. Erste Probeläufe folgten wenig später.

Am 13. 8. 1941 startete Heini Dittmar zum raketengetriebenen Erstflug mit der Me 163 AV 4. Infolge des für diesen Flug begrenzten Treibstoffs blieb es zunächst bei einer etwas größeren Platzrunde. Starts mit voller Betankung und höheren Fluggeschwindigkeiten sollten folgen. Bereits beim vierten Flug überbot Dittmar den offiziellen Geschwindigkeitsweltrekord von 755 km/h. Dr. Lippisch hatte bereits früher die Möglichkeit gesehen, mit einem Raketenflugzeug die »magische Grenze« von 1000 km/h zu überschreiten.

Auch die Beschädigung des Seitenruders durch Ruderflattern bei 920 km/h konnte das Vorhaben lediglich verzögern, nicht aber aufhalten. Bereits am 2. 10. 1941 hatte Werkspilot Heini Dittmar Erfolg. Ihm glückte das Durchfliegen der durch Askania-Kinotheodoliten festgelegten Meßstrecke mit einer Durchschnittsgeschwindigkeit von 1003,67 km/h, nachdem er sich in seiner AV 4 hinter einer Bf 110 auf 4000 m Höhe hatte schleppen lassen, um erst dort das Triebwerk zu zünden. Nach Bekanntwerden der Flugleistungen war es verständlich, daß Ernst Udet sogleich daran dachte, die Me 163 A mit einer Waffenanlage zu versehen. Für derartige Pläne war die Zeit jedoch noch nicht reif.

Am 8. 11. 1941 wurde auch die Me 163 AV 5 nach Peenemünde überführt. Wie anfangs bei der AV 4, hatte das zweite Versuchsmuster zunächst kein Triebwerk und mußte deshalb als Segelflugzeug erprobt werden.

Während der gleichzeitig laufenden Erprobung der Me 163 AV 4 stellte sich heraus, daß die Querruder zu gering dimensioniert waren. Aus diesem Grund erhielt die Me 163 AV 5

Die Me 163 AV4 kurz vor dem Start.

größere Ruder, worauf alle weiteren Flüge zufriedenstellend verliefen. Die Änderung übernahm Messerschmitt sogleich für die nachfolgenden acht Versuchsmuster. Außerdem erhielten die AV 6 bis AV 13 einen geänderten, verstärkten »Bloch«-Winkelantrieb für die Trimmruder und einen festen Vorflügel.

Die Schwierigkeiten mit der Triebwerkanlage waren da schon weit ernsterer Natur: Besonders die Schubregulierung des R II 203 zwischen 150 und 750 kp bereitete Probleme, ebenso wie das neuerliche Anlassen des Raketenmotors nach dem Abstellen im Flug. Nach dem erneuten Starten des Walter-Triebwerks war der Schub oft nicht mehr – wie gewünscht – konstant. Besonders galt dies für den Steigflug. Außerdem reagierte das R-Gerät auf Gasgeben nur langsam. Bei negati-

Eingebautes »kaltes« Waltertrieb-
werk HWK R II 203 mit einem regel-
baren Schub zwischen 150 und
750 kp.

ver Beschleunigung neigte das Triebwerk oft zum Aussetzen, ein Problem, welches noch bei der Me 163 B Schwierigkeiten bereiten würde.

Trotz all dieser technischen Hemmnisse erhielt das zweite Versuchsmuster, die Me 163 AV 5, am 29. 4. 1942 ebenfalls das HWK R II 203. Die Flugerprobung konnte so auf eine breitere Basis gestellt werden. Etwa Mitte März 1942 bis zum Ende des Jahres folgte zudem die Montage der Me 163 AV 6 bis AV 13.

Das dritte V-Muster, die AV 6, wurde am 30. 5. 1942 und die Me 163 AV 7 am 23. 5. 1942 flugklar gemeldet. Beide Flugzeuge besaßen jedoch noch kein Triebwerk und absolvierten ebenfalls mehrere Testflüge im Schlepp.

Obwohl sich die Probleme mit dem HWK R II 203 bisher nicht abstellen ließen, wurde ein Raketenmotor erstaunlich schnell in die Me 163 AV 6 eingebaut. Am 22. 6. 1942 war das Raketenflugzeug erneut flugklar. Wenig später, am 13. 7. 1942 überprüfte die Bauaufsicht Luft (BAL) das Flugzeug und nahm es anschließend ab. Schon nach zwei Tagen konnte die Maschine im Schleppflug nach Peenemünde überführt werden.

Aus Mangel an einsatzklaren Triebwerken mußte auch die Me 163 AV 7 triebwerklos von Süddeutschland zur E-Stelle gebracht werden. Dort diente sie der Schleppeinweisung der umzuschulenden Flugzeugführer auf die Me 163 A. Inzwischen verließen die Versuchsmuster Me 163 AV 8 (Werk-Nr. 0005, CD+IM) und AV 9 (Werk-Nr. 0006, CD+IN) die Augsburger Werkshallen; ebenfalls noch ohne eigenen Antrieb.

Die zwischenzeitlich in Peenemünde eingetroffenen Me 163 AV 6 und AV 7 trugen zur spürbaren Entlastung des ersten Versuchsmusters bei und ersetzten die Me 163 AV 5. Letzteres Flugzeug mußte nach einem Ladeunfall während einer Vorführung am 25. 8. 1942 abgeschrieben werden. Die zu 70% beschädigte Maschine wurde verschrottet. Mit den neuen Musterflugzeugen konnte jetzt auch die Schulung von Flugzeugführern schneller als bisher fortgeführt werden. Bis Mitte September 1942 meldete die Abteilung L in Augsburg die Muster Me 163 AV 10 bis 12, wenn auch ohne Triebwerk, flugklar.

Wegen der noch anhaltenden Schwierigkeiten im Triebwerkbereich mußten inzwischen

Bergung der Me 163 AV5 (GG+EA) in Peenemünde.

auch die Me 163 AV 8, AV 9 und AV 10 – alle als Segelflugzeuge – den Weg nach Peenemünde-West (Karlshagen) antreten. Zuvor erfolgte, nach umfangreichen Testflügen in Augsburg, wegen der fehlenden Antriebsanlage das Austrimmen der Zellen. Die Überführung fand dann am 10. 11. 1942 statt. Der Triebwerkeinbau sollte später von der Erprobungsstelle vorgenommen werden. Am 16. 2. 1943 kamen auch die Me 163 AV 11 und AV 12 per Reichsbahn-Transport dort an.

Beim Einfliegen der Me 163 AV 12 in Augsburg, am 16. 10. 1942, erlitt Heini Dittmar schwere Verletzungen an der Wirbelsäule. Das

Unfall des zweiten Versuchsmusters, der Me 163 AV5, am 25. 8. 1942 anläßlich einer Vorführung in Peenemünde.

Flugzeug war bei der Landung durch eine Böe hart zu Boden gedrückt worden. Der Grund für die Verletzung lag in der mangelnden Sitzfederung. Eine Untersuchung des Unfalls durch Stabsarzt Dr. Schneider ergab, daß der verwendete anatomische Pilotensitz durch einen möglichst gefederten, horizontalen und nicht gewölbten Sitz ersetzt werden müßte. Dieses Ergebnis fand umgehend Berücksichtigung bei der Ausrüstung der Me 163 B-Maschinen. Als Übergangslösung sollten alle Baumuster eine zusätzliche Sitzfederung erhalten.

Die Me 163 A ohne Walter-Triebwerk dienten – wie erwähnt – vorwiegend der Ausbildung von Me 163 B-Flugzeugführern. Zuvor mußten die Piloten mehrere Flüge auf Segelflugzeugen wie dem »Stummelhabicht« absolvieren. Als dritter Schritt standen auch triebwerkunterstützte Starts mit der Me 163 AV 4, AV 6, AV 7 sowie der AV 8 auf dem Programm, nachdem die AV 7 am 23. 2. 1943 und die AV 8 am 2. 2. 1943 ihr Triebwerk erhalten hatte. Am Ende der fliegerischen Ausbildung standen Starts mit der Me 163 B.

Die Me 163 AV 13 war das letzte Versuchsmuster der A-Serie. Die Maschine trug die Werk-Nummer 0010 und kam ebenfalls nach Peenemünde. Ihr Flugklartermin sollte am 1. 3. 1943 folgen. Ebenso wie die Me 163 AV 12 erhielt auch diese Maschine kein Triebwerk. Die letzten mit HWK R II 203 A und R II 203 B ausgestatteten Me 163 A waren die AV 9, die AV 10 und die AV 11. Alle Aggregate wurden in Peenemünde vom Erprobungskommando 16 (EK 16) eingebaut, um zugleich Erfahrung über die truppenmäßige Behandlung der neuartigen Antriebe zu sammeln. Das Triebwerk für die Me 163 AV 11 ersetzte man bereits durch das verbesserte R II 203 B. Es handelte sich dabei um das 20. Versuchsaggregat dieses Triebwerks. Das Flugzeug stand am

24. 10. 1943 in Karlshagen, nur wenige Kilometer von Peenemünde entfernt, für den ersten Triebwerkflug bereit. Zwar hatte die Entwicklungsabteilung der Kieler Walter-Werke zusammen mit der Erprobungsstelle die Schubregelung in den Griff bekommen, die Schubaussetzer während Phasen negativer Beschleunigung konnten vorerst aber nicht immer verhindert werden.

Die Schulung von Flugzugführern des am 5. 10. 1942 neu aufgestellten Erprobungskommandos EK 16 wurden mit den flugklaren Mustern so schnell es ging fortgeführt. Neben der Einweisung kam ein Teil der Me 163 A für zahlreiche Entwicklungsvorhaben zum Einsatz. So erprobte man im Oktober 1942 mit der Me 163 AV 10 ein neues, gefedertes Latscher-Rollwerk. Anders als bei der sonst benutzten Einzelfederung wurden alle Federn nun miteinander zu einer sogenannten Ringfederung verbunden. Dadurch ließ sich die Neigung zum Taumeln bei einseitiger Beanspruchung der Räder während des Rollvorgangs, wie dies bei schlechten Platzverhältnissen oder bei Seitenwindeinfluß leicht vorkommen konnte, vermeiden. Mit der Me 163 AV 8 führte die Erprobungsstelle Anfang Februar 1943 mehrere

Triebwerkstarts in Peenemünde durch, bei denen ein in der Mitte des austretenden Triebwerkstrahls eingebautes Hilfsseitenruder Verwendung fand. Dieses »Strahlruder« erwies sich als überaus empfindlich und wirkungsvoll, so daß man eine Verkleinerung der Ruderausschläge vornehmen mußte. Das Flugzeug ließ sich dabei von Startbeginn an mit dem am Strahlruder gekoppelten Seitenruder steuern, was vorher wegen mangelnder Luftanströmung des Seitenruders unmöglich war. Bisher konnte dadurch nur auf der Gras-

Rollwerk der Me 163 A-Serie.

fläche unter Benutzung einer Kielleiste am Spornschuh der Me 163 gestartet werden. Der Startvorgang auf einer festen Rollbahn verlief naturgemäß risikoloser; die Gefahr des Wegschleuderns durch Bodenunebenheiten entfiel. Auch die Startstrecke verkürzte sich ohne Gebrauch einer Feststoff-Starthilfe auf rund 700 m.

Im Sommer 1943 nutzte die E-Stelle dann die zuvor erworbenen Kenntnisse mit dem Strahlruder als Vorversuch für die Me 163 B mit zwei untergehängten Rheinmetall-Starthilfen. Unter anderem sollte untersucht werden, wie sich das Flugverhalten beim Ausfall einer der beiden Feststoffraketen ändern würde. Aus diesem Grund wurde nur an einer Tragfläche ein 250 kp erzeugendes Gerät von sechs Sekunden Brenndauer angebracht.

Der Start erfolgte mit Triebwerk und zusätzlicher Raketenunterstützung. Das nach dem Verlöschen der Starthilfe eintretende Drehmoment sollte durch das im Triebwerkstrahl befindliche Strahlruder ausgeglichen werden. Da sich dieses Verfahren grundsätzlich bewährte, fand es später auch versuchsweise bei Düsentriebwerken Anwendung.

Beim Nachfliegen der Me 163 AV 6 erkannten die beteiligten Entwicklungsingenieure die Notwendigkeit, ein Schlechtwetterfenster einzusetzen. Dadurch ließ sich einer Kabinenvereisung, bedingt durch die Atemluft des Piloten, vorbeugen. Nach praktischer Überprüfung wurde dieses Fenster ab der 51. B-Serien-Maschine eingebaut. Im November 1943 erhielt eine der in Karlshagen stationierten Me 163 A eine Meßeinrichtung zur Eichung und Justierung von Maschinenwaffen, um die Bewaffnung der späteren Serienausführung Me 163 B mit zwei MG 151/20 oder MK 108 vorzuklären.

Nach Abschluß der Arbeiten im Erprobungsbereich gelangten die meisten der A-

Baumuster, außer der Me 163 AV 5 waren inzwischen drei weitere Versuchsflugzeuge zu Bruch gegangen, wieder zum EK 16 und dann, im Oktober 1944, zur III. Gruppe des Jagdgeschwaders 400. Der Verband befand sich Ende 1944 noch zur Aufstellung in Udetfeld in Oberschlesien. Vermutlich fand dort auch ab März 1945 die versuchsweise Ausrüstung einer Me 163 A mit zwei Holzrosten für jeweils zwölf R4M-Projektile statt. Neben diesem wohl einzigen Raketenflugzeug mit Raketenbewaffnung wurden die Holzroste nur bei der Me 262 A-1a/R1 des Jagdverbandes (JV) 44, des JG 7 sowie bei einigen Fw 190 installiert.

Lange zuvor, Anfang 1939, hatte Professor Alexander Lippisch auf der Basis der Me 163 A und B zahlreiche weiterführende Studien erstellt. Bei den entwickelten Projekten handelte es sich um verschiedenartige Muster mit wechselnder Triebwerkkonfiguration, Bewaffnung und Abmessung. Ziel war jeweils, eine Leistungssteigerung zur Me 163 zu erreichen. A. Lippisch versuchte damit alle nur möglichen Varianten durchzurechnen, um dann aus diesen Mustern Vergleichsdaten für einen leistungsstärkeren Nachfolger der Me 163 zu besitzen.

Die Entwürfe der umfangreichen Entwicklungsreihe trugen die Bezeichnungen P 01-111 bis P 01-119. Im Herbst 1941 entstand dann – als direkte Vorstufe der Me 163 B – die Li 163 S.

Bei der Li 163 S, das »S« stand für Serienausführung, hatte Professor Lippisch alle Erfahrungen der Projektstudien in Form eines neuen Projekts zusammengefaßt. Dieser, der Me 163 B schon sehr ähnliche Entwurf sollte in den Tragflächen eine aus vier schweren Maschinenkanonen bestehende Waffenanlage besitzen. Die Abmessungen wären mit einer rechnerischen Spannweite von 9,2 m und

Lebenslaufübersicht der Me 163 A Versuchsmuster

Muster	Werknummer	Kennung	FKT o. Tw.	FKT m. Tw.	Bemerkung
AV 4	1630000001	KE + SW	13. 02. 41	10. 08. 41	Weltrekordflug am 2. 10. 41 mit 1003,67 km/h
AV 5	1630000002	GG + EA	08. 11. 41	29. 04. 42	Bruch bei Vorführung in Peenemünde am 25. 08. 42
AV 6	1630000003	CD + IK	30. 05. 42	22. 06. 42	Ab 16. 02. 43 Umschulungsflugzeug. Am 30. 11. 43 Absturz in Bad Zwischenahn.
AV 7	1630000004	CD + IL	23. 05. 42	23. 02. 43	Ab 16. 09. 42 Schulflugzeug in Peenemünde.
AV 8	1630000005	CD + IM	14. 07. 42	02. 02. 43	Strahlruder- und Starthilfeerprobung bis Juli 1943 in Peenemünde. Absturz am 30. 12. 43 in Zwischenahn
AV 9	1630000006	CD + IN	30. 07. 42	07. 04. 43	Flugzeugführerschulung
AV 10	1630000007	CD + IO	03. 09. 42	03. 04. 43	Fahrwerks- und Treibstoffbehältererprobung ab Okt. 1942. Ab 20. 07. 43 Schulungsbetrieb beim EK 16
AV 11	1630000008	CD + IP	31. 08. 42	09. 06. 43	Triebwerkerprobungsträger beim EK 16 in Karlshagen ab 24. 10. 43
AV 12	1630000009	CD + IQ	18. 09. 42	–	kein Triebwerk eingebaut
AV 13	1630000010	–	01. 03. 43	–	kein Triebwerk eingebaut. Am 21. 04. 43 durch Ing. Beauvais in Rechlin nachgeflogen.

Abkürzungserklärung: FKT o. Tw.: Flugklartermin ohne Triebwerk FKT m. Tw.: Flugklartermin mit Triebwerk

einer Länge von 5,92 m kleiner als die der Me 163 B gewesen. Zudem kann man dem neuen Raketenflugzeug eine wesentlich größere Eleganz kaum absprechen.

Nach der Aufnahme der Me 163 B-Produktion arbeitete Lippisch im Jahre 1942 noch an zwei Projekten, die der Weiterentwicklung der Serienversion dienten.

Die eine, als Me 163 C bezeichnete Version stellte eine Me 163 B mit verwundenem Tragwerk dar. Die Verminderung der Verwindung von 6 auf 0 Grad sollte eine Erhöhung der Machzahl, wenn auch auf Kosten der Stabilität, zulassen. Praktische Versuche führte die Firma Messerschmitt später mit der Me 163 BV 1a durch.

Der zweite Änderungsplan bestand in einer Rumpfverlängerung der Me 163 B um 1 m. Die als Me 163 »D« bezeichnete Version kam jedoch nicht zur Ausführung, weil schon bei der Serienausführung die berechnete Flächenbelastung deutlich überschritten war und eine Rumpfverlängerung nur im Zusammenhang mit einer Flächenvergrößerung durchzuführen war.

Dies geschah später folgerichtig mit der Me 263. Die Bezeichnungen Me 163 »C« und »D« standen nur zur Kenntlichmachung einer Fortentwicklung der Me 163 B und dürfen im Grunde als nicht identisch mit den späteren Ausführungen Me 163 C und »D« angesehen werden, was in der Fachliteratur oft zu Verwechslungen führen sollte.

Auch die im April 1942 beschriebene »Super 163« blieb Projekt. Hierbei wollte Lippisch eine vergrößerte Me 163 B mit verdoppeltem Abfluggewicht von 8 Tonnen und einer Spannweite von 8,0 m konstruieren.

Ein weiterer Entwicklungsvorschlag kam, wenn auch mit ganz anderer Zielsetzung, zur Ausführung. Lippisch plante die Me 163 B durch das Einfügen von zwei Segmenten in der Rumpfmitte zu verlängern. Dieses Flugzeug sollte als Nahaufklärer mit einer

Rb 50/30-Anlage zum Einsatz kommen. Die Maschine hätte keine Bewaffnung und Panzerung, jedoch eine Druckkabine erhalten. Diese Version wurde vermutlich als Abfangjäger bei Messerschmitt und Junkers in vier Exemplaren gebaut und trug die Bezeichnung Me 163 C.

In den Jahren 1942 bis 1945 arbeitete die Abteilung L neben den Interceptoren-Entwürfen im Zusammenhang mit der Me 163 noch an weiteren schwanzlosen Projekten, von denen einige ebenfalls Raketenantrieb besaßen.

B. MESSERSCHMITT ME 163 B, DIE EINSATZMASCHINE

Nachdem die genauen Flugleistungen der Messerschmitt Me 163 A feststanden, wurde seitens der Luftwaffenführung, besonders vom Generalluftzeugmeister Ernst Udet, der Wunsch nach einer bewaffneten Version der Me 163 geäußert. Professor Alexander Lippisch zeigte zwar für diese Idee zunächst nur wenig Begeisterung, begann jedoch bald mit der Erarbeitung eines Konzepts.

Anfang September 1941 befanden sich die Entwurfsarbeiten für den neuen Raketenjäger mit einem stärkeren Triebwerk, größerer Treibstoffkapazität sowie geänderter Tragflächen- und Rumpfstruktur schon in weit fortgeschrittenem Stadium. Ein besonderer Schwerpunkt lag natürlich in der Konzeption der Waffenanlage. Die Projektbeschreibung der mit Me 163 B bezeichneten Ausführung ging bereits drei Wochen später, am 22. 9. 1941, beim Reichsluftfahrtministerium ein. Gleichzeitig erhielten die Walter-Werke in Kiel sowie BMW in

Seitenriß der Me 163 B.

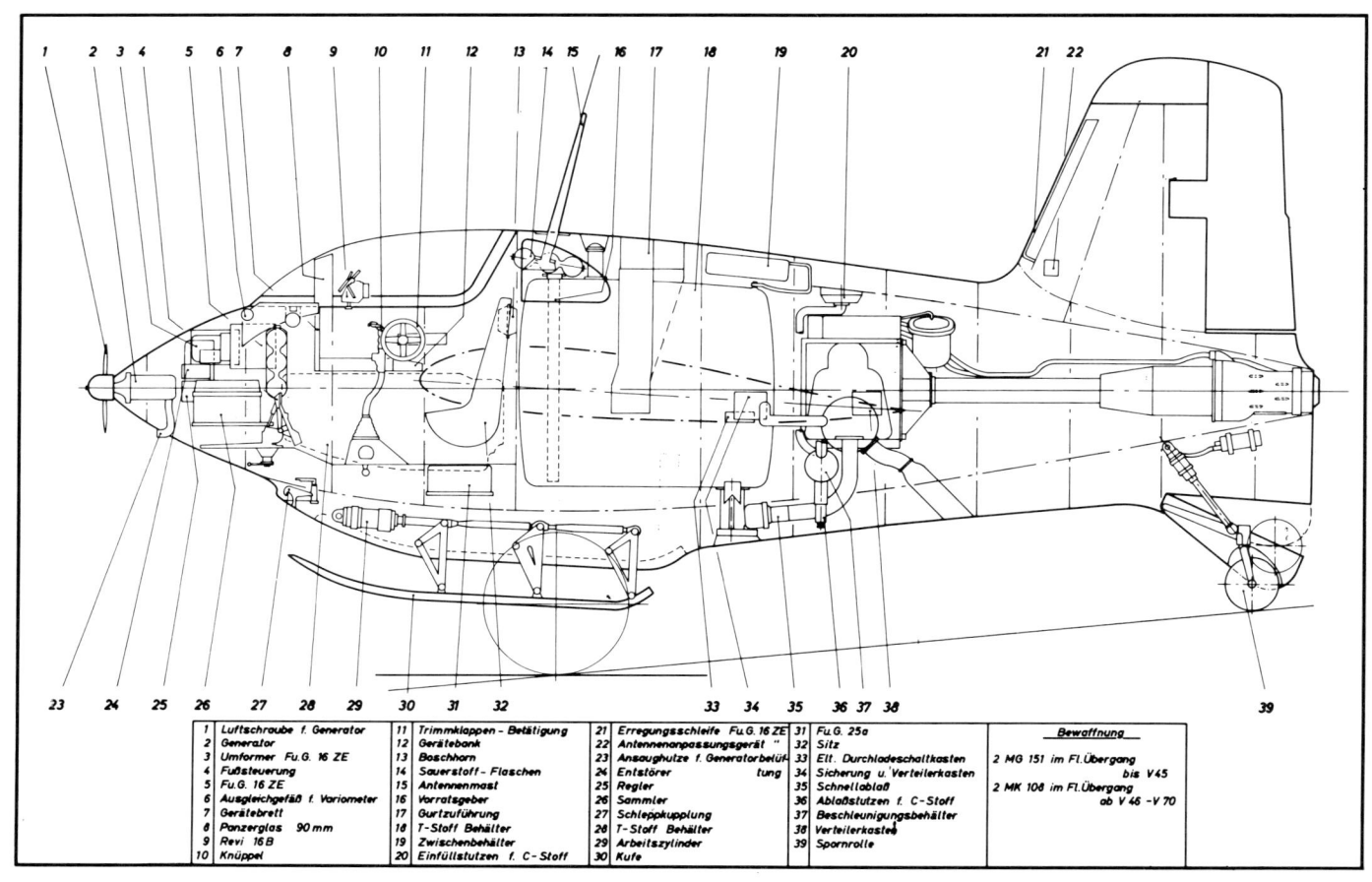

1	Luftschraube f. Generator	11	Trimmklappen - Betätigung	21	Erregungsschleife Fu.G. 16 ZE	31	Fu.G. 25a
2	Generator	12	Gerätebank	22	Antennenanpassungsgerät "	32	Sitz
3	Umformer Fu.G. 16 ZE	13	Boschhorn	23	Ansaughutze f. Generatorbelüf-	33	Elt. Durchladeschaltkasten
4	Fußsteuerung	14	Sauerstoff - Flaschen	24	Entstörer tung	34	Sicherung u. Verteilerkasten
5	Fu.G. 16 ZE	15	Antennenmast	25	Regler	35	Schnellablaß
6	Ausgleichgefäß f. Variometer	16	Vorratsgeber	26	Sammler	36	Ablaßstutzen f. C-Stoff
7	Gerätebrett	17	Gurtzuführung	27	Schleppkupplung	37	Beschleunigungsbehälter
8	Panzerglas 90 mm	18	T-Stoff Behälter	28	T-Stoff Behälter	38	Verteilerkasten
9	Revi 16 B	19	Zwischenbehälter	29	Arbeitszylinder	39	Spornrolle
10	Knüppel	20	Einfüllstutzen f. C-Stoff	30	Kufe		

Bewaffnung
2 MG 151 im Fl. Übergang
bis V45
2 MK 108 im Fl. Übergang
ab V 46 - V 70

Berlin-Spandau den Auftrag zum Bau leistungsfähiger Raketentriebwerke.

Bei HWK entstand daraufhin das R II 211, welches anstelle des Z-, nun mit C-Stoff betrieben wurde. Dieser bestand aus 30% Hydrazinhydrat, 55% Methanol und 15% Wasser mit geringem Anteil an Kalium-Kupfercyanid. Beibehalten wurde Wasserstoffsuperoxid, der sogenannte T-Stoff. Bei BMW entstand das Triebwerk P 3390 A, welches später die RLM-Bezeichnung RII 303 erhalten sollte. Der Antrieb beruhte auf der Verwendung von 95% Salpetersäure und 5% Schwefelsäure als sogenannter SV-Stoff sowie Methanol als M-Stoff. Beide Aggregate sollten eine Schubleistung von 1500 kp aufweisen.

Die eigentliche Konstruktion der Me 163 B hatte nach dem Willen des RLM ab dem 1. 10. 1941 zu erfolgen. Da die zugesagten Konstrukteure verspätet bei den Messerschmitt-Werken eintrafen, verzögerten sich die Arbeiten von Woche zu Woche und liefen erst Anfang Dezember an. Geplant wurde der Bau eines Versuchsmusters im Augsburger Werk. Weitere 68 Maschinen sollten in Regensburg entstehen. Ab dem Versuchsmuster Me 163 BV 23, so die Planungsabteilung, sollte die Triebwerkausrüstung bei der Firma Klemm in Böblingen erfolgen, die auch für die Nachrüstung aller während der Produktion anfallenden Änderungen und Verbesserungen zuständig war. Die ersten 69 Me 163 B sollten bis Ende Juli 1943 fertiggestellt sein und in der Mehrzahl an die Luftwaffe geliefert werden.

Während einer ausführlichen Produktionsbesprechung am 25. 4. 1942 berieten alle beteiligten Stellen über die Möglichkeiten, die ersten Me 163 schnellstmöglich mit funktionstüchtigen R-Triebwerken auszustatten. Optimistische Firmenvertreter erwarteten damals, Anfang August 1942, das neue HWK-,

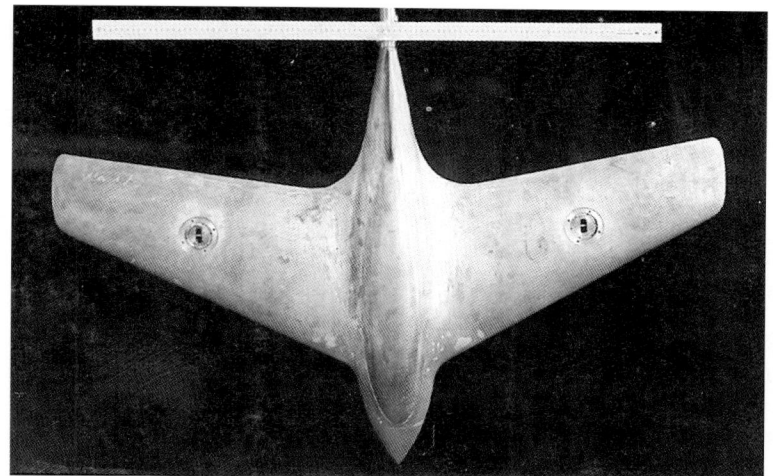

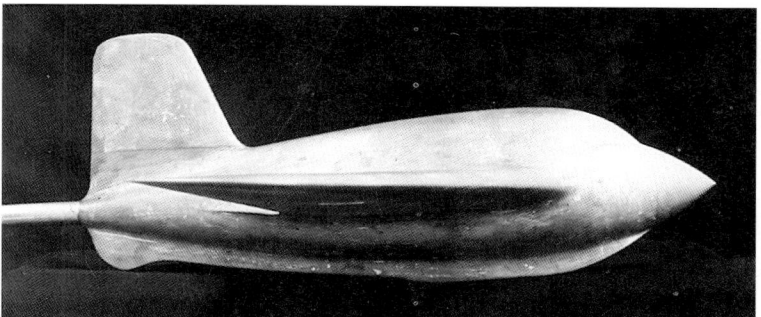

Windkanalmodell der künftigen Me 163 B im Göttinger Windkanal der AVA.

und Mitte des Monats ein betriebssicheres BMW-Aggregat, um diese in die vier ersten, bereits fast fertiggestellten Me 163 B einzubauen. Als Flugklartermine wurden für die Me 163 BV 1 der 10. 6. 1942 und für die BV 2 der 20. 6. 1942 genannt. Die nächsten fünf Flugzeuge sollten bis spätestens zum 31. 7. 1943 ebenfalls flugklar sein.

Ab Mai 1942 fanden bei der Aerodynami-

schen Versuchanstalt (AVA) in Göttingen zahlreiche Hochgeschwindigkeitsmessungen an unterschiedlich ausgelegten Modellen der Me 163 B statt. Die Tests umfaßten die Auswertung von Strömungseinflüssen bei der Verwendung einer spitzen Bugkappe, von MG-Gondeln und veränderten Vorflügeln. Neben diesen praktischen Arbeiten fanden über zwei Jahre hinweg Windkanalversuche statt. Beispielsweise an einem Modell der Me 163 B, das man im Oktober 1944 mit kleinen Entenflügeln versehen hatte.

Während die Produktion der Me 163 B-Teile nahezu reibungslos vonstatten ging, stellten sich bei HWK ernste Probleme mit dem neuen RII 211 ein. Diese Tatsache veranlaßte die BMW-Werksleitung, ab dem 15. 6. 1942 das Triebwerk P 3390 A intern zu forcieren und

gleichzeitig die Arbeiten an dem noch schubstärkeren P 3391 schnellstens voranzutreiben. Schon drei Monate später, am 11. September, lag ein erstes P 3390 in Einzelteilen für die Werkstatterprobung bereit. Die Tests mit Dampferzeuger, Brennkammer, Treibstoffpumpen sowie den Einspritzdüsen hatten indessen schon begonnen.

Aufgrund der schleppenden Triebwerkentwicklung konnte die inzwischen fertiggestellte Zelle der Me 163 BV1 (Werk-Nr. 163 100 10, VD+EK) noch nicht mit einem funktionstüchtigen R-Gerät versehen werden. So kam es notgedrungen ab dem 26. 6. 1942, unter der Leitung von H. Dittmar, zu ersten Schleppstarts mit anschließenden Gleitflügen. Einen Monat später konnte man die Me 163 BV2 (Werk-Nr. 163 100 11, VD+EL) fertigstellen. Die Maschine wurde am 21. 11. 1942 als Segelflugzeug nach Peenemünde überführt und sollte zunächst als Erprobungsträger für das Rumpfwerk und die geplante Gondelbewaffnung dienen. Später führten die beiden Musterflugzeuge umfangreiche Tests mit neuartigen Lande- und sogenannten »Katastrophen-Bremsschirmen« aus. Der Landeschirm sollte es ermöglichen, auch auf den kleinen Einsatzplätzen, auf denen der Start nur mittels Hilfsraketen möglich war, wieder zu landen. Der Schirm fand im Rumpfheck der Me 163 B, unterhalb des Triebwerks, seinen Platz. Die Versuche verliefen durchweg erfolgreich. Anders beim Katastrophenschirm, mit dessen Hilfe die Geschwindigkeit des Raketenjägers etwa von 900 auf 500 km/h gedrosselt werden sollte, um dem Flugzeugführer ein gefahrloseres Abspringen zu ermöglichen. Da kein ausreichender Platz für den sogenannten K-Schirm vorhanden war und die Funktionstüchtigkeit nicht befriedigte, verzichtete man auf eine Nachrüstung bei den Serienflugzeugen.

Weitere Gründe dafür lagen in der Gefahr, daß der Schirm bei Berührung mit den Sonderkraftstoffen sehr schnell Schaden litt und sich außerdem nur bis etwa 600 km/h sicher öffnen ließ.

Ende November 1942 überführte man nach der Me 163 BV 2 auch die BV 4 von Süddeutschland nach Peenemünde, um beide, bis erste funktionierende R-Geräte vorhanden wären, als Segelflugzeuge zu testen.

Das dritte Versuchsmuster hatte Messerschmitt zur Firma Walter (HWK) nach Kiel gebracht, um dort die weitere Triebwerkeinpassung vornehmen zu lassen. Erst am 15. 8. 1943 kam die Maschine wieder nach Augsburg zurück. Ebenfalls wegen des fehlenden Triebwerks rüstete man schließlich die Me 163 BV 1 mit einem von der Me 163 A übernommenen R II 203 aus, um die Zelle auch mit eigenem Antrieb fliegen zu können. Die fünfte Me 163 B überlebte die Erprobung nicht lange, schon am 30. 10. 1942 ging die Maschine infolge eines Führungsfehlers des Piloten verloren. Hauptmann Kiel wurde dabei schwer verletzt und später zum ZG 26 zurückversetzt.

Kurz zuvor, im August 1942, hatte die Umrüstung der Me 163 BV 6 begonnen, die, wie später vermutlich noch die BV 31, eine Druckkabine erhielt.

Außer der Triebwerkerprobung mit der Me 163 BV 1 begann auch die lange geforderte Waffenerprobung. Hierbei spielte besonders die Maschinenkanone MK 108 – als Ersatz des MG 151/20 – eine wichtige Rolle. Die 3 cm-Waffen sollten ab dem 46. Versuchsmuster die beiden MG 151/20 ablösen. Auch an den Einsatz von MK 103 und Flächenrüstsätze mit MG 151/20-Bestückung war gedacht. Letzteres Vorhaben mußte jedoch unterbleiben, da sich bei den Augsburger Beschußversuchen gezeigt hatte, daß die Verwendung der Rüstsätze zu einer störenden Unruhe um die Hochachse führen würde. Der Wunsch nach dem MK 108 war begründet durch die äußerst starke Munitionswirkung auf schwere Bomber. Nur zwei Treffer reichten in der Regel aus, ein großes Feindflugzeug zum Absturz zu bringen.

Ferner erprobten die Techniker eine taktische Bremse. Durch den Einbau der zusätzlichen Bremsklappen sollte die Geschwindigkeit des Raketenjägers der des gegnerischen Flugzeugs angepaßt werden. Dies hatte den Zweck, mehr Zeit als bisher für das Erzielen gut sitzender Treffer zu haben. Das System funktionierte zwar, die damit verbundene Änderung des Anstellwinkels wirkte sich jedoch störend auf das Flugverhalten aus. Außerdem fehlte durch die Geschwindigkeitsreduzierung der für einen zweiten Angriff notwendige Fahrtüberschuß.

Zur Erringung der taktischen Einsatzreife gehörte auch die Suche nach dem am besten geeigneten Jägerleitverfahren. Die hohe Eigengeschwindigkeit des Raketenjägers stellte an Personal und Technik der Jägerführung hohe Anforderungen. Aufgrund der nur geringen Reichweite mußte die Me 163 B sehr genau an den zu bekämpfenden Feindverband herangeführt werden. Zudem verließ der Jäger nach dem Start sehr schnell den unmittelbaren Beobachtungsbereich des Leitgeräts. Erste grundlegende Erfahrungen in diesem Bereich sammelte die E-Stelle Peenemünde mit dem vierten Versuchsmuster, der Me 163 BV 4 die man im März 1943 nach dem »Egon-« und »Y«-Verfahren einsatzmäßig testete.

Neben den vielfältigen Problemen, die sich im Laufe der FT-Erprobung der schnellen Objektschutzjäger ergaben, gab es noch Hemmnisse ganz anderer Art:

Zwischen der Erprobungsstelle Peene-münde-West, dem Technischen Amt und dem Herstellerwerk kam es zu ernsten grundsätzlichen Differenzen. In einem umfangreichen Bericht vertrat man in Peenemünde offensichtlich die Meinung, daß ein Weiterbau der Me 163 B – über die laufende Produktion von 70 Versuchsmustern hinaus – unverantwortlich wäre.

Besonders würden die recht geringe Flugzeit für den Zielanflug, den eigentlichen Luftkampf und den Rückflug nicht den tatsächlichen taktischen Anforderungen genügen. Es wurde ferner daran erinnert, daß die Messerschmitt-Werke den Bauauftrag nur erhalten hätten, weil die Projektbaubeschreibung des R-Jägers eine Flugzeit von zehn Minuten in 12 000 m Höhe vorgab. Nach neueren Berechnungen ließen sich im günstigsten Fall in dieser Höhe jedoch nur eine Flugdauer von 3,9 min belegen. Mittels des Einsatzes von Feststoff-Starthilfen ließen sich darüber hinaus allenfalls 5,8 min in 12 000 m Einsatzhöhe halten. Unter Einbeziehung der manchmal nicht unerheblichen Verbrauchsschwankungen sank die Flugzeit erneut und lag dann allenfalls noch zwischen zwei und vier Minuten.

Auch die Beschußempfindlichkeit bot einen Ansatzpunkt zur Kritik. Besonders die ungeschützten Sonderkraftstoffbehälter und die hölzernen Tragflächen galten als nicht besonders sicher. Infolge der hohen Fluggeschwindigkeiten mußte man aber die Wahrscheinlichkeit gegnerischer Treffer am Ende doch als relativ gering einschätzen.

Da nur zwei Maschinenwaffen vorhanden waren, wurde die Feuerdichte von den Peenemünder Waffenspezialisten für zu gering angesehen. Über die Forderung nach schwereren Waffen, etwa der MK 103 und MK 108, wurde ja bereits berichtet. Auch mußte daran erinnert werden, daß die Verstärkung der Bug-

Auf einem Anhän-
ger verlastete
Me 163 B für den
Straßentransport.

panzerung von 8 auf 15 mm Stärke keiner taktischen Forderung entsprach, sondern nur als notwendiger Lastigkeitsausgleich, sozusagen als Trimmgewicht, notwendig wurde. Daher hätten die Piloten die eigene Fluggeschwindigkeit beim Anflug auf das feindliche Flugzeug drosseln müssen, um eine größere Waffenwirkung zu erzielen. Dies widersprach aber den zuvor beschriebenen Gründen. In diesem Fall hätte wieder die Gefahr bestanden, daß die Me 163 mit größerer Wahrscheinlichkeit von den Abwehrwaffen der Bomber getroffen worden wäre.

Auch die noch immer fehlende Druckkabine wirkte sich für die abschließende Bewertung der Einsatzmaschine unvorteilhaft aus, da die übliche Sauerstoffanlage nur eine Einsatzhöhe von 12 000 m Höhe erlaubte. Nach Ansicht der Erprobungsstelle schien es jedoch wenig ratsam, den Piloten mit einem Druckanzug zu versehen, da dieser die Bewegungsfreiheit in einmotorigen Jägern zu stark einschränkte. Ferner fanden die Spezialisten noch eine ganze Reihe von Mängeln, die man bei der bisherigen Erprobung festgestellt hatte.

Außer der Störanfälligkeit der Hydraulikanlage und der Schleppkupplung soll hier nur noch die Gefährdung des Piloten erwähnt werden, die bei einem Überschlag der Maschine nur zu leicht erfolgen konnte.

Trotz vieler begründeter Fakten zog man in Peenemünde das Papier nach ziemlich heftigen Diskussionen jedoch bald wieder zurück. Anscheinend war die Lobby Willy Messerschmitts beim RLM viel zu stark für die recht kritischen Äußerungen gewesen.

Am 17. 6. 1943 trafen endlich die ersten beiden Triebwerke R II 211 in Karlshagen bei Peenemünde ein. Nach dem erfolgreichen Abschluß mehrerer Standläufe kam es zum Einbau eines der beiden Geräte in die Me 163 BV 21, die damit am 24. 6. 1944 unter Führung von Opitz einen ersten raketengetriebenen Flug absolvieren sollte. Zuvor war die Kufenhydraulik verbessert worden. Trotzdem brach schon beim Start der 2560 kg schweren Maschine das Fahrwerk. Dennoch setzte Opitz den Flug fort. Bis auf das Eindringen von C-Stoffdämpfen in die Kabine verlief der Aufstieg nahezu problemlos. Danach fiel das Versuchsmuster wegen der Reparaturarbeiten für drei Wochen aus. Schuld an dem Unfall war die schlechte Beschaffenheit des Rollfelds. Infolge der zahlreichen Landungen der mit Hs 293 beladenen Do 217 E-5 des EK 15 wies die völlig aufgeweichte Grasnarbe viele Unebenheiten auf.

Zwei Tage zuvor konnte in Berlin-Spandau der Einbau eines Versuchstriebwerks des Typs BMW P 3390 sowie die Nachrüstung der Me 163 BV 10 mit neuen Tankbehältern erfolgen. Letzteres erwies sich als notwendig, da die werksseitige Passivierung der Kraftstofftanks gegen die hochkonzentrierte Salpetersäure nicht ausreichte. Die BMW-Werke schlugen außerdem vor, im Sinne einer schnelleren Montage und für die Wartung am Triebwerk das Heck der Me 163 BV 10 nur anzuflanschen. Dadurch ließ sich das Hecksegment mit Seitenleitwerk innerhalb weniger Minuten mit relativ geringem Aufwand abnehmen und gab dann das Triebwerk frei. Der Vorschlag wurde später für die Serienproduktion der Me 163 B übernommen.

Anerkennung fand auch die Idee, eine effektive Triebwerkraum-Belüftung durch »Kiemen« am Rumpfende unter dem Seitenruder zu erreichen.

Beim Erprobungskommando gingen inzwischen die Tests mit allen flugklaren Versuchsmustern unvermindert weiter. Dabei zeigten

Das bei der Me 163
BV 10 installierte
BMW-Aggregat
P 3390 A (RLM-Be-
zeichnung 109-510 A).

sich erneut Probleme mit der hydraulischen Abfederung der zentralen Kufe, da diese nur auf ein Projektgewicht von 3000 kg ausgelegt war. Die Me 163 B mit voller Waffenausrüstung wog jedoch etwa 4000 kg. Um dem stark gestiegenen Abfluggewicht Rechnung zu tragen, mußten zwangsläufig das Rollwerk sowie die Kufenfederung verstärkt werden. Gleichzeitig damit verschwand bei den ersten Maschinen der bis dahin übliche Schleifsporn, der bei Start und Landung einen gewissen Spurzwang ausüben sollte. Da dies bei den Starts auf Betonbahnen unnötig war, wurde statt dessen eine steuerbare Spornrolle installiert. Die zwangsläufig entstandene Anhebung des Hecks führte zu einer Verkleinerung des Anstellwinkels der Me 163.

Gleichzeitig wurde eine Signaleinrichtung für den Rollwerkabwurf und eine Rollwerknotabsprengeinrichtung nachgerüstet.

Hier sei auch eine Modifikation des Fahrwerks der Me 163 erwähnt. Die Firma Latscher in Wien entwickelte neben dem serienmäßigen noch ein vierrädriges Rollwerk für den Raketenjäger. Hierdurch sollte vermutlich die auf Graspisten zu geringe Geländetauglichkeit nachhaltig verbessert werden. Von der Wiener Firma stammte auch die Idee einer Me 163 mit einziehbarem Fahrwerk, ein Entwurf, der sehr stark an die japanische J8M erinnerte.

Der Erhöhung von Flugzeit und Reichweite dienten die Versuche mit einer in Karlshagen aufgebauten Schienenstartanlage für die Me 163. Dabei handelte es sich um ein tieffliegendes vierrädriges Schienenfahrzeug mit zwei am Wagenende angebrachten Feststoffraketen. Sie hatten die Aufgabe, die auf dem Fahrzeug aufgesetzte Me 163 bis auf Abhebegeschwindigkeit zu beschleunigen. Daneben unterstützte das Steigtriebwerk der Me 163

Schienenstartversuche
mit einer Vollattrappe
der Me 163 in Peene-
münde West im Som-
mer 1943.

zusätzlich den gesamten Startvorgang. Dies sollte einen weit geringeren Treibstoffverbrauch in der ersten Flugphase und damit eine längere Einsatzdauer bewirken. Während der Erprobung gab es jedoch ernste Probleme mit dem Abbremsen des Wagens. Zwei der Versuchattrappen schnellten über die Gleisanlage hinaus und gingen dabei zu Bruch. Ferner zeigte sich, daß die Gleitlager der Wagenräder den hohen Belastungen nicht gewachsen waren. Insgesamt erbrachte das Startwagenkonzept lediglich eine Steigerung der Höchstflugdauer von etwa einer Minute. Zudem verlangten Startwagen und Anlage einen nicht unerheblichen Wartungsaufwand. Ferner war zu befürchten, daß die gegnerische Fernaufklärung leicht die Gleisstrecke als lohnendes Ziel zu erkennen vermochte. Aus diesen Gründen wurden die Versuche Ende 1944 eingestellt.

Im Zusammenhang mit dem Schienenstartwagen muß noch ein weiteres Vorhaben genannt werden: Der Start der Me 163 von Anlagen der Reichsbahn aus. Dabei würde ein Betriebszug die Infrastruktur eines Me 163-Einsatzhorstes übernehmen. Die geplanten Sonderzüge sollten aus der Lokomotive, mehreren Treibstoffwagen, einem Flachbordwagen mit Hebezug für die Aufnahme der Me 163, einem Werkstattwagen, dem Lagerwagen für die notwendigen Ersatzteile, Munition und Zubehör sowie einem weiteren Flachbordwagen mit Flugzeugkatapult bestehen. Es folgten Unterkunfts-, Speise- und Vorratswagen, außerdem ein fahrbarer Gefechtsstand mit allen notwendigen Einrichtungen. Es war vorgesehen, die »rollenden Flugplätze« jeweils in die Nähe der zu schützenden Anlagen zu fahren und dort den engen Objektschutz zu übernehmen. Voraussetzung war jedoch, daß sich in unmittelbarer Nähe der Gleise ebene Wiesen von ausreichender Größe für die Landung der Me 163 fanden. Eine Voraussetzung, die in der Realität meist kaum zu erfüllen war. So wurde auch dieses Vorhaben schnell wieder verworfen.

Ein anderer Grund für die Ablehnung dieses Vorschlags dürfte wohl die Tatsache gewesen sein, daß die Messerschmitt-Werke im Grunde weiterhin den Bau von »Flugzeugen mit derart kurzer Reichweite für uninteressant« hielten. Ein Problem, das weder durch die Nachfolgemodelle, etwa der Me 163 C oder der Me 263 (Ju 248), noch durch an der Rumpfaußenwand stromlinienförmig angebrachten, zusätzlichen Kraftstoffbehälter zu lösen war. Auch die von der Bf 109 übernommenen, abwerfbaren Zusatztanks brachten keinen nennenswerten Erfolg.

Während der Bearbeitung dieser Vorschläge ging die grundsätzliche Erprobung der Me 163 weiter. Nach der Flugklarmeldung der Me 163 BV 21 am 12. 6. 1943 trug gerade dieses Flugzeug die Hauptlast des Erprobungsprogramms. Interessant dürfte hier die Vielfältigkeit der einzelnen Testflüge sein:

Am 24. 6. 1943 war es zum fünf Minuten dauernden Erstflug gekommen, wonach die Maschine einstweilen ausfiel. Der zweite Flug fand dann am 12. 7. 1943 statt. Trotz des Ballasts im Bug war die Maschine schwanzlastig. Inzwischen hatte man ein verstärktes Fahrwerk mit starrer Achse fertiggestellt, das den Anforderungen voll genügte. Anders als beim Erstflug traten diesmal keine C-Stoffdämpfe mehr auf, dafür gab die Brandwarnanlage aus unbekannter Ursache Alarm. Mit 350 kg Restkraftstoff landete die Me 163 BV 21 jedoch unbeschadet. Drei Tage darauf ging die Maschine mit 2967 kg T- und 720 kg C-Stoff erneut an den Start. Neben einer um 20 kg erhöhten Ballastmenge, die für eine bessere Längsstabilität sorgte, war inzwischen in die linke Fläche eine Kamera eingebaut worden.

Der wenig später ausgeführte Steigflug brachte die Me 163 BV 21 mit einer konstanten Bahngeschwindigkeit von 600 km/h auf 5500 m Höhe. Nach dem anschließenden Gleitflug schwebte der Raketenjäger wieder zur Landung ein. Bei der ersten Bodenberührung riß der Sporn an der Gabel ab. Daraufhin wurde dieses Teil sofort verstärkt. Darüber hinaus waren die aufgetretenen Landestöße

Serienmäßiger Führersitz des Me 163 B-Raketenjägers.

für den Flugzeugführer medizinisch kaum tragbar. Eine modifizierte Abfederung des Sitzes war daher unumgänglich. Zusätzlich berichtete der Flugzeugführer, daß das jetzige Gasgestänge keine einwandfreie Regelung der Triebwerkleistung erlaubte. Nach der Besichtigung durch Major Ihlefeld stieg die Versuchsmaschine am 17. 7. 1943 mit 700 km/h Geschwindigkeit bis auf 7400 m auf. Die Funktion des Triebwerks war nach kleineren Verbesserungen nunmehr befriedigend. Schon zwei Tage später gab es aber bei einem neunminütigen Flug wieder Probleme mit dem HWK, das zeitweise nur mit 70% seiner Leistung lief. Dazu fiel noch die Signallampe für die ausgefahrene Kufe zum wiederholten Male aus. Nach einem weiteren Aufstieg mit der nun 3104 kg schweren Maschine am 24. 7. 1943 auf 8500 m Höhe, bei dem es zu starken Schubschwankungen gekommen war, wurde die Me 163 BV 21 zwei Tage später in Rechlin dem Reichsmarschall vorgeführt. Im Steigflug erreichte das Raketenflugzeug bis zu 700 km/h Geschwindigkeit und kam auf eine Höhe von 10 300 m. Beim nächsten Mal wurde der Pilot in 11 300 m Flughöhe höhenkrank und mußte den Steigflug vorzeitig abbrechen. Am 28. 7. 1943 glückte ein Höhenflug bis auf 11 600 m, wobei beim Übergang zum Horizontalflug das Triebwerk sich bei einer Restkraftstoffmenge von noch 85 kg ausschaltete und nicht mehr anlassen ließ.

48 Stunden später folgte der 10. Testflug von elf Minuten Dauer und 3000 kg Startgewicht. Kurz vor dem Abheben zeigte die Maschine Neigung nach vorn zu kippen. Das Rollwerk fiel nicht ab, obwohl als optische Anzeige

»Rollwerk ab« aufleuchtete. Beim Start war ein Stecker herausgerissen worden. Die Landung erfolgte dann, vom Flugzeugführer zunächst nicht gleich bemerkt, mit dem vollständigen Rollwerk auf einer 500 m langen Grasnarbe. In wenigen Sekunden waren anschließend noch 1200 m betonierte Startbahn in schneller Fahrt zurückverlegt. Erst ein Feldbahngleis brachte die Me 163 BV 21 endgültig zum Stehen, nachdem das Flugzeug leicht beschädigt worden war.

Eine Erkenntnis brachte der Vorfall auf jeden Fall: Es war ratsam, alle Versuchsmuster mit einer FT-Anlage auszurüsten. Schon am 3. 8. 1943 stand der Versuchsträger wieder zur Verfügung.

Während des Steigflugs wurden bei 500 km/h Geschwindigkeit von einer am Kopf des Piloten fixierten Kamera das Instrumentenbrett aufgenommen. Wegen der sehr schnell ansteigenden Geschwindigkeit merkte

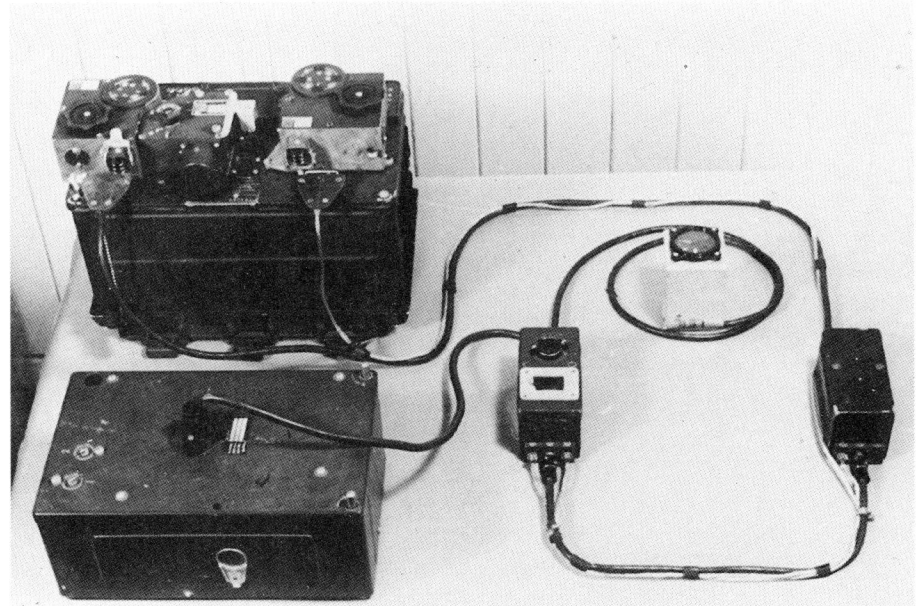

Mustereinbau des FuG 16ZY und FuG 25a in Brandis.

der Pilot gleich, daß sich die Fluglage geändert und die Maschine eine immer steilere Bahnneigung eingenommen hatte. Schnell schaltete er den Raketenmotor aus. Beim Abfangen flog jedoch die linke hintere Sichtscheibe heraus, die rechte brach lediglich an. Scherben schnitten an mehreren Stelle die Bespannung auf. Einige Verkleidungsbleche im Bereich der Schußwaffenanlage wurden außerdem um bis zu 20 mm verschoben, um nur einige der Schäden zu nennen.

Nach diesen Flügen mit der Me 163 BV 21 waren für die maßgeblichen Beteiligten die meisten technischen Mängel offensichtlich:

Im Bug mußte ausreichend Masse angebracht werden, damit keine Schwanzlastigkeit mehr vorkam. Nach dem Vorschlag aus Peenemünde wurde der Ballast als »Bugpanze-

rung« angebracht. Dies ging natürlich auf Kosten der Reichweite und zu Lasten einer schweren Bewaffnung. Der Grund für die zunächst ausgesprochene Hecklastigkeit lag übrigens in der zu schwer ausgefallenen Tankschutzschicht und der Triebwerkanlage.

Das Problem Sitzfederung wurde schon bei den nächsten Versuchsmustern durch Einbau der »Latscher«-Sitzfederung gelöst. Neben den hinlänglich bekannten Gefahren, die von verbleibenden Resttreibstoffmengen ausgehen konnten, ließ sich das Aussetzen des Raketenaggregats im Falle von negativen Beschleunigungen vorläufig nicht beheben. Erst der Einbau einer speziellen Treibstofförderpumpe sollte in diesem Bereich für Abhilfe sorgen.

Auch die fehlende Druckkabine mußte er-

Detailansicht der Me 163 BV7 während der Standerprobung.

Ablaufplan der Versuchsmuster Me 163 B

Muster	Werknummer	Kennung	Bemerkung
BV 1	163 100 10	VD + EK	Konstruktionsbeginn am 01. 12. 41. Flugklartermin ohne Triebwerk 26. 06. 42. Flugeigenschafts- messungen und Bremsschirmversuche in Lechfeld.
BV 1a	–	–	In Lechfeld am 05. 05. 44 angeliefert als Testflugzeug für ungeschränkte Tragflächen. In Brandis infolge Witterungsschaden am 04. 10. 44 demontiert und Tragflächen an die BV 6 montiert.
BV 2	163 100 11	VD + EL	Als Segler am 21. 11. 42 zum Triebwerkeinbau nach Peenemünde überführt. Erprobungsträger für Rumpf und Gondelwaffen.
BV 3	–	VD + EM	Fertigstellung in Augsburg (16. 09. 42). Zelle für Triebwerkseinbauversuche bei HWK in Kiel im November 42. Anschließend Schnellablaßerprobung für T-Stoffe in Lechfeld. Am 20. 05. 44 100% Bruch in Lechfeld.
BV 4	163 100 14	VD + EN	Als Segler am 21. 11. 42 nach Peenemünde überführt zum Triebwerkseinbau und zur FT-Erprobung (FuG 16 ZE und 25 a) bis Januar 43.
BV 5	–	VD + EO	Landeunfall mit Hanna Reitsch (30. 10. 42). Ab 16. 11. 42 Wiederaufbau bei Mtt Regensburg.
BV 6	163 100 15	CE + RE	Ab August 42 Umrüstung auf Druckkabine, bis zum 27. 04. 44 nicht fertiggestellt. Änderungen am 18. 06. 44 für den Einbau des Marschofen. Am 20. 08. 44 Einbau des HWK 109 509 B-1 V 10. Nach Witterungsschaden am 04. 10. 44 in Brandis Anbau der ungeschränkten Flächen der BV 1a.
BV 7	163 100 16	VD + EP	BAL 14. 09. 43. Nach Überführung nach Karlshagen zum EK 16, Erprobung der Machwarnanlage.
BV 8	163 100 17	VD + EQ	Erprobungsträger mit kaltem HWK (19. 04. 43). Mitte 1944 Beschleunigungsmessungen beim EK 16.
BV 9	163 100 18	VD + ER	Erstflug im Schlepp: 30. 09. 43. Anschließend Triebwerkseinbau in Lechfeld. Waffenerprobung.
BV 10	163 100 19	VD + ES	BAL 23. 06. 43. Einbau eines BMW Triebwerkes in Berlin Spandau bei BMW und Ausrüstung mit neuer Tankanlage.
BV 11	163 100 20	–	Keine Angaben.
BV 12	163 100 21	VD + EU	BAL 23. 12. 43. Flugeigenschafterprobung in Lechfeld.
BV 13	163 100 22	VD + EV	Ab 30. 12. 43 Nachrüstung bei Mtt in Augsburg. Anbau einer geschwenkten Kufe und C-Stoffbe- schleunigungsbehälter. Am 4. 10. 44 Witterungsschaden in Brandis infolge mangelnder Konservie- rung. Danach Umrüstung auf Bugradfahrwerk in Abt. 700 in Brandis geplant. Durch U.S.-Truppen vor dem Umbau erbeutet.
BV 14	163 100 23	VD + EW	Einfliegen durch Pöhs im September 43. Am 03. 10. 43 Überführung nach Lechfeld. Dort Triebwerk- und Fahrwerkerprobung. Im April 44 Verlegung zum EK 16 für weitere Triebwerkprobung und Versuche mit neuer Haubenabwurfvorrichtung.
BV 15	163 100 24	VD + EX	BAL 08. 09. 43. Einbau von Meßgeräten zur Hochgeschwindigkeitsmessung in Lechfeld.
BV 16	163 100 25	–	Starthilfeerprobung im Juli 44.
BV 17	163 100 26	–	Keine Angaben.
BV 18	163 100 27	VA + SP	BAL 24. 08. 43. Triebwerkerprobung in Lechfeld. Am 25. 01. 44 Höhenflug mit 12 300 m. Anschlie- ßend Hydraulik- und Starthilfeerprobung. Am 04. 10. 44 Witterungsschaden in Brandis. Erhält dar- aufhin die Tragflächen der BV 32. Im November 44 Umbau auf starres Bugradfahrwerk in Abt. 700. Nach Behebung des Flächenschadens am 06. 12. 44 Roll- und Flugversuche. Im Januar und Februar 45 Fahrwerkprobung für die Me 263.
BV 19	163 100 28	VA + SQ	BAL 01. 09. 43. Erprobungsträger für Landeklappenmeßflüge in Lechfeld. Am 18. 03. 44 bei Luftan- griff auf Lechfeld beschädigt.
BV 20	163 100 29	VA + SR	BAL 10. 08. 43. Ab 10. 01. 44 diverse Erprobungsflüge in Peenemünde.
BV 21	163 100 30	VA + SS	Erster Start mit heißem Triebwerk am 24. 06. 43. Hochgeschwindigkeitsflüge und Fahrwerkserpro- bung
BV 22	163 100 31	GH + IA	BAL 13. 08. 43. Überführung nach Karlshagen zur Triebwerkerprobung. Am 06. 12. 43 Rückführung per Bahn nach Augsburg zu Messerschmitt. Dort Starthilfeerprobung und Einbau eines neuen Gefäl- leanlassers. Am 20. 05. 44 durch Unfall beschädigt.

148

Muster	Werknummer	Kennung	Bemerkung
BV 23 –	163 100 32 –	–	
BV 30	163 100 39	–	Keine Angaben.
BV 31	163 100 40	GH + IJ	Ab 05. 06. 43 Druckkabinenerprobung geplant.
BV 32	163 100 41	GH + IK	Ab Februar 44 Schleppflüge zur Haubenabwurferprobung in Lechfeld. Im April 44 Einbau eines Triebwerks. Danach Kufen und Hydraulikerprobung. Am 4. 10. 44 durch Witterungsschaden beschädigt.
BV 33	163 100 42	GH + IL	Beschleunigungsmeßflüge beim EK 16.
BV 34	163 100 43	GH + IM	Triebwerkerprobung in Bad Zwischenahn (EK 16).
BV 35	163 100 44	GH + IN	Ausgewogen für Ladeplan bei Messerschmitt am 21. 02. 44. Anschließend Versuchsflugzeug für Landeklappenmessungen.
BV 36 –	163 100 45 –	–	
BV 39	163 100 48	–	Keine Angaben.
BV 40	163 100 49	–	Triebwerkerprobung und Flüge zur Beschleunigungsmessung in Bad Zwischenahn beim EK 16.
BV 41	163 100 50	PK + QL	Beschleunigungsmessungen im Juni 44.
BV 42	163 100 51	–	Keine Angaben.
BV 43	163 100 52	PK + QN	Am 14. 06. 43 in Lechfeld eingetroffen. Umbau auf geschwenkte Kufe. Am 19. 07. 44 bei Luftangriff zu 80 % zerstört.
BV 44	163 100 53	PK + QO	Keine Angaben.
BV 45	163 100 54	PK + QP	Senkrechtwaffenerprobungsträger beim EK 16.
BV 46	163 100 55	–	
BV 47	163 100 56	–	Keine Angaben.
BV 48	163 100 57	–	Einsatzversuchsmuster beim JG 400. Am 11. 10. 44 durch Unfall bei Alarmstart zerstört.
BV 49	163 100 58	–	Am 28. 09. 44 60 % Bruch bei Feindflug.
BV 50	163 100 59	–	Einsatzversuchsmuster beim JG 400.
BV 56	163 100 65	–	Keine Angaben.
BV 57	163 100 66	–	Am 28. 05. 44 15 % Bruch.
BV 58	163 100 67	–	Einsatzversuchsmuster beim JG 400.
BV 59	163 100 68	–	Einsatzversuchsmuster beim JG 400.
BV 60	163 100 69	–	Keine Angaben.
BV 61	163 100 70	GN + MD	Einsatzversuchsmuster bei 1./400. Am 07. 10. 44 durch Landeunfall zerstört.
BV 62	163 100 71	–	Einsatzversuchsmuster beim JG 400
BV 63	163 100 72	–	Einsatzversuchsmuster beim JG 400
BV 64	163 100 73	–	Einsatzversuchsmuster beim JG 400
BV 65	163 100 74	–	Einsatzversuchsmuster beim JG 400
BV 66	163 100 75	–	Einsatzversuchsmuster beim JG 400
BV 67	163 100 76	–	Einsatzversuchsmuster beim JG 400
BV 68	163 100 77	–	Einsatzversuchsmuster beim JG 400
BV 69	163 100 78	–	Einsatzversuchsmuster beim JG 400

neut angemahnt werden, wollte man doch das gesamte mit der Me 163 B erreichbare Höhenspektrum ausnutzen.

Inzwischen kamen bis Dezember 1943 fünf Versuchsmuster, die Me 163 BV 7, 8, 15, 20 und 22, nach Peenemünde zum dort stationierten Erprobungskommando 16. Weitere acht Maschinen, die Versuchsmuster BV 3, 9, 13 bis 15 sowie 18 und 19 verblieben in Süddeutschland bei Messerschmitt. Zuvor waren zeitweise nur zwei B-Versuchsmuster, die Me 163 BV 9 und BV 14 flugklar gewesen, was zu erheblichen Verzögerungen im Ablaufplan geführt hatte. Diese Musterflugzeuge waren erst am 30. 9. 1943 und am 3. 10. 1943 in Lechfeld eingetroffen. Dort flogen zu jener Zeit vornehmlich die Werkspiloten Dittmar, Hohmann, Opitz und Peters die beiden Maschinen, deren Starteigenschaften es insbesondere zu testen galt.

Die Auslieferung von weiteren Versuchsmustern der B-Serie konnte erst im Januar 1944 erfolgen, wobei die Hälfte allerdings zunächst nicht über Triebwerkeinbauten verfügte. Die Maschinen dienten meist der Leistungsmessung. Ferner folgten, nach dem Einbau der HWK, Start- und Landeeigenschaftstests, Standläufe und Leistungsflüge.

Als Ergebnisse einer umfangreichen Erprobungsphase stand im April 1944 fest, daß das Seitenruder unbedingt einer Verstärkung bedurfte, nachdem es bei der Me 163 BV 18 mehrmals bei gut 900 km/h weggeflogen war. Auch die Vorverlegung des Rollwerks um 70 mm mußte vordringlich vollzogen werden, da sich zeigte, daß die Maschine wegen der Trimmgewichte etwas zu kopflastig geworden

war. Modifiziert werden mußten auch die beiden Landeklappen, weil auch sie den hohen Fluggeschwindigkeiten der Me 163 nicht gewachsen waren.

Während der Erprobung des Haubenabwurfs mit der Me 163 BV 32 fielen den Technikern im Februar 1944 mehrfach Schwierigkeiten in diesem Bereich auf. Der Flugzeugführer mußte die Vollsichtkabinenhaube mit großem Kraftaufwand nach oben wegstoßen. Man baute daher eine starke Feder ein, um das Kabinendach wie bei der Me 163 A leicht herauszuheben. Ein Scharnier fesselte die Kanzelverglasung solange, bis sie gefahrlos nach hinten wegfliegen konnte. Später erprobte man zudem die Absprengung der gesamten Haube.

Ab der 51. Serienmaschine war eine Führerraumbelüftung in Form einer Klappe an der linken Haubenseite eingebaut. Von nun an wurde auch eine Schnellablaßeinrichtung für den T-Stoffbehälter installiert. Eine völlige Entleerung dauerte so im Normalfall etwa 1,5 Minuten. Damit sollte eine unbeabsichtigte Explosion bei der Me 163 B verhindert werden, falls diese mit Treibstoffrestbeständen landen mußte. Damit ergab sich aber ein neues Problem: Der abgelassene T-Stoff konnte unter Umständen in die Kufe gelangen und sich dort mit dem ausgelaufenen Öl der Hydraulik vermischen. Danach bestand die latente Gefahr, daß sich das Gemisch schon durch eine kleine Erschütterung oder infolge Funkenflug entzündete und explodierte. Ab November 1944 goß man daher die Kufe mit einer Kabelgußmasse aus und behob so die Gefahr.

Am 11. 1. 1944 konnte die Me 163 BV 9 nach dem Einbau eines neuen Triebwerks abgenommen werden. Vier Tage später erfolgte mit dem 14. Versuchsmuster der erste Truppenerprobungsflug durch Hauptmann W. Späte. Von den zunächst für die Luftwaffe vorgesehenen mehr als 20 Me 163 B konnten lediglich zwei Maschinen Ende Dezember 1943 ausgeliefert werden, die dritte folgte am 15. 1. 1944 nach. Gegen Ende Januar 1944 verfügte das EK 16 neben sechs Me 163 A erstmals über drei BV-Musterflugzeuge, von denen das dritte dort am 30. 1. 1944 geflogen wurde.

Mitte Februar 1944 unternahm Wolfgang Späte zwei Flüge mit der Me 163 BV 20.

Im Februar 1944 lief die Gesamterprobung des Raketenjägers, bedingt durch die tiefen Temperaturen, lediglich gedrosselt weiter. So gefror beim Durchspülen der Treibstoffleitungen mehrmals das Wasser und ließ die Rohre platzen. Das Abstellen der Flugzeuge und die Durchführung der Wartungsarbeiten in beheizbaren Räumen scheiterte wegen fehlender Hallenkapazität. Bei dem Luftangriff am 18. 3. 1944 auf Lechfeld fielen außerdem die Me 163 BV 3, BV 18 und BV 32 infolge schwerer Beschädigungen, meist an den Flächen, für geraume Zeit aus. Es hatte an geeigneten Splitterschutzanlagen gemangelt. Die Wiederherstellung erforderte einen großen Aufwand an Werkstattzeit. Bedingt durch den schweren Bombenangriff sollte der Erprobungsbetrieb, laut dem Befehl von Oberst Diesing, nach Bad Zwischenahn verlegt werden. Doch schon am 24. 3. 1944 traf der Widerruf des Verlegungsbefehls in Lechfeld ein. Dafür erreichte Lechfeld, nur 24 Stunden später, die Anweisung

des Chefs GL, der die Verlegung des Erprobungsbetriebs nach Oranienburg vorschrieb. Schon am 26. 3. 1944 wurde auch dieser Befehl wieder zurückgenommen, um am darauffolgenden Tag wieder für gültig erklärt zu werden. Weil man nun seitens Messerschmitt mit einer Verlagerung der Me 163-Erprobung rechnete, wenn auch in Unkenntnis des Ortes, begann man die gesamte Ausrüstung in Eisenbahnwaggons zu verladen. Als endlich alles verstaut war, kam am Nachmittag des 1. 4. 1944 der Befehl, daß die gesamte Erprobung weiterhin in Lechfeld zu belassen sei.

Abläufe dieser Art waren beileibe keine Seltenheit, weder im Bereich der operativen Führung und schon gar nicht im Erprobungsbereich. Auf jeden Fall führten sie zu erheblichen Verzögerungen in den Ablaufplänen.

Unter Führung von Opitz und Thaler wurden inzwischen sieben Flugzeugführer auf die Me 163 B umgeschult: Neben den Hauptleuten Böhmer und Olejnik die Oberfeldwebel Nelte und Oeltjen sowie die Feldwebel Kelb

und Ryll. Weitere 33 Flugzeugführer der Luftwaffe hatten inzwischen einen scharfen Start mit der Me 163 B absolviert; zwölf andere konnten wenigstens ihre theoretische Schulung abschließen. Während die 1./JG 400 in Wittmundhafen von Feindangriffen vorläufig verschont blieb, traf es am 13. 4. 1944 erneut Lechfeld. Wieder unterbrachen Personen- und Sachschäden das Erprobungsprogramm.

Vom 1. bis 10. 5. 1944 ruhte sogar der gesamte Flugbetrieb, da Mitarbeiter der Walter-Werke neue Regler und Geräteanlasser einbauten. Kurz darauf kam es auch noch zum Totalverlust der Me 163 BV 3 sowie am 20. 5. 1944 zu schweren Beschädigungen an der Me 163 BV 22 infolge eines Flugunfalls. Beim 33. Versuchsmuster folgte Anfang Mai eine lange Reihe von Triebwerkausfällen, die vermutlich auch mit dem schon vom EK 16 mehrfach gerügten, verunreinigten C-Stoff in Zusammenhang gestanden haben.

Dafür kam am 5. Mai die mit ungeschränkten Flügeln versehene Me 163 BV1a nach Lechfeld. Das zusätzliche Versuchsmuster sollte bis zum 15. 5. 1944 flugklar werden und dann zu Vergleichen mit den serienmäßig aufgerüsteten Me 163 B-Maschinen dienen. Zunächst erfolgten einige Schleppflüge zur Beurteilung der Flugeigenschaften, ehe am 4. Juni die Bf 110-Schleppmaschine nach Bad Zwischenahn zurückbeordert wurde.

Dort war die Me 163 BV 41 am 14. 5. 1944 bei einem Einsatzflug auf viermotorige Bomber bis auf 960 km/h vorgestoßen. Wegen der technischen Probleme mit der Me 163 B entschied der OKL-Führungsstab jedoch, bis Ende Juni 1944 von weiteren Versuchseinsätzen Abstand zu nehmen und die Schulung forciert fortzusetzen.

Aus diesem Grund erhielt man nun in Wittmundhafen verstärkte logistische Unterstützung. Als erstes traf am 20. 6. 1944 eine neue Bf 110 (PJ+LS) in Lechfeld ein. Zuweilen wurde auch noch eine Me 210 (Werk-Nr. 0179) als Behelfsschleppflugzeug eingesetzt. Triebwerkflüge ließen sich aus Sicherheitsgründen im Juni 1944 nicht mehr ausführen, da auch das einzige in Lechfeld vorhandene Rettungsfahrzeug wieder nach Bad Zwischenahn abgegeben werden mußte. Der als Ersatz vom Jägerstab zur Verfügung gestellte LKW war jedoch für den Aufbau des schweren Bergungskrans nicht geeignet. Darauf behalf sich die Flugabteilung mit dem behelfsmäßigen Aufbau des Krangerüsts auf einem Lastwagen, der eigentlich auch schon wieder an die Luftwaffe hätte abgegeben werden müssen. Trotz der besonderen Notwendigkeit, einen fahrbaren Kran für das Bergen von sich bei der Landung überschlagender Me 163 zu besitzen, um den eingeschlossenen »Kometenjägern« das Leben zu retten, war alles Warten auf ein solches Spezialfahrzeug vergebens. Um den Flugbetrieb dennoch einigermaßen weiterlaufen zu lassen, besorgte

man sich große aufblasbare Bergungssäcke, die aus Preßluftflaschen gespeist wurden. Das Gerät wurde von der Platzfeuerwehr auf einem Opel »Blitz«-LKW verstaut, um an der Unfallstelle schnell Hilfe leisten zu können.

Ab dem 22. 6. 1944 begannen nochmals, unter Einbeziehung der bisherigen Zellenverbesserungen, Messungen der Flugeigenschaften. Danach schlossen sich der Einbau einer erneut vereinfachten Haubenabwurfanlage und Tests mit der Sauerstoffanlage für Höhenflüge nahtlos an. Während dieser Versuchsreihen ergaben sich ernste Probleme mit der Spornrolle. Um das Flugzeug beim Start höher zu legen, hatte man bei Messerschmitt ein größeres Spornrad verwandt. Durch den nach hinten geschlossenen Verkleidungskasten des Spornrads und wegen des nur 10 mm großen Abstands zwischen Rad und Gabel verfing sich leicht Schmutz, so daß das Rad oftmals blockierte. Beschädigungen des Reifens, des Schlauchs und zum Teil auch der Felge waren die unausweichliche Folge. Erhebliche Schwierigkeiten bei der Beschaffung von Ersatzteilen, was von der Lechfelder Flugerprobungsabteilung schon nach kurzer Zeit lakonisch als »trübe Angelegenheit« beschrieben wurde, sorgten für zusätzliches Durcheinander bei der Terminplanung.

Schließlich montierte die Truppe den Verkleidungskasten – aus eigenem Entschluß – völlig ab.

Nach der Beschädigung der einzigen Schleppmaschine beim Luftangriff ruhte die Erprobung zwangsläufig und konnte erst am 12. 8. 1944 wieder aufgenommen werden. Zu jenem Zeitpunkt überprüften die Werkspiloten gerade die Trudeleigenschaften der Me 163 BV 1a. Dabei stellte sich heraus, daß, im Gegensatz zu den sonstigen Me 163 B-Maschinen mit geschränkten Flächen, das Flugzeug

Me 163 – Baureihen

Me 163 B-0	V1 bis V 70 nach Fertigungs- und Baugruppenübersicht jeweils mit neuestem Änderungsstand Triebwerk: HWK 109–509 A Bewaffnung: 2 MG 151/20 bis Me 163 BV 45 2 MK 108 ab Me 163 BV 46 FT-Anlage: FuG 25a und FuG 16 ZE
Me 163 B-0/R1	20 Flugzeuge in Ausführung Me 163 B-0 Triebwerk: HWK 109–509 A Bewaffnung: 2 MK 108 FT-Anlage: FuG 25a und FuG 16 ZE
Me 163 B-0/R2	30 Flugzeuge wie Me 163 B-0, aber mit fertigungsmäßig überarbeitetem Serienflügel der Me 163 B-1 Triebwerk: HWK 109–509 A Bewaffnung: 2 MK 108 FT-Anlage: FuG 25a und FuG 16 ZE
Me 163 B-1/R1	70 Flugzeuge, Rumpfvorderteil der Me 163 B-0, Rumpfende wie Me 163 B-1, aber mit alter Seitenflosse und Ruder, überarbeiteter Serienflügel der Me 163 B-1 Triebwerk: HWK 109–509 B-1 (Marschofen) Bewaffnung: 2 MK 108 FT-Anlage: FuG 25 a und FuG 16 ZY
Me 163 B-1	Ca. 390 Flugzeuge nach fertigungsmäßig überarbeiteten Unterlagen mit Marschofeneinbau Triebwerk: HWK 109–509 B-1 (Marschofen) Bewaffnung: 2 MK 108 FT-Anlage: FuG 25a und FuG 16 ZY
Me 163 B-2	Ausführung der Gesamten Zelle nach überarbeiteten Unterlagen der Me 163 B-0 ohne Marschofen Triebwerk: HWK 109–509 B (ohne Marschofen) Bewaffnung: 2 MK 108 FT-Anlage: FuG 25a und FuG 16 ZY
Me 163 C-1	Weiterentwicklung der Me 163 B mit geschränktem Flügel Triebwerk: HWK 109–509 C (mit Marschofen) Bewaffnung: 2 MK 103 (Flügelübergang) 2 MK 108 (Rumpf) FT-Anlage: FuG 25a und FuG 16 ZY

(**Anmerkung:** Die hier wiedergegebene Aufstellung mit Stand vom 23. 03. 1944 gibt die geplante Anzahl der zu bauenden Versuchs- und Serienflugzeuge wieder; sie stimmt nicht mit den tatsächlich gebauten Maschinen überein.)

nicht ins Trudeln zu bringen war. Im September 1944 kam es vermutlich zur Überführung des Versuchsmusters nach Brandis. Dort wurde die Me 163 BV 1a am 4. 10. 1944 infolge Witterungsschadens unklar gemeldet. Die Tragflächen wurden demontiert und für die ebenfalls durch das schlechte Wetter in arge Mitleidenschaft gezogene Me 163 BV 6 (CE+ RE) verwandt. Es handelte sich bei dem sechsten Versuchsmuster um die erste Maschine mit Druckkabine und Marschofen. Das dabei benutzte Triebwerk war ein HWK 109-509 B-1. Die modifizierte Triebwerkanlage hatte den großen Vorteil, im Horizontalflug Sonderkraftstoff einzusparen. Ferner ergab sich die Möglichkeit, bei Zuschaltung des Marschofens die Steigleistung der Maschine weiter zu erhöhen. Infolge der neuen Triebwerkanlage galt es jedoch, das Bedienungsgestänge zu ändern und eine neue Spornanlage zu konstruieren. Am 22. 7. 1944 war die gesamte Umrüstung in Lechfeld abgeschlossen, wonach die Maschine nach Brandis kam. Trotz ihrer Verstärkung hielt die neue Spornradanlage nicht den auftretenden Belastungen stand, was einen nochmaligen Umbau erforderlich machte. Da Messerschmitt nun das Heck als Notsporn auslegte, kam es zu kaum aufholbaren Verzögerungen.

So darf es nicht verwundern, daß Anfang 1945, laut Bericht des Chefs TLR vom 5. 1. 1945, nur die Me 163 BV 6 als einzige Maschine mit Marsch- und Steigofen zur Erprobung bereitstand. Die Tests konnten lediglich firmenseitig abgeschlossen werden.

Inzwischen flogen noch weitere B-Versuchszellen beim Erprobungskommando 16 in Bad Zwischenahn, beispielsweise die Me 163 BV 1. Seit Anfang Februar 1944 existierte dort auch die erste Staffel der Jagdgruppe 400, die man aus Teilen des EK 16

Messerschmitt Me 163 B während der Truppenerprobung beim Fronteinsatzverband JG 400.

aufgestellt hatte. Die im Aufbau begriffene Jagdgruppe war schon einige Wochen später nach Wittmundhafen verlegt worden und erhielt dort eine zweite Einsatzstaffel. Im Mai 1944 besaß die 1./JG 400 dreizehn Me 163 B, von denen zwölf gerade für den Einsatz vorbereitet wurden. Im Juni 1944 gab die Einheit zwei Me 163 B an die 2./JG 400 ab, wonach die erste Staffel im August 1944 kurzfristig nach Venlo in den Niederlanden verlegt wurde. Gleichzeitig erhielt die zweite Staffel eine weitere Me 163 B vom EK 16 sowie zwei Maschinen aus der laufenden Nachrüstungsproduktion der Firma Klemm in Böblingen. Von dem so erreichten Bestand von fünf Flugzeugen war jedoch nur eines einsatzklar. Die 1./JG 400 verfügte währenddessen schon über 16 Me 163 B, von denen aber auch nur zwei Raketenjäger als einsatzfähig galten. Anfang August 1944 wurde die 1./JG 400 im Schleppflug zurück nach Brandis verlegt. Das Bodenpersonal folgte im Bahntransport nach. In Mitteldeutschland wurde ab dem 31. 7. 1944 der Stab der Jagdgruppe 400 aufgebaut. In Stargard/Pommern entstanden die 3./JG 400 sowie in Udetfeld die Ergänzungsstaffel 400. Letzterer standen jeweils neun Me 163 B und

Bf 110 zur Verfügung. Flugklar waren von beiden Mustern jedoch nur vier Maschinen. Zusätzlich bearbeitete man die Etatisierung der vierten bis sechsten Staffel sowie einer Schleppstaffel in Kölleda. Zusammen mit der Auffüllung der Jagdgruppe mit Me 163-Flugzeugen kam es Ende Juli 1944 zum ersten Zusammentreffen mit dem Gegner. Leutnant Hartmut Ryll gelang es, eine B-17 zu beschädigen. Am 5. 8. 1944 glückte ihm wahrscheinlich auch der Abschuß eines viermotorigen Bombers. Gleichzeitig sollen Lt. Silcox von der 352 Fighter Group und Lt. Fernandes von der 20 Fighter Group mit ihren P-51 im Raum Leipzig durch Me 163 abgeschossen worden sein. Der taktische Einsatz vollzog sich dabei gewöhnlich wie folgt:

Gestartet wurde mit voller Leistung, manchmal auch unterstützt von zusätzlichen Feststoff-Startraketen. In etwa 5 m Höhe klinkte der Flugzeugführer das Rollwerk aus. Sodann wurde im Tiefstflug weiter auf bis etwa 750 km/h beschleunigt, da Geschwindigkeiten unter 700 km/h wegen des hohen spezifischen Kraftstoffverbrauchs für unwirtschaftlich gehalten wurden. Sofort nach dem Erreichen der Mindestgeschwindigkeit ging der

155

Start einer Me 163 B, kurz vor dem Abwerfen des Rollwerks.

Pilot in den Steigflug im Winkel von 60 Grad über. Der Ofendruck belief sich zu diesem Zeitpunkt auf 19 atü. 1200 bis 1500 m unter der befohlenen Einsatzhöhe mußte das Triebwerk auf Leerlauf gedrosselt werden. Das Flugzeug stieg dann aufgrund des hohen Geschwindigkeitsüberschusses noch 1500 m. Der Übergang vom Steig- in den Horizontalflug mußte möglichst ohne negative Beschleunigung erreicht werden, da sonst das Triebwerk häufig ausging. Ein erneutes Anlassen war aber nur bei einer Resttreibstoffmenge von mehr als 300 kg T-Stoff möglich. Der weitere Horizontalflug erfolgte entweder im Gleitflug, beginnend mit etwa 350 km/h in großen Flughöhen, und reduzierte sich mit der geringer werdenden Höhe auf 220 km/h. Der wirtschaftlichste Horizontalflug mit laufendem Triebwerk wurde bei einem Ofendruck von 5 atü und einer Geschwindigkeit von 850 km/h erreicht.

Der Angriff auf feindliche Jäger erfolgte zweckmäßigerweise aus gleicher Höhe – ohne Vorhaltnehmen – von rückwärts. Gegen Bomber konnte der Einsatz direkt von vorn unter der Ausnützung der hohen Eigengeschwindigkeit bis auf Rammentfernung vorgetragen werden. Wie bei den mit Fw 190 A ausgestatteten Sturmgruppen forderte die Führung »rücksichtsloses Rangehen«. Nach dem Passieren des gegnerischen Kampfflugzeugs sollte der Flugzeugführer grundsätzlich nach oben wegziehen, um aus der geeigneten Überhöhung einen zweiten Angriff beginnen zu können. Die Landung war – nach dem Ablassen des übriggebliebenen T-Stoffs – in der Regel mit ausgefahrener Kufe durchzuführen. Der Landeweg betrug auf feuchtem Gras etwa 500 m und war bei verschneiter Landebahn entsprechend länger. Aus diesem Grund erhielten die Einsatzmaschinen Bremskanten an den Kufen, um die Ausgleitstrecke wesentlich zu verkürzen.

Am 16. 8. 1944 gelang es Leutnant Hans Bolt sowie den Feldwebeln Schubert und Straßnicky von der Jagdgruppe 400, im Raum Halle-Leipzig-Brandis je eine B-17 abzuschießen. Bei diesem Luftkampf wurde Fw. Herbert Straßnicky von Bordschützen der 305. Bomber Group verwundet und mußte seine Me 163 mit dem Fallschirm verlassen. Leutnant Hartmut Ryll von der ersten Staffel wurde gegen 10.50 Uhr südlich von Leipzig von einer P-51 abgeschossen und verlor dabei sein Leben. Wenig später, am 24. 8. 1944, gelangen Feldwebel Siegfried Schubert zwischen 12.07 und 12.12 Uhr, zunächst in 6800 m Höhe, der Abschuß einer B-17. In 4000 m Höhe über Mitteldeutschland griff der Pilot einen zweiten

schweren Bomber an, der nach gut liegenden Treffern explodierte. Mitte September glückte es Unteroffizier Kurt Schiebler von der 1./JG 400, eine B-17 nahe Brandis im zweiten Anflug vernichtend zu treffen. Leutnant Bolt erzielte im Bereich Leuna einen sicheren sowie einen wahrscheinlichen Luftsieg. Bordschützen der 379. Bomber Group meldeten nach ihrer Rückkehr in England den Abschuß eines Raketenjägers. Am 10. 9. 1944 schoß Lt. Schreiber von der 1./JG 400 einen Feindbomber aus einem gegnerischen Pulk heraus. Nur 24 Stunden später verbuchte er den bislang siebten Luftsieg der ersten Staffel. Am 13. 9. 1944 verlor die 1./JG 400 gleich drei Flugzeugführer, einmal die Oberleutnants Rösle und Schulz, deren Maschinen bei der Landung explodierten, sowie Oberfeldwebel Reukauf, dessen Maschine sich nach einem Triebwerksdefekt überschlug.

An jenem Tag waren neun Me 163 B der 2./JG 400 gestartet, deren Piloten jedoch keine Luftsiege erringen konnten. Auch am 24. 9. 1944 soll es im Raum Leuna-Halle-Leipzig zu Feindkontakten zwischen Raketenjägern und Bombern der 8. USAAF gekommen sein. Deutscherseits wurde ein wahrscheinlicher Abschuß gemeldet. Nach eigenen Verlusten am 28. September und am 2. Oktober, ging am 6. 10. 1944 auch noch eine Me 163 B bei einem Luftangriff verloren.

Dafür glückten Leutnant Schubert und Unteroffizier Bott vermutlich jeweils ein Luftsieg über eine B-17 der 95. Bomber Group. Bei der anschließenden Landung verlor die inzwischen zum Geschwader avancierte Jagdgruppe drei Flugzeugführer. Unter ihnen der bewährte Siegfried Schubert von der 1./JG 400, dessen Me 163 BV 61 bei der Landung völlig zu Bruch ging. Außerdem Unteroffizier Eisenmann von der 2. Staffel und Oberfeldwebel Husser, dessen Raketenjäger nach Be-

157

schädigungen im Luftkampf bei der Landung zu 65% beschädigt wurde. Friedrich-Peter Husser überlebte als einziger der drei Piloten.

Am folgenden 7. Oktober standen beim JG 400 immerhin 30 Me 163-Jäger zum Einsatz bereit. Wegen der zu hohen Entfernung zum Gegner kam es zu keiner Feindberührung.

Die 1. und 2./JG 400 waren inzwischen in Brandis stationiert worden und bildeten dort die I. Gruppe. Am 12. 11. 1944 folgte der Aufstellungsbefehl für die II./JG 400 mit einer dritten und vierten Staffel. Aus der Ergänzungsstaffel, sie befand sich damals noch in Lechfeld, wurde eine vollständige Ergänzungsgruppe. Außerdem existierte in Sprottau noch die V./(Ergänzungs) JG 2 mit der 13. bis 15. Staffel, deren Kern ein Teil des Erprobungskommandos 16 bildete und für die Pilotenausbildung sorgte.

Die ehrgeizigen Aufstellungs- und Erweiterungspläne verlangten schon früher eine Ausweitung der Produktion der Me 163. So war es im Juni 1944 zu mehreren Besprechungen über die Aufnahme der Großserienfertigung bei den Junkerswerken sowie deren Lizenzfirmen in Zeulenroda, Zeitz, Themar, Neustadt/Orla und in Triebes gekommen. Einen Eindruck von dieser Planung vermittelt die Tatsache, daß allein bei der Tragwerkfertigung 19 Einzelfirmen eingesetzt werden sollten. Zusammen stellten sie bis zum 26. 1. 1945 ingesamt 351,5 Tragflächensätze für die Me 163 B her. Unter der Tarnbezeichnung »Scholle« lief 1944 die Serienproduktion, die am 1. September offiziell von den Junkers-Werken übernommen wurde.

Doch was nützte die zügige Fertigung bestimmter Teile, wenn andere Baugruppen völlig hinter der Planung zurückblieben und selbst im September 1944 noch immer ein er-

heblicher Mangel an R-Triebwerken zu verzeichnen war. So litt die Erprobung beim EK 16, weil die Jagdgruppe 400 bevorzugt aufgerüstet werden sollte. Zusätzlich verlief die Endmontage keineswegs reibungslos. Außerdem fehlten ausreichend geschultes Fachpersonal und vor allem Transportkapazität. So standen am 25. 8. 1944 mehrere fertige Me 163 B tagelang zum Bahntransport bereit, ohne daß etwas geschah. Auch der Einsatz ausländischer Zwangsarbeiter brachte keine Verbesserung der Lage. Fälle von Sabotage häuften sich. Beispielsweise ergab eine Kontrolle der Werk-Nummer 191 095, daß in der Tankanlage mehrere Fremdkörper gefunden wurden, die leicht das gesamte Treibstoffsystem hätten blockieren können. Auch hatten Unbekannte den Holzleim so verändert, daß die Maschinen nicht mehr den Festigkeitsanforderungen entsprachen. Zuletzt fand man auf dem Leitwerk noch den Satz in französischer Sprache »Mein Herz ist nicht mit ihm!«. Aber auch ohne Sabotagehandlungen kam es während der Endmontage zu erheblichen Problemen. So waren die Trennstellen zwischen Rumpf und Fläche derart uneinheitlich, daß jeder Flügel nur an einen bestimmten Rumpf paßte. Die volle Austauschbarkeit war nicht gegeben!

Noch im September 1944 galten die verbindlichen Produktionszusagen als absolut unzuverlässig. Nur drei Me 163 B befanden sich damals im Einflugbetrieb. Die Fertigung belief sich am 25. 9. 1944 allenfalls auf etwa 20% des Sollwerts. Unterlagen des Reichsministers für Rüstung und Kriegsproduktion (RMfRuK), die sich auf firmenseitige Meldungen stützen, sprechen von 16 bislang von der BAL abgenommenen Serienmustern. Weitere dreizehn befanden sich im Einflugbetrieb. Bis zum 28. September wurden 55% der Produktionsvorgabe erreicht. Zwei Tage später erreichte die Fertigung das Soll.

In Lechfeld liefen derweil Versuche, die Lenkfähigkeit der Me 163 B während des Startvorgangs wesentlich zu verbessern. Hierbei kam die Flugabteilung auf Versuchsergebnisse mit der Me 163 A zurück und baute daher bei der Me 163 BV 18 ein Strahlruder ein. Besondere Schwierigkeiten lagen darin, daß die ersten Ruder im heißen Abgasstrahl wegschmolzen. Um dies zu vermeiden, verwandte man ein konisch geformtes Strahlruder mit einem Durchmesser von etwa 200 mm und eine Kranzerweiterung um 10 Grad nach vorne. Da der Abgasstrahl nun eine größere Fläche bestrich, blieb die Erwärmung in verträglichem Rahmen.

Ferner begannen Versuche mit zwei Borsig-Pulverstartraketen der Ausführung R I 503, um auch von kleineren Plätzen als bisher problemlos starten zu können. Hierbei wurde das Verhalten der Maschine beim einseitigen Ausfall einer Starthilfe untersucht. Es zeigte sich, daß das Strahlruder die dabei eintretende Seitenabweichung nicht auszugleichen vermochte. Man winkelte aus diesem Grunde die Aufhängung der Feststoffraketen auf 21 Grad ab. Einen Nachteil hatte die Sache allerdings: Die Landeklappen ließen sich nur noch bis 45 Grad anstellen. Infolge einer einfacheren Produktion entfiel schließlich das für die Serienherstellung geplante Strahlruder. Mittels zweier 1000 kp-Starthilfen konnte die Maschine in nur 14 Sekunden und einer Strecke von 495 m abheben. Ohne die Anlage benötigte die Maschine knapp 900 m Startstrecke und fast 20 Sekunden Rollzeit bis zum Abheben von der Betonbahn.

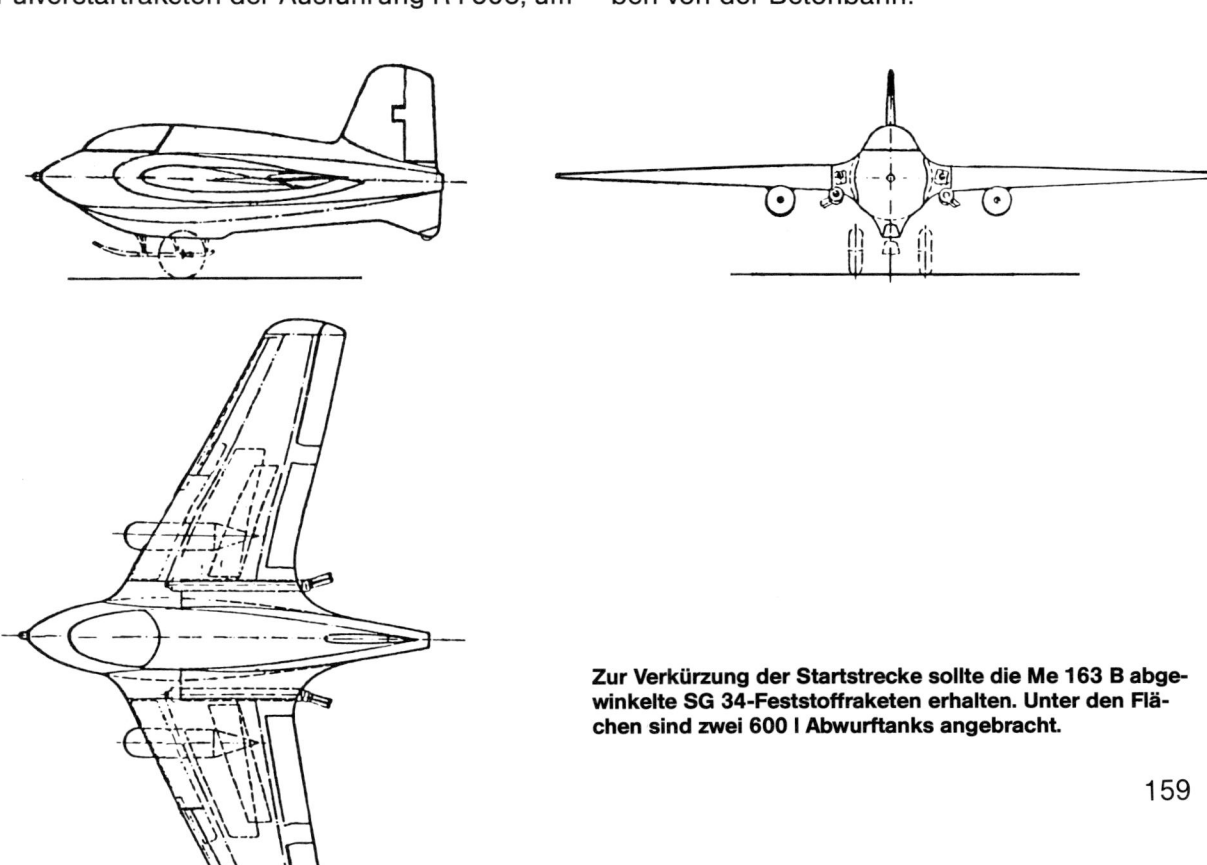

Zur Verkürzung der Startstrecke sollte die Me 163 B abgewinkelte SG 34-Feststoffraketen erhalten. Unter den Flächen sind zwei 600 l Abwurftanks angebracht.

159

Nach vier Verlusten im Oktober und November 1944, unter ihnen Unteroffizier Hans Bolt, der mit der Werk-Nummer 10057 verunglückte, kam es im Dezember noch zu mindestens zwei weiteren Bruchlandungen. Einsatzerfolge sind aus dieser Zeit nicht bekannt. Obwohl zahlreiche Mängel an der Zelle schon im November 1943 gerügt worden waren, wurde dennoch nicht in angemessener Zeit für Abhilfe gesorgt. Bei manchen Maschinen waren die Abweichungen und Toleranzen der Hauptanschlußbolzen so groß, daß bei Erreichen der Höchstgeschwindigkeit mit dem Abreißen der Flächen zu rechnen war. Trotz Erwähnung dieser Tatsache in einem Bericht des EK 16 vom November 1942 passierten noch im Januar 1945 während der Abnahme durch die Prüfstelle Antonienhof gleichartige Paßungenauigkeiten.

Anfang Oktober 1944 stand definitiv fest, daß maximal 20 neue Me 163 B bis Monatsende zu erwarten waren. Zusammen mit denen wegen Treibstoffmangels in Oranienburg abgestellten Maschinen sollten diese bis zum 20. 11. 1944 an das Jagdgeschwader 400 ausgeliefert werden. Da bei den Junkerswerken Anfang November zu wenige Bugkappen vorhanden waren, galt es, zügig dieses Manko zu beheben, damit die Serienproduktion nicht erneut ins Stocken geriet.

Die Zahl der Mängel wuchs jedoch trotz mehrerer eingeführter strenger Qualitätskontrollen durch die Bauaufsicht Luft (BAL).

Im Zeitraum zwischen dem 18. 12. 1944 und dem 4. 1. 1945 mußten 32 Me 163 B gerügt werden, es gab Maschinen mit bis zu 58 Produktionsfehlern. Darunter waren offensichtliche Mängel, etwa nicht eingebaute Fußpedale oder ein fehlender Generatorantrieb.

Trotz der bestehenden Fertigungsprobleme forderte das RLM ab November 1944 einen Monatsausstoß von 100 Me 163 B pro Monat. Zum Vergleich dazu hatte der Monatsausstoß im August 1944 lediglich dreizehn Flugzeuge betragen, von denen nur zwei das JG 400 erreichen sollten.

Sie ließen die Gesamtzahl der dort befindlichen Einsatzmaschinen auf 19 steigen. Die geplante Zuführung von Kräften aus dem Bereich der Deutschen Lufthansa sollte die angespannte Personalsituation spürbar entlasten und dafür sorgen, daß ab Oktober 1944 das Fertigungssoll erfüllt würde.
Ein Wunschgedanke. –

Alle Zusagen der Lizenznehmer erwiesen sich nur zu oft als unzuverlässig. Immerhin gelang es bis Oktober, 55 % der geforderten 92 Maschinen zu produzieren, von denen 16 abgenommen werden konnten. Zusammen mit acht weiteren erreichte die I./JG 400 damit 24 Messerschmitt-Jäger. Die Nachrüstung und das sogenannte »Flugklar-machen« bei der Firma Klemm in Böblingen, man hatte dort ab dem 23. Versuchsmuster mit den Arbeiten an der Me 163 begonnen, erreichte erstmals im September 1944 einen Ausstoß von 35 einsatzfähigen Maschinen. Damit gelang es beim JG 400, die Zahl der verfügbaren Einsatzmuster auf 61 anzuheben.

Im November fiel die Auslieferung auf nur 22 Jäger zurück, um dann im Dezember 1944 wieder auf 90 Flugzeuge zu steigen. Damit konnte man beim JG 400 im November 1944 schon 71 Me 163 B in den Inventarlisten führen, von denen 63 auf die I. und acht auf die II. Gruppe entfielen. Am 31. 12. 1944 verfügte der Geschwaderstab des JG 400 über keine einzige Me 163. Dagegen hatte die I. Gruppe immerhin 45, die II./JG 400 schon 64 Me 163 B-Jäger, von denen jedoch keine zum Zeitpunkt der Meldung flugklar war.

Im Januar 1945 erfolgte ein weiterer Ausbau

Warte der I./JG 400 bringen eine Me 163 B zur Startposition.

Der speziell für die Me 163 entwickelte Scheu-Schlepper zieht die auf das Rollwerk gesetzte Einsatzmaschine.

Oben: Alternative Schleppmöglichkeit beim JG 400 in Brandis aufgrund der angespannten Betriebsstofflage.

Links: Für die Bergung der Me 163 wurde an den Scheu-Schlepper ein spezielles Hebegerät mit Raupenlaufwerk angehängt.

161

von Flugplätzen im Bereich der Hydrierwerke Leuna, Plitz und Heydebreck. Außerdem plante die Luftwaffenführung, den Einsatz von den Plätzen Twenthe, Achmer, Brandenburg-Briest, Nordholz, Husum, Parchim, Oranienburg, Kölleda, Kaltenkirchen und Rhein-Main bei Frankfurt aufzunehmen. Zur Ausführung kam dieser weitreichende Plan wegen der Kriegslage jedoch nicht mehr. Am 1. 2. 1945 erfolgte seitens des OKL der Befehl zur Einstellung der Me 163 und am 20. 3. 1945 die Anordnung zur Umstellung des Jagdgeschwaders 400 vom Raketenjäger Me 163 auf den »Volksjäger«, die He 162 A-1/A-2. Ein genauer Termin für das letztgenannte Vorhaben wurde jedoch nicht mitgeteilt. Die maßgeblichen Gründe dieser Anordnung lagen in der inzwischen vorhandenen Anzahl von Raketenjägern sowie in der schwierigen Treibstofflage. Man schloß sich daher nur zu gern der Ansicht des Chefs TLR vom 18. 12. 1944 an, der gegen den Weiterlauf der Me 163 votierte und am 5. 1. 1945 die Weisung zur Einstellung gab. Die schlechte Versorgungslage war Anfang 1945 der Grund dafür, daß der Einsatz der Me 163 nur mit geringen Kräften fortzuführen war.

Trotzdem zeigten sich, wenn auch geringe, Erfolge. Feldwebel Klein unterlag bei Brandis mit seiner Me 163 im Luftkampf einer P-51. Erst am 11. 2. 1945 glückte der I./JG 400, drei Boeing B-17 im Raum Leipzig-Magdeburg-Halle zu bezwingen. Während dieses Gefechts wurde Unteroffizier Oswin Schüller verwundet, seine »Weiße 22« wurde leicht beschädigt. Am Boden traf es am 23. Februar gleich vier Me 163 auf dem Lechfelder Platz. Vier Tage später griffen mehrere Me 163 bei Brandis alliierte Bomber an und schossen mindestens zwei Viermotorige ohne eigene Verluste ab. Mit dem gleichen Resultat endete auch ein weite-

rer Luftkampf am 2. 3. 1945, als im Zuge der Luftschlacht über Magdeburg 43 Feindflugzeuge abgeschossen werden konnten. Auf das Konto von Me 262-Jägern gingen dabei mindestens vier schwere Bomber. Am 15. 3. 1945 wurde ein Me 163-Pilot der I./JG 400 nordwestlich Leipzigs abgeschossen und mußte mit dem Fallschirm abspringen. Auch Feldwebel Nelte hatte am 14. 4. 1945 wenig Glück. Während eines Überführungsfluges im Schlepp wurde seine Me 163 von Feindjägern abgeschossen.

Am 15. 4. 1945 verfügte die I./JG 400 über 32 Einsatzmaschinen. Die erste Staffel dieses Verbandes sollte auf ein anderes Baumuster, die Ho 229, umgerüstet werden. Ein Vorhaben, das man nicht mehr ausführen konnte. Wenig später, am 7. 3. 1945, löste die Luftflotte Reich den Stab des JG 400 auf. Am 19. 4. 1945 traf die I. und II. Gruppe in Brandis das gleiche Schicksal. Vorher verlegte die II./JG 400 jedoch noch über Salzwedel und Nordholz nach Husum, wo sich der Verband mit insgesamt 13 Me 163 B bei Kriegsende englischen Truppen ergab.

Doch noch einmal zurück ins Jahr 1944.

Im Oktober 1944 gab es beim Erprobungskommando 16 lediglich noch vier flugklare Maschinen. Bei zwei weiteren Maschinen fehlten die Triebwerke. Die übrigen Versuchsmuster, die Me 163 BV 1a, 6, 13, 15, 18 und 32 fielen wegen erheblicher Witterungsschäden infolge schlechter Konservierung aus. Die Me 163 BV 1a und die Me 163 BV 32 waren derartig beschädigt, daß eine Wiederaufrüstung nicht in Frage kam. Die Flächen beider Maschinen wurden jedoch aufgearbeitet und dann bei dem sechsten und 18. Versuchsmuster weiterverwendet. Die Me 163 BV 15 mußte wegen der noch ausstehenden Flugeigenschaftsmessungen im Hochgeschwindigkeitsbereich vordringlich repariert werden. Daneben erhielt die 13. und 18. Mustermaschine Umbauten im Bereich der Zelle und des Rollwerks. Diese wurden bei Junkers bei der Abteilung 700 in Brandis durchgeführt. Die Me 163 BV 13 wurde dort in halbfertigem Zustand im April 1945 von amerikanischen Truppen erbeutet. Der Umbau der Me 163 BV 18 konnte dagegen noch fertiggestellt werden.

Erst Anfang November 1944 hatte das EK 16 zwei der langersehnten und für die Erprobung wichtigen Serienmaschinen erhalten.

Außerdem galt es eine optimale Bewaffnung mit hoher Trefferwahrscheinlichkeit beim Senkrechtschuß und automatischer Schußauslösung zu finden. Hierzu kamen die 2 cm-Geräte »Bürste«, »Harfe« und »Schlitter« sowie die 3 cm-Geräte, das SG 116 und das SG 117 »Rohrblock«, in die engere Wahl. Als einzige 5 cm-Waffenanlage gesellte sich das SG 500 »Jägerfaust« hinzu, das zusammen mit dem SG 117 nach den Ergebnissen der Untersuchung der E-Stelle Tarnewitz die beste Lösung des Bewaffnungsproblems boten. Für die Me 163 B entschied man sich für die »Jägerfaust«. Es handelte sich dabei um aus vorhandenen Rohlingen gezogene, mit Drall versehene Hülsen, die nur einmal schußfähig waren, da das Rohr wegen der zu gewinnenden Rückstoßfreiheit beim Abschuß ausgestoßen wurde. Die drallstabilisierte Sondermunition vom Kaliber 5 cm wurde aus zweimal fünf Rohren verschossen. Das Abschußrohr hatte eine Länge von 0,515 m und ein Gewicht von 6,9 kg, mit Sondermunition versehen, von 8,0 kg. Pro Angriff rechnete man mit wenigstens 1,8 bis 2,8 Treffern beim Unterfliegen eines viermotorigen Kampfflugzeugs. Beschußversuche auf eine zwischen Sperrballone aufgehängte große Plane mittels einer mit dem SG 500 ausgerüsteten Fw 190 erbrach-

ten hervorragende Trefferergebnisse. Später spannte man das Tuch zwischen hohe Pfähle und flog im Tiefstflug darunter hindurch.

Nach der versuchsweisen Umrüstung der Me 163 BV 45 mit Zielkamera und Senkrechtbewaffnung liefen ab dem 13. 11. 1944 erfolgreiche Versuche mit der neuartigen Bewaffnung an. Zwei Wochen später fand vor General Galland und seinem Stab eine Vorführung der Maschine mit SG 500 statt. Außer dem 45. Versuchsmuster erhielten Ende 1944 noch einige Serienmuster einen SG 500-Einbau. Mit der Me 163 BV 45 unternahm Hachtel am 24. 12. 1944 einen Erstflug mit voll aufmunitionierter Maschine und halbvollen Tanks. Im Tiefflug schaltete der Pilot die Selenzelle ein, wonach, möglicherweise wegen versehentlich nicht installierter Verzögerungsladungen, gleichzeitig die gesamte Sondermunition detonierte. Leutnant Hachtel konnte die Maschine gerade noch notlanden und wurde dabei schwer verletzt. Später soll es lediglich zu einem scharfen Einsatz gekommen sein.

Noch eine andere Sonderbewaffnung wurde untersucht. Es handelte sich hierbei um die in der Flächenkante angebauten Schrotschußkästen mit 2 cm-Munition. Das sogenannte optische Auge (Selenzelle) wurde wie beim SG 500 vor dem »Morane«-mast untergebracht. Später wollte man eine besser geeignete Anordnung suchen. Bei hohen Geschwindigkeiten und scharfen Kurven gab es keine aerodynamischen oder mechanischen Schwierigkeiten mit der Schußanlage. Beim Abschuß der Projektile stellten sich weder merkliche Erschütterungen noch wesentliche Abweichungen von der Flugrichtung ein. Auch die Vorführung vor Luftwaffenoffizieren verlief erfolgreich. Um die Möglichkeiten des späteren Einsatzes nachweisen zu können, flog Leutnant Hachtel im November 1944 zwei Angriffe von hinten auf eine Bf 110. Es folgte ein dritter Anflug von seitlich vorn auf die angenommene Feindmaschine, die zunächst mit 80 bis 100 m und dann mit 30 bis 40 m Entfernung unterflogen wurde. Trotz der immer schwieriger werdenden Treibstofflage wurden soviele Testflüge wie irgend möglich abgewickelt. Besondere Aufmerksamkeit galt dabei der optischen Auflösung der Selenzelle. Nach Angaben von Hauptmann Olejnik kam es Ende Dezember 1944 zu einem Versuchseinsatz auf eine He 177, welche vorher von der Besatzung mit dem Fallschirm verlassen worden war und mittels Autopilot auf Kurs gehalten wurde. Die Maschine konnte mit der Sonderbewaffnung abgeschossen werden. Ein Einsatz fand jedoch nicht mehr statt.

In den Bereich der Sonderbewaffnung und -ausrüstung fallen auch die Versuche mit zwei Me 163 B, die als Voruntersuchung für die Fernlenkung von Fla-Raketen, wie etwa der »Enzian«, im September und Oktober 1944 Verwendung fanden. Die Versuche liefen laut F. Trenkle wie folgt ab:

Ein Dauerstrichsender sandte an das Raketenführungsgerät »Rheingold« ein Signal ab. Gleichzeitig ortete das Zielverfolgungs-Führungsmeßgerät »Würzburg« beziehungsweise der »Mannheim-Riese« ständig die Flugbahn des Zielobjekts und speiste die Werte in die Spiegel-Nachlaufsteuerung im »Rheingold«-Gerät ein.

Auf einer Bildröhre mit Fadenkreuzzeichnung im Lenkstand des »Rheingolds« wurde die Peilung der Rakete zum Ziel, die Fadenkreuzmitte, als Lichtpunkt angezeigt. Mit dem Steuerknüppel des Lenksenders »Kehlheim« mußte der Flugkörper nun so geführt werden, daß der Lichtpunkt genau im Fadenkreuz blieb. Die Ruder des Flugkörpers steuerte derweil der eingebaute Lenkempfänger »Straß-

burg«. Dieses Verfahren wurde vom EK 16 mittels der Me 163 B überprüft, welche die Funktion der Flakrakete übernahm. Statt einer direkt arbeitenden Fernlenkung war lediglich ein Kreuzzeiger-Instrument installiert, das dem Piloten genau anzeigte, in welche Richtung zu fliegen war. Dabei überprüfte die Bodenstelle die Abweichung zwischen angeflogenem und angezeigtem Ziel.

Außerdem soll ab Mitte Dezember 1944 in Karlshagen ein Raketenjäger mittels eines akustischen Lenkverfahrens erprobt worden sein. Dieses System diente dazu, eine Zielauffassung ohne Steuerung vom Boden zu ermöglichen, indem ein Empfänger auf Propeller- oder Düsengeräusche ansprach. Das Problem war dabei jedoch die natürliche Eigenstörung. Um die Empfindlichkeit der Sensoren auf den selbst erzeugten Schall, verursacht durch die Luftreibung und den eigenen Raketenantrieb, zu überprüfen, erfolgte zunächst die Messung des Störpegels einer Me 163 B.

Neben dieser Spezialerprobung befaßte man sich beim EK 16 gelegentlich mit extremen Höhenflügen. So erreichte am 5. 1. 1945 eine Me 163 B eine Höhe von 15 500 m. Hierbei trug der eingesetzte Pilot keinen Druckanzug.

Daneben flogen die Männer des Erprobungskommandos ab Januar 1945 meist die angelieferten Serienflugzeuge ein. Infolge des Mangels an Sonderkraftstoffen mußten weitergehende Erprobungen meist unterbleiben. Auch die vorgesehenen Tests mit den Musterflugzeugen der Me 263 (Ju 248) fanden nicht statt, da man die Versuche nicht einmal beim Hersteller abzuschließen vermochte.

So verwundert es nicht, daß am 18. 2. 1945 die Auflösung des Erprobungskommandos 16 erfolgte. Die dort bislang eingesetzten sechs

Eine Me 163 B des JG 400 als alliierte Kriegsbeute.

Offiziere, zwei Beamten sowie die 138 Ingenieure, Unteroffiziere und Mannschaften wurden zur II./JG 1, in das JG 400, den Stab GdJ, die Heeressammelstelle und das Kommando Gladenbeck versetzt. Damit bestand nur noch das die Me 163 fliegende Jagdgeschwader 400, welches nun auch noch mit Erprobungsaufgaben betraut werden mußte.

Bis zum Kriegsende wurden mindestens 364 Me 163 B produziert. Diese verteilten sich auf 70 Versuchsmuster und 294 Serienmaschinen.

Wieviele Maschinen am Ende davon beim Frontverband oder den Ergänzungs- und Erprobungskommandos eintrafen, ließ sich nicht definitiv klären. Ein großer Teil der Me 163 B wurde bereits während der Produktion, dem Einflugbetrieb, oder auf dem Transportweg durch Luftangriffe beschädigt oder zerstört. Eine noch größere Anzahl an Einsatzmaschi-

Ein für den Seetransport in die USA präpariertes Me 163 BV-Muster.

165

nen konnte wegen fehlender Teile gar nicht erst fertiggestellt werden. Von den 364 Me 163 B fanden allein die westlichen Alliierten 48 Maschinen im Reichsgebiet vor. Davon waren 19 nach der Sprengung durch eigene Truppen nicht mehr verwendbar. 25 der verbliebenen Flugzeuge wurden nach England gebracht, vier bekam Frankreich und zwei gingen an die USA. Bei den letzteren handelte es sich um die Maschinen mit der FE (Foreign Equipment)-Kennung 495 und 500.

Eine unbekannte Anzahl von Raketenjägern und Schulmaschinen konnten von sowjetischen Truppen erbeutet werden, von denen mit Sicherheit eine Me 163 B sowie eine Me 163 S flugklar waren. Die gleichzeitig von der UdSSR noch erbeuteten Dokumente, Planungsstudien und Berechnungen im Bereich der Raketenantriebe und -bewaffnung wirkten sich äußerst förderlich auf die sowjetischen Entwicklungen der folgenden Jahre aus.

C. ME 163 S, DAS SCHULFLUGZEUG

Durch die Einführung der Me 163 B ergab sich die Notwendigkeit, eine Schulmaschine zu produzieren. Bisher konnte nur ein kleiner Kreis von Piloten des EK 16 den Raketenjäger beherrschen und fliegen. Auf die Erfahrung dieser Piloten aufbauend, sollte folgerichtig eine breite Nachwuchsschulung erfolgen. Dabei ging das OKL davon aus, daß man die Me 163 schon nach intensiver Segelflugausbildung fliegen könnte, und dies ganz im Gegensatz zur Meinung Adolf Gallands, dem General der Jagdflieger. Schließlich war lediglich die Rückkehr vom Einsatz und die sich anschließende Landung im Segelflug durchzuführen. Dagegen verlangte der größte Teil des

Fluges, das Abfangen der feindlichen Maschinen, eine gründliche Jagdfliegerausbildung.

Auch der Start mit dem Raketenflugzeug war alles andere als ein gemütlicher Segelflug. So legte am 8. 10. 1944 das OKL, unter Mitarbeit General Gallands, einen Plan zur Ausbildung zum »Kometenjäger« vor.

Infolge der Me 163-Auslegung mußten von der üblichen Jagdfliegerausbildung abweichende Anforderungen gestellt werden. Neben einer hohen kämpferischen Fähigkeit und persönlichen Härte sollten die ausgewählten »Kometenjäger« über besondere fliegerische Begabungen verfügen. Wert legte man auch auf überdurchschnittliche Leistungen im Segelflug sowie auf eine einwandfreie Beherrschung schneller Flugzeuge bei Start und Landung, aber auch im Kunst- und Schießflug.

Die Auswahl der geeignetsten Segelflieger aus den vormilitärischen Segelfluglehrgängen des NSFK sollte am Beginn stehen. Nach dem Eintritt in die Luftwaffe würde sich ein dreimonatiger Sonderlehrgang als Segelflugzeugführer anschließen, bei dem gleichzeitig die militärische Grundausbildung der Flugschüler durchgeführt würde. Die Segelflugausbildung sollte durch Fluglehrer des NSFK übernommen werden. Als Standort war Tiefensee geplant. Die Grundausbildung in Motorflug sowie die Waffenausbildung war auf der besonderen »Kometenwaffenschule« in Aalborg/Dänemark vorgesehen.

Die fliegerische Grundausbildung sollte sich nur auf das für den späteren Einsatz unbedingt Notwendige erstrecken. Demzufolge konnten Nacht- und Verbandsflüge vollständig entfallen. Der Instrumentenflug war nur soweit zu üben, als dies für die präzise Einhaltung von Kurs und Sinkgeschwindigkeit notwendig war. Die Kenntnisse sollten die »Kometenflie-

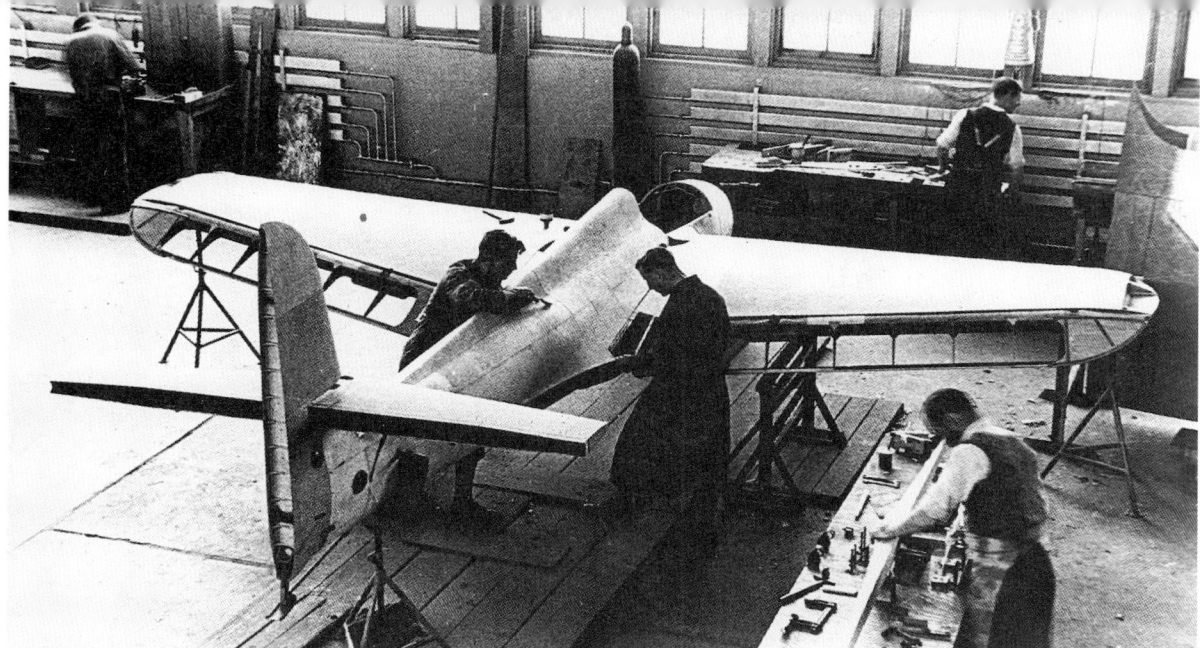

Produktion des Hirth 6 m-»Stummelhabichts« in Nabern/Teck.

ger« in die Lage versetzen, auch eine dichte Bewölkung zu durchstoßen. Im wesentlichen glaubte man, daß die Beherrschung einer Ar 96 im Kunstflug und Überlandflug, einschließlich der Instrumentenausbildung, ausreichend sein würde.

Die Waffenausbildung galt es ebenfalls mit der Ar 96 durchzuführen. Eine Umschulung auf Bf 109 und Fw 190 konnte entfallen. Dafür hatten Ziellandungen, Luftschießen, Angriffübungen auf Luftziele und Höhenflüge Vorrang. Zur Intensivierung und Weiterbildung sollten wiederholt Ziellandeübungen mit schnellen Segelflugzeugen, etwa dem »6 m-Habicht«, einigen Raum einnehmen. Die Ausbildungsdauer auf der »Kometenwaffenschule« sollte etwa vier Monate betragen.

Die Endausbildung mit den späteren Einsatzmaschinen würde dann bei der Ergänzungsstaffel des JG 400 in Brandis erfolgen.

Zunächst aber standen für die Schüler Flüge mit folgenden Segelflugzeugen im Vordergrund: Nach dem »Kranich« schlossen sich Starts mit dem »13,5 m-Habicht« an. Anschließend kam der »8 m-Habicht« an die Reihe. Zuletzt wurde das Können der jungen Piloten mit dem »6 m-Stummelhabicht« überprüft, wobei der Nachweis einer einwandfreien Beherrschung einer antriebslosen Ziellandung erbracht werden mußte.

Die Konstruktion des voll kunstflugtauglichen »Habichts« war 1936 die Arbeit von Hans Jacobs. Der erste »8 m-Habicht« flog am 20. 5. 1943. Der Erstflug der 6 m-Ausführung folgte am 22. 5. 1943 im Schlepp der Klemm 25 von Wolf Hirth. Bis zum 30. 11. 1944 bauten die Ferdinand Schmetz-Werke in Herzogenrath bei Aachen – die Firma Hirth entwickelte und montierte nur die beiden Prototypen – acht 8 m- und neun 6 m-»Habichte«, von denen zwei, beziehungsweise sechs Maschinen abgeliefert wurden.

Die weitere Schulung erfolgte zunächst mit einer geschleppten Me 163, die verschiedene Fluggewichte aufwies, je nachdem wieviel Wasser sich in den Treibstofftanks befand. Zur

167

Einweisung stieg der Flugschüler am Anfang in eine »Leichte B«, eine Me 163 B, bei der sowohl das Triebwerk als auch die Waffenanlage fehlten. Anschließend folgte eine Me 163 B ohne Triebwerk, jedoch mit Waffen und Munition, sowie in voller Ausrüstung. Danach kam es zum Flug, bei dem die normalerweise vorkommenden Kraftstoffrestmengen simuliert wurden. Schließlich führte das Lehrpersonal die Schüler über eine aufmunitionierte Me 163 B mit halber Betankung an das vollbeladene Einsatzflugzeug heran.

Insgesamt nahm das OKL an, diesen Ausbildungsgang in vier bis sechs Wochen durchziehen und den »Kometenjägern« gleichzeitig noch das erforderliche theoretische Wissen vermitteln zu können.

Diese Gesamtausbildung besaß den Vorteil, relativ kurz zu sein, aber auch den großen Nachteil, daß die Flugzeugführer möglicherweise nicht ohne zusätzliche Jagdausbildung zum Frontverband versetzt werden konnten, da ihnen die Jagdausbildung auf der Bf 109 und Fw 190 fehlte.

Es erschien aber wenig sinnvoll, die noch unerfahrenen Flugschüler allein fliegen zu lassen, da die hohe Flächenbelastung der Me 163 bei der Landung große Anforderungen stellte. Ein mitfliegender Lehrer würde hier im Notfall schnell eingreifen können, um kritische Situationen oder gar einen Absturz zu verhindern. Der Wunsch nach einem dem Flugverhalten der Me 163 B angepaßten Schulflugzeug ließ daher nicht lange auf sich warten.

Ab Frühjahr 1944 wurden daraufhin Zeichnungen für den Umbau einer Schulmaschine aus der serienmäßigen Me 163 B erstellt. Es war vorgesehen, den Motor und die Rumpftreibstoffbehälter auszubauen und an deren Stelle einen zweiten, erhöhten Sitz mit allen notwendigen Flugkontrollinstrumenten und eine Hilfssteuerung für den Fluglehrer zu installieren. Die Treibstoffbehälter im Flügel und Kanzelbereich blieben unverändert. Durch das Füllen der Tanks mit Wasser sollten unterschiedliche Schwerpunktslagen und Gewichtszustände simuliert werden. Es bestanden sogar Überlegungen, hinter dem zweiten Sitz einen zusätzlichen Behälter für diese Zwecke einzubauen.

Schon beim ersten Entwurf, datierend vom 23. 5. 1944, sahen die Konstrukteure eine Vollsicht-Plexiglashaube vor. Anstelle des sonst üblichen Seitenfensters sollte der An-

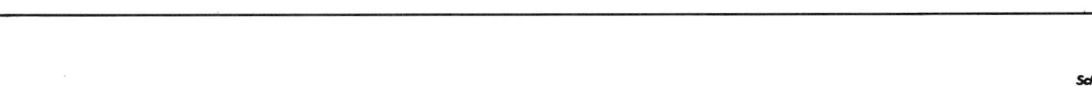

Erster Entwurf der Me 163 S vom 23. 05. 1944 mit einfacher Vollsichtverglasung für den Fluglehrer.

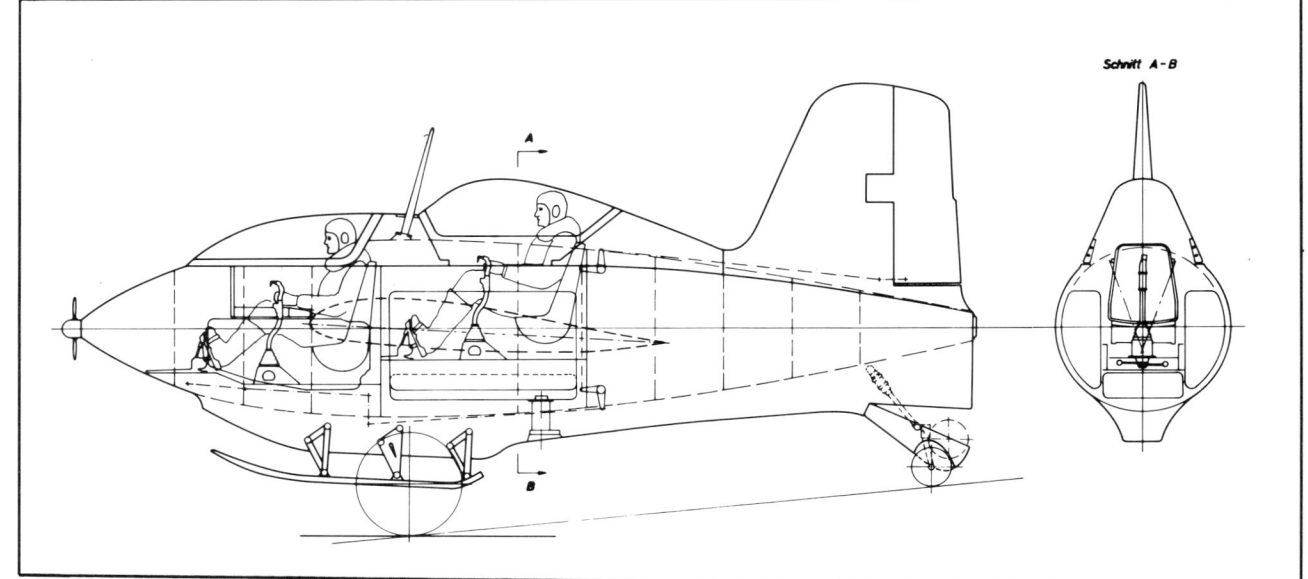

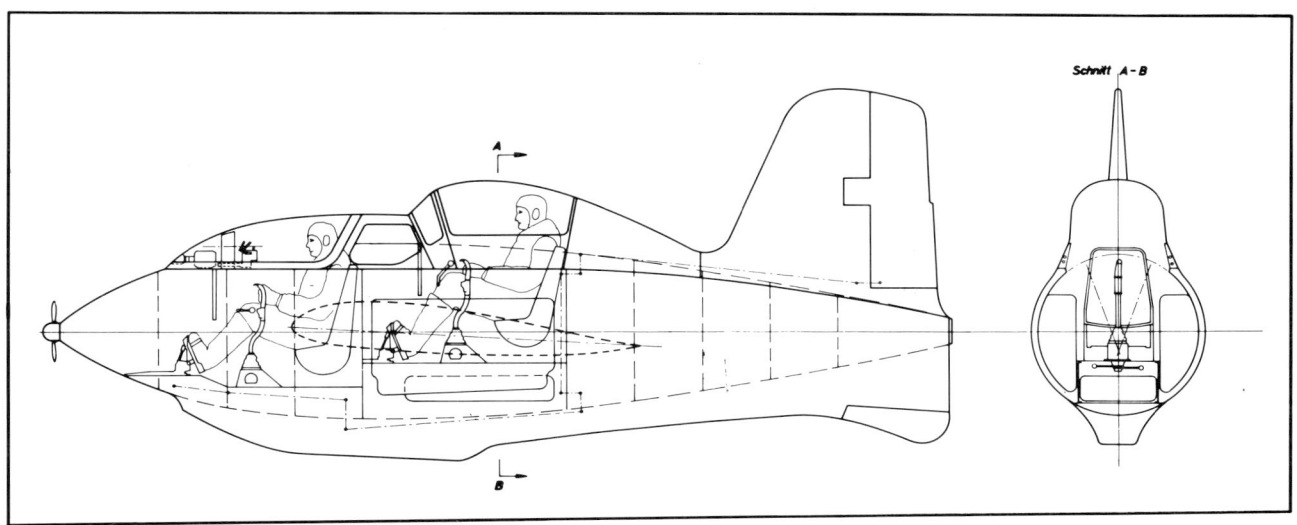

Schnitt A-B

Modifizierter Entwurf der Me 163 S vom 25. 8. 1944 für rüstsatzmäßigen Truppenumbau.

tennenmast eingebaut werden, vermutlich um die der Einsatzversion entsprechenden Funkgeräte einbauen zu können. Im Mittelpunkt der Überlegungen stand sicherlich die Einübung der Zielanflug-Führungsverfahren. Beim Musterumbau des ersten Schulflugzeugs bei der Deutschen Lufthansa in Berlin-Staaken, Mitte 1944, behielt man dann jedoch das Seitenfenster der serienmäßigen Me 163 B bei.

Auch die Kabinenhaube war zweiteilig ausgelegt. Der Grund für die Abweichung vom ersten Entwurf lag in der Fertigungstechnik. Das Verkleiden des Seitenfensters und der Einbau eines Antennenmastes bedingte einen größeren Arbeitsaufwand. Darüber hinaus war das Erstellen einer einteiligen Kanzel für den zweiten Sitz zu aufwendig, da neue Formen hätten gefertigt werden müssen, weil die Haube der Me 163 B nicht mehr zu verwenden war.

Im Sommer konnte trotz allen Termindrucks die erste Schulmaschine bei der DLH fertiggestellt werden. Im August 1944 begaben sich die Piloten Panscherts, Geiling und Peters mit

einer Me 110 von Brandis nach Staaken, um die erste Me 163 S für das JG 400 zu übernehmen.

Dort unternahm Peters – als Pilot der Me 163 S – hinter einer Bf 110 einen Schleppflug, der reibungslos verlief. Daraufhin schleppte Panscherts die »Schul-Me«, mit Peters als Pilot und Geiling als Beobachter, noch am selben Tag nach Brandis. Die Flugeigenschaften der Schulmaschine wurden als angenehm beschrieben. Durch das fehlende Triebwerk war das Flugzeug wesentlich leichter geworden und ließ sich dadurch besser landen. Diesen Umstand strebte auch die Truppe an, damit die Flugschüler langsam, durch das kontinuierliche Füllen der Wassertanks, an die hohe Landegeschwindigkeit der Einsatzmaschine gewöhnt werden konnten. Schließlich betrug die Flächenbelastung einer unbeladenen Me 163 B etwa 100 kg/qm. Selbst der »6 m-Stummelhabicht« hatte nur eine Flächenbelastung von 40 kg/qm. Ferner fehlte bei der Me 163 S die übliche Schwanzlastigkeit

169

der Einsatzversion.

In Brandis verblieb das erste Schulflugzeug bis Kriegsende und wurde noch im März und April 1945 mehrfach geflogen.

Außer dieser Maschine in Brandis befand sich am 8. 2. 1945 eine zweite Me 163 S bei der III./EJG 2. Am 2. 3. 1945 erhielt die II. Gruppe ebenfalls eine Me 163 S. Das EJG 2 übernahm Anfang 1945 neben der Schulung von Strahlflugzeugführern für die Me 262 und die He 162 auch die Piloteneinweisung bei der

Ebenfalls am 2. 3. 1945 übernahm die OKL-Reserve aus dem Umbauprogramm zwei weitere Me 163 S. Diese beiden Flugzeuge kamen zur Erprobungsstelle Peenemünde-West, um der Überprüfung der Flugeigenschaften durch H. Hohmann zu dienen.

Ob es noch weitere Me 163 S gegeben hat, ist ungewiß. Laut den Unterlagen des OKL war der Umbau von 42 Serienflugzeugen geplant. Die vollständige Durchführung dieses Programms gilt aber als sehr unwahrscheinlich. Der amerikanische Geheimdienst sprach im Februar 1945 in einem seiner vertraulichen Berichte vom Bau von sieben Trainern des Typs Me 163.

Bei Kriegsende fiel zumindest eine Me 163 S in russische Hände. Mit diesem Flugzeug flog Mark C. Gallaj im Schlepp einer Tu-2, unter Pilot Igor Shelest, im Sommer 1945. Weitere Erprobungen folgten unter den Flugzeugführern Ya. I. Vernikov und A. A. Yefinof. Alle Flüge standen unter dem Kommando des Flugtechnischen Institutes (LII = Letnoispytatelnyj institut). Die Flugeinsätze dienten vermutlich auch der Pilotenschulung für die eigenen raketengetriebene Einsatzmaschinen.

Die nach dem Krieg bei dem Flugtechnischen Institut der UdSSR unter M.C. Gallaj erprobte Beute-Me 163 S.

Draufsicht einer Me 163 S.

170

D. ME 163 C

Schon während der Erprobung der Me 163 B fielen deren geringe Reichweite, die schwache Bewaffnung und die zu schlechten Sichtverhältnisse für den Piloten nachteilig auf.

Es galt vordringlich, ein Nachfolgemuster des R-Jägers zu finden, der eine größere Leistungsreserve besaß. Die Me 163 C entsprach bereits im Grunde den gestellten Anforderungen. Geplant als modifizierte »Me 163 B« besaß diese Ausführung wegen des eingebauten Marschofens eine größere Reichweite. Die aus vier Mk 103 bestehende Waffenanlage und eine gute Rundumsicht durch die Tropfenform der Kabinenverglasung sollten sich ebenfalls als vorteilhaft erweisen. Der einzige wirkliche Schwachpunkt der Me 163 C bestand – wie bei der Me 163 B – in dem abwerfbaren Rollwerk, so daß eine Kufenlandung notwendig wurde. Dies bedingte auch die unbefriedigende Mobilität der Maschine am Boden. Die Projektarbeiten an der Me 163 C begannen bereits im Januar 1942. Die Maschine war konzipiert als stark bewaffneter Heimatschützer für große Flughöhen. Die Bewaffnung sollte aus vier Mk 108 bestehen. Der Entwurf sah einen einsitzigen Mitteldecker schwanzloser Bauweise mit Raketenantrieb, abwerfbarem Rollwerk und Gleitkufe vor. Dabei sollten möglichst viele Teile der Me 163 B übernommen werden, da das notwendige Halbwerkzeug bereits zur Verfügung stand. Das Rumpfwerk war in Leichtmetall- und Stahlbauweise ausgeführt. Die Außenflügel bestanden aus Holz und waren nach dem Grundieren und Verspachteln wetterfest lakkiert. Beim Aufbringen des Tarnanstrichs war darauf zu achten, daß im Triebwerksbereich ein säurefester Anstrich Verwendung fand. In der Planung befand sich auch eine Druckkabine. Der Typ des einzubauenden Triebwerkes lag zunächst nicht fest. Gemäß der Baubeschreibung vom Juli 1943 war ein HWK LP 59 D vorgesehen, BMW arbeitete gleichzeitig am P 3390 C. Endgültig zum Einsatz kam das HWK 109-509 C, welches in Aufbau und Leistung dem LP 59 D entsprach. Wie bei der Me 163 B, konnte auch das Heck der C-Ausführung zum Aggregatswechsel abmontiert werden.

Im Februar 1942 lagen die vollständigen

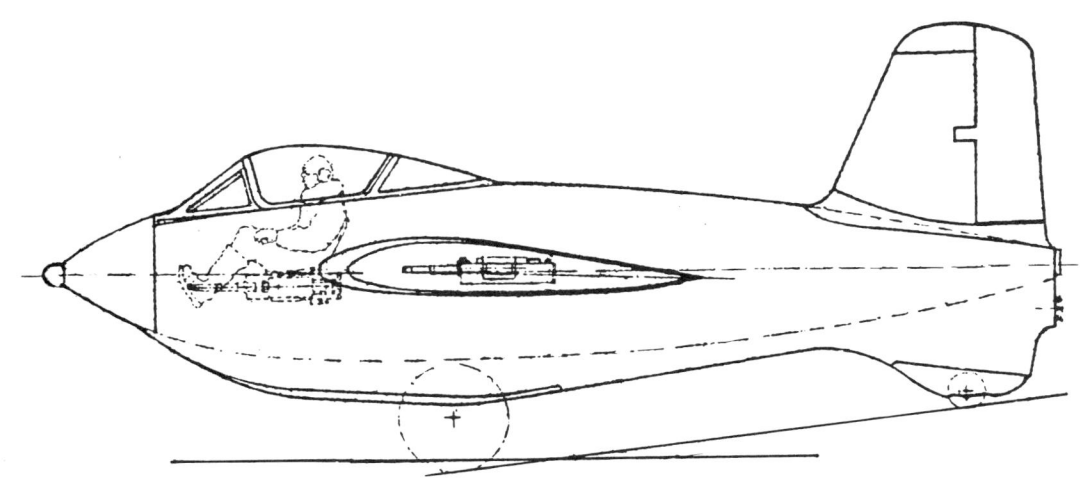

Seitenansicht der ersten Me 163 C-Baureihe mit vier MK 108 als Bewaffnung.

Projektbedingungen vor, so daß die Änderungsarbeit an der Me 163 B beginnen konnte. Ein Jahr später, im Januar 1943, begann endlich der Bau der ersten Me 163 C, im Februar erfolgte bereits die Endmontage, welche aber schon nach nur einem Monat wieder gestoppt wurde, um die Ergebnisse der Bruchversuche abzuwarten. Danach erhielt das Musterflugzeug am 25. 7. 1943 ein HWK-Triebwerk mit 1700 kp Schubleistung.

Am 26. 3. 1944 befanden sich, laut Angaben der Baumusterleitung Me 163, vier C-Maschinen in Oberammergau im Bau. Diese sollten mit einem Walter HWK 109-509 C (Steig- und Marschofen) ausgerüstet werden und je zwei MK 103 und MK 108 als Bewaffnung erhalten. Im April 1944 sollte die Teilerprobung anlaufen, die Vollerprobung würde im August erfolgen und bis Februar 1945 abgeschlossen sein.

In diesem Zeitraum beschäftigte man sich auch mit Berechnungen, um die Reichweite der Me 163 C zu steigern. Es hatte sich inzwischen gezeigt, daß wegen des geringeren Treibstoffverbrauchs des Marschofens zwar eine längere Flugzeit möglich war, dieser Vorteil aber durch das höhere Ausrüstungsgewicht und die beiden Maschinenkanonen nahezu ausgeglichen wurde. Außerdem fehlte durch die zwei Mk 108 der T-Stoff-Tank im Führerraum. Dieser Verlust an Tankkapazität sollte durch die Rumpfverlängerung um 0,90 m gegenüber der Me 163 B ausgeglichen werden. Auf der anderen Seite erhöhte sich dadurch das Gesamtgewicht und der Treibstoffverbrauch. Um doch noch eine deutliche Erhöhung der Flugzeit zu erreichen, versuchte man, die Me 163 C mit abwerfbaren Außentanks auszurüsten. Vermutlich bedingt durch den höheren Luftwiderstand betrug die Gesamtflugdauer mit Antrieb in zwölf Kilometer Höhe trotzdem nur zehn Minuten.

Die geplante, serienmäßige Me 163 C sollte dann eine Flugzeit von 14 Minuten erreichen. Beim Marschflug mit 514 km/h erhöhte sich die Flugdauer auf 19 Minuten. Zum Vergleich: Die Me 163 B kam in der gleichen Höhe auf eine Gesamtflugdauer mit Antrieb von maximal $9^{3}/_{4}$ Minuten bei 600 km/h Geschwindigkeit. Es muß allerdings erwähnt werden, daß sich die für die Me 163 C gemessenen Werte auf ein Flugzeug mit einem Startgewicht von 4997 kg ohne Flügelwaffen bezogen.

Obwohl die Me 263 als der geeignetere Nachfolger bereits im Raum stand, liefen die Erprobungsvorhaben bei der Me 163 C im Juli 1944 unvermindert weiter. Inzwischen lag, datierend vom 15. 9. 1944, ein detaillierter Erprobungs-Ablaufplan des Konstruktionsbüros in Raguhn für die Me 163 C vor.

Auch die Forschungsanstalt »Graf Zeppelin« in Stuttgart legte weitere Erprobungsergebnisse im Zusammenhang mit dem Einbau eines Landebremsschirmes in die Me 163 C vor. Der Mustereinbau sollte in Dessau in die Praxis umgesetzt werden.

Etwa zur gleichen Zeit führten die Messerschmitt-Werke in Augsburg die erwähnten Bruchversuche an drei Schalenflächen der Me 163 C durch. Am 11. 9. 1944 ging eine Fläche komplett mit Beschlägen nach Dessau ab, um die Versuche und Erprobungen dort fortzuführen.

Es scheint, als habe es inzwischen vier Versuchszellen bei der Oberbayrischen Forschungsanstalt in Oberammergau gegeben. Messerschmitt befaßte sich dort mit den Mustermaschinen, da es bei Junkers anscheinend an freier Kapazität fehlte. Offensichtlich sollten die Rümpfe in Oberbayern, die Tragwerke jedoch in Mitteldeutschland produziert werden.

172

Zuletzt ist in Dokumenten im Februar 1945 von der Me 163 C die Rede; wenige Wochen später fiel auch dieser Interceptor dem Rotstift des Jägerstabs zum Opfer.

E. ME 163 »D«

Auf dem Weg zur Me 263 galt die sogenannte Me 163 »D« als der wichtigste Wegbereiter. Es war die erste Me 163 mit Bugradfahrwerk und sah äußerlich der Me 263 nicht unähnlich. Aber damit endeten alle Gemeinsamkeiten, denn die Me 263 entstand nicht aus der »D«-Ausführung.

Doch noch einmal zurück zur Geschichte der Me 163 »Berta«. Ende September 1944 kam es in Brandis infolge mangelnder Hallenkapazität und schlechter Konservierung der Flugzeugzellen zu ernsten Witterungsschäden bei einigen Me 163 BV-Mustern, darunter auch bei der Me 163 BV 13 und BV 18. Nach Besichtigung der Schäden traf am 4. 10. 1944 die Anweisung ein, die rechte Fläche der BV 32 an die Me 163 BV 18 zu montieren. Wegen des zu erwartenden geringen Abfanglastvielfachen bei der Erprobung wurde auf eine Reparatur des Holmes verzichtet. Dadurch waren dem fliegerischen Einsatz beider Musterflugzeuge vorläufig Grenzen gesetzt. Deshalb begannen die Junkers-Werke in Brandis Ende Oktober 1944 mit der Planung, die BV 13 und BV 18 in ihrer »Abteilung 700« umzubauen. Beide Flugzeuge sollten eine Rumpfverlängerung und ein starres Dreibeinfahrwerk mit lenkbarem Bugrad erhalten. Der Umbau erfolgte im November 1944. Dazu wurde der Rumpf hinter der Fläche geteilt und nach Einsatz der Zwischenstücke erneut montiert. Mit Verstärkungsleisten stabilisierte man das Rumpfwerk. Die Blechstücke wurden über die Rumpftrennstelle hinaus verlängert und mit der Rumpfhaut und den Spanten vernietet. Dieses System fand vorher öfters Anwendung bei der Reparatur in Feldwerften. Die Arbeiten mußten aber in solcher Eile ausgeführt werden, daß es nicht gelang, glatte Bleche zu be-

174

Aufnahme der Me 163 BV 18. Bei diesem Versuchsmuster ist auf der Fläche eine Kamera zur Aufzeichnung der Flugversuche installiert worden.

schaffen und dadurch die im Bild schwach erkennbare, leicht wellige Rumpfoberfläche entstand.

Am 20. 12. 1944 lag die Prüfanweisung für die Umbaumaschinen Me 163 BV 13 und BV 18, der sogenannten »D«-Version, vor.

Zu diesem Zeitpunkt verliert sich die Spur der Me 163 BV 13. Am 19. 4. 1945 fanden amerikanische Truppen die Maschine in Pölzen. Der Rumpf war für den Einbau des Zwischenstückes teilweise demontiert worden. Bis Kriegsende konnte man die Arbeiten jedoch nicht abschließen.

Die zweite im Umbau auf Bugfahrwerk befindliche Me 163 B, die BV 13. Die Aufnahme entstand im April 1945 in Pölzen.

Mit der Me 163 BV 18 erfolgten Ende Dezember 1944 Rollversuche sowie schließlich mehrere Starts und Landungen. Anschließend untersuchten die Herren Dr. Kaul (Konstruktionsbüro Flugmechanik) und Gopler (Kobü Entwurf) die Auswirkungen eines verlängerten Rumpfes auf das Flugverhalten und die Aerodynamik. Dabei benutzte man die Ergebnisse aus dem Einfliegen der umgebauten Me 163 BV 18 und verglich diese mit den entsprechenden Windkanalwerten. Hierbei kam es zu unterschiedlichen Meßwerten, welche sich mit dem vergrößerten Widerstandsbeiwert des starren Fahrwerks und den angebrachten Verstärkungsleisten sowie den Störungen auf der Rumpfhaut der Me 163 BV 18 erklären ließen. Durch diese Einschnürungen und Aufdickungen des Rumpfes traten zwangsläufig größere Abweichungen im Druckverlauf auf.

Als Fazit des am 4. 1. 1945 geschriebenen Berichtes wurde ein Windkanalmodell der Ju 248 gefordert, um die Werte direkt messen zu können, ohne den Weg über eine Umrechnung aus den Werten der BV 18 beschreiten zu müssen. Eine Behebung der durch den Umbau der Me 163 BV 18 zur verlängerten »D« entstandenen aerodynamischen Störungen ließen sich nur durch Auflegen neuer Verkleidungsbleche erreichen. Dies war jedoch aus Zeitmangel bis Mai 1945 vermutlich nicht vollständig durchführbar.

Es steht lediglich fest, daß mit der Me 163 BV 18-»Umbaumaschine«, so die offizielle Bezeichnung, noch im Februar 1945 Rollversuche zur Überprüfung der zulässigen Kurvenbelastung durchgeführt wurden.

Auf keinen Fall entstand aus dieser »D« die Me 263, die zu diesem Zeitpunkt bereits im Bau war. Außerdem war es aus rein statischen Gründen völlig unmöglich, die Rumpfoberschale zu entfernen, um so den schlanken Rumpf der Me 263 zu erhalten. Es zeigten sich bereits bei der Rumpfverlängerung der Me 163 BV 18 mechanische Schwierigkeiten, was zur Anbringung der Verstärkungsleisten am Rumpf führte.

Das Versuchsmuster wurde vermutlich bei Kriegsende gesprengt.

Datenübersicht Me 163 und Me 263

Baumuster		Me 163 AV4-AV13	Me 163 BV1-44 (B-0)	Me 163 C	Me 263
Spannweite	(m)	8,85	9,30	9,80	9,50
Länge	(m)	5,32	5,92	6,70	7,83
Höhe	(m)	2,32	3,09	3,00	3,17
Flügelfläche	(qm)	17,51	19,60	20,50	17,80
Flächenbelastg.	(kg/qm)	134 (mittel)	209 (Start)	–	–
Triebwerk HWK		RII 203	109-509 A-1	109-509 C	109-509 C
Schubleistg.	(kp)	750	1500-1700	1800+	2400 (geplant)
Leergewicht	(kg)	1100-1200	1850	1950	1920
Fluggewicht	(kg)	2200-2300	3900-3985	5000-5155	5300
Bewaffnung		keine	2 MG 151/20 od. 2 MK 108	4 MK 108	2 MK 108
FT-Anlage	FuG	16	16 ZY, 25a	16 ZY, 25a	16 ZY, 25a
v/max	(km/h)	800	850+	880	880
v/steig	(m/s)	–	700+	750	750
t/steig	(min auf m)	–	2,27/6000 3,19/10000	–	–
Gipfelhöhe	(m)	–	11500+	14000	14000
Reichweite	(km)	–	120	130	–

F. ME 263

Die Entwicklung des Raketenflugzeugs Me 163 A besaß zunächst einen rein wissenschaftlichen Charakter. Es sollten die Grenzen des Hochgeschwindigkeitsflugs, die Möglich-

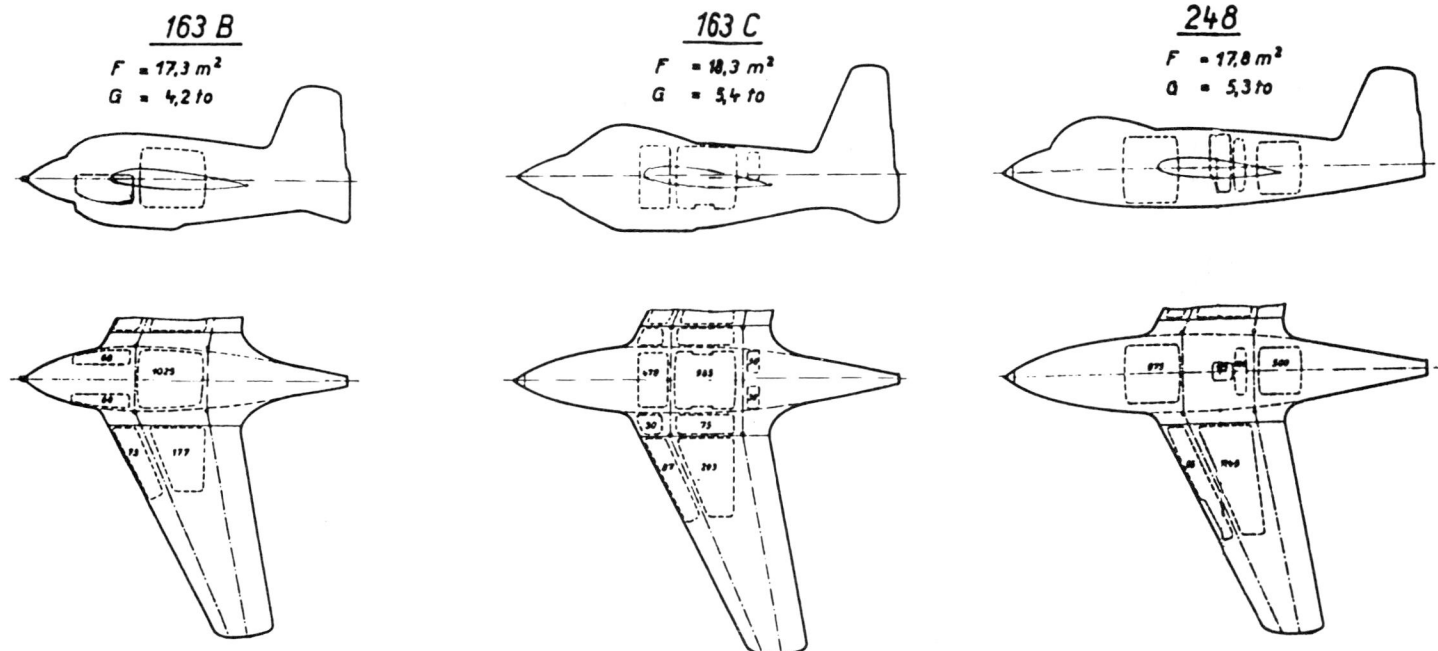

Gegenüberstellung der drei Entwicklungsstadien des Raketeninterceptors.

keiten des Raketenantriebs, aber auch die grundsätzliche Eignung von schwanzlosen Flugzeugen erforscht werden.

Bedingt durch seine überlegene Geschwindigkeit war es jedoch nicht verwunderlich, daß dieses Flugzeug als Waffe Verwendung finden würde. Das Ziel bestand darin, die zu erwartenden hochfliegenden Bomber und Aufklärer der Alliierten abzufangen. Das Ergebnis war die Me 163 B, welche sich im Grundkonzept nicht von der Me 163 A unterschied. Mit der Me 163 C sollte dann ein Raketenjäger zur Verfügung stehen, bei dem die Fehler der Me 163 B, insbesondere die zu geringe Reichweite und zu schwache Bewaffnung ausgeglichen sein würden. Das Problem der Kufenlandung aber wurde mit diesem Entwurf nicht gelöst. Es fehlte weitgehend die Mobilität am

Boden. Für jede Bewegung mußte ein Rollwagen zur Verfügung stehen.

Daher erhielten die Junkers-Werke in Dessau im Spätsommer 1944 den Auftrag, einen Nachfolger für die Me 163 zu entwickeln. Die Projektbezeichnung lautete nun Ju 248, der Tarnname »Flunder«. Vermutlich im Dezember 1944 wurde das Flugzeug in Me 263 umbenannt, um es als Nachfolgemuster der Me 163 kenntlich zu machen. In den Unterlagen der Junkers-Werke wurde jedoch meist die Bezeichnung 8-263 oder nur 263, ohne Angabe des Herstellernamens, gewählt. Teilweise blieb aber auch die Bezeichnung 248 erhalten, die Attrappe der Me 263 wurde durchweg als Ju 248 bezeichnet. Einige Luftwaffenangehörige bezeichneten die »Umbaumaschine« Me 163 BV 18, die sogenannte Me 163 »D«,

176

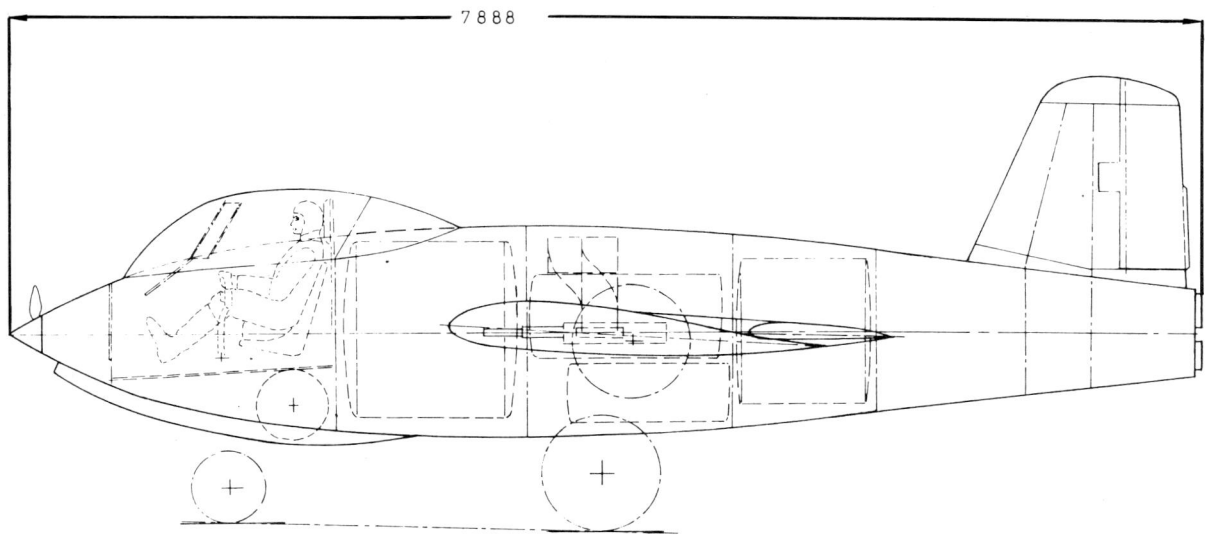

Werkszeichnung der geplanten serienmäßigen Me 263 A-1.

als Ju 248, was sicherlich zur Legende beitrug, daß die Me 263 daraus entstand.

Die Baubeschreibung wies die Me 263 als Strahljäger mit starker Bewaffnung, hoher Steigleistung und Fluggeschwindigkeit als »Heimatschützer für den Tageinsatz« aus. Der Rumpf war in Dural-Konstruktion ausgeführt und in den druckdichten Führerraum, Rumpfmittelstück und -ende unterteilt. Die Bugspitze ließ sich gesondert von der Druckkabine abnehmen. Das Rumpfende konnte mittels Schnellanschlüssen leicht entfernt werden. Das Dach war dreiteilig, der mittlere Teil wurde seitlich nach rechts aufgeklappt. Dieser Teil der Kanzel konnte mitsamt des Dachauslaufes abgeworfen werden.

Die Flügel bestanden aus Holz und wurden von der Me 163 B übernommen. Es kamen jedoch größere Flügelbehälter zum Einbau, was zu geringen Umbauten, Verlegung des Landeklappenantriebs und der Trimmklappenbetätigung führte. Steuerung, Instrumente und das

Seitenruder übernahm Junkers nahezu unverändert von der Me 163 B.

Das Rollwerk gliederte sich in das vollständig einziehbare Hauptfahrwerk und ein lenkbares Bugrad. Das Rumpfende diente zusätzlich als Notsporn im Falle einer ungewollten Bodenberührung. Als Triebwerk sah das Konstruktionsbüro ein HWK 109-509 C mit einem Hauptofen von 2000 kp und einem Marschofen von 400 kp Schubleistung vor. Ferner befanden sich serienmäßig Aufhängungen für zwei Starthilfen an den Flügelwurzeln. Für die FT-Anlage sollte ein FuG 16ZY für den Sprechverkehr und ein FuG 26a Verwendung finden. Am Rumpfende war ein Bremsschirm vorgesehen. Die Bewaffnung bestand aus zwei in den Flügelwurzeln installierten MK 108.

Kurze Zeit nach Auftragserteilung begannen die Konstrukteure mit der Erstellung der Zeichnungen und gaben den Bau einer Attrappe in Auftrag. Bereits am 30. 9. 1944 konnten Versuche mit dem geplanten Einziehfahrwerk sowie umfangreiche Festigkeitsversuche mit dem Leitwerk durchgeführt werden. Die Arbeiten gingen rasch voran, wenn auch die Materialbeschaffung gelegentlich ernste Schwierigkeiten bereitete.

Im November wurden in Dessau Windkanalversuche durchgeführt. Es galt beispielsweise, die Strömungsbeeinflussung von Flügelanbauten, etwa von Aufhängevorrichtungen für Außenlasten, zu untersuchen.

Die Anschlüsse für die beiden Startraketen und die Vorrichtungen für Zusatzbehälter legte Junkers anläßlich der ausführlichen Anlaufbesprechung für die Me 263 fest. Danach sollten die Raketenbeschläge an der 1. Rippe, die Aufhängung für die Zusatzbehälter an der 4. Rippe serienmäßig angebracht werden.

Die Konstruktionsleitung gab bei dieser Besprechung auch Anweisung, den Urformkörper für den Vorrichtungsbau bis zum 30. 11. 1944 bei der Waggonfabrik Dessau Süd herzustellen.

Die Fertigung, beziehungsweise Umrüstung der Tragflächen fiel der Firma Puklitzsch in Zeitz zu. Der Liefertermin für den ersten Satz Tragflächen wurde auf den 10. 1. 1945 festgelegt.

Das Rumpfvorderteil und -ende sollte beim Flugzeugstammwerk Dessau (FSD) Süd, die Rumpfmitte bei FSD Zeitz gefertigt werden. Zusammenbau und Ausrüstung würden, laut Besprechungsniederschrift vom 9. 12. 1944, im FSD-Bunker D erfolgen. Trotz der dezentralisierten Fertigung strebte man die volle Austauschbarkeit der Teile an. Dies war schon bei der Me 163 B nie gelungen. Die Ausstattung der Me 263 mit dem Landebremsschirm übernahm die Forschungsanstalt »Graf Zeppelin« in Stuttgart. Diese sollten vier Schirme mit einem Durchmesser von 4,1 m bis zum 13. 1. 1945 in Dessau anliefern.

Die Fahrwerksfertigung übernahmen die Firmen Kronprinz und VDM in Raguhn. Die Aufgabe der vorläufigen Erprobung des Fahrgestelles entfiel, wie bereits erwähnt, auf die Me 163 BV 13 und BV 18, wobei die erstere Maschine nicht zur Umrüstung kam. Die Prüfanweisungen für die Me 263 bezogen sich ebenfalls auf die Me 163 BV 18 und die schon erstellten Konstruktionsunterlagen.

Am 13. 12. 1944 wurden die Aufträge für die Bruchversuche an Fahrwerk und Steuerung herausgegeben.

Zwei Tage später traf man sich zur Attrappenbesichtigung der Me 263 in Raguhn. Dabei waren auch japanische Offiziere anwesend,

Holzattrappe der Me 263, die bei Junkers als Ju 248 bezeichnet wurde.

178

Me 263 A-Rumpfattrappe mit Flügelansatz und FT-Einbauten.

Rechtes unbeplanktes Rumpfwerk der Me 263-Holzattrappe.

die nach einer wirksamen Bekämpfungsmöglichkeit der B-29 suchten. Die in Japan erprobte Variante einer Me 163 B befriedigte die japanischen Streitkräfte keineswegs. Die Gründe waren ähnlich wie in Deutschland, wenn auch der japanische Jäger noch ohne Triebwerk flog.

Die ersten Me 263 wurden aus Neuteilen und Baugruppen der serienmäßigen Me 163 B umgebaut, beziehungsweise neu hergestellt.

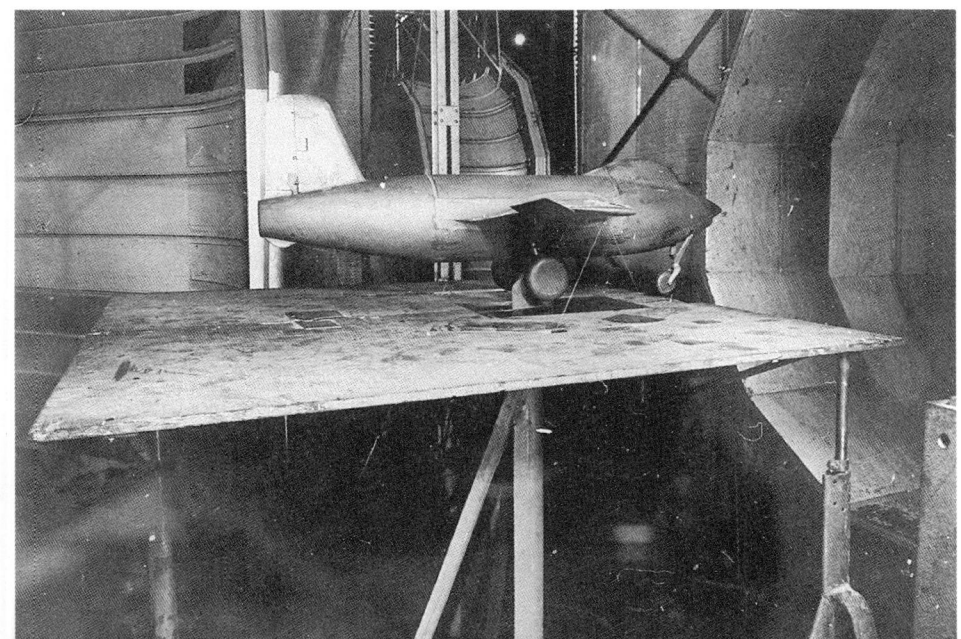

Windkanalmodell der Me 263 bei der Drei-Komponenten-Messung in Dessau im November 1944.

179

Linke Fläche der ersten Me 263 (V1) im Bau, 1944.

Zuvor war es ab Oktober 1944 zu zahlreichen Modellversuchen gekommen, bei denen eine plötzliche Schwanzlastigkeit bemerkt wurde. Die mit der Ju 248 befaßte Abteilung Strömungstechnik bei Junkers schlug daher vor, auf die Ju 248 ganz zu verzichten und statt dessen den TL-Jäger Ju EF 128 forciert zu bearbeiten.

Am 16. 12. 1944 lief der Tragflügelbau für die Nullserienmuster der Ju 248 bei der Firma Puklitzsch an. Auch der Urformkörper konnte inzwischen durch weitere Bauteile vervollständigt werden, um Schablonen für die Werk-

zeuge und konturabhängigen Betriebsmittel anzufertigen. Bei der Überprüfung des Meßtisches für die Profilmessungen an den Tragflächen in Zeulenroda ergaben sich keine Beanstandungen. Lediglich die dort fehlende Beheizung der Betriebsräume wurde bemängelt, da man befürchtete, daß sich die Schablonen durch Kälte und Nässe verziehen könnten.

Inzwischen lagen auch die endgültigen Prüfanweisungen für die künftige Me 263 (Ju 248) vor.

Bis zum Jahresende konnte der erste provisorische Besatzungsraum und das Fahrwerk angeliefert werden. Aus Mangel an Fahrwerkszylindern war das Rollwerk vorerst aber nicht einziehbar. Auch die Nietung der Rumpfoberfläche entsprach kaum den geltenden Vorschriften und wies zahlreiche Unebenheiten auf. Eine Verbesserung war nicht zu erwarten, so daß auch der geforderte Geschwindigkeitszuwachs von 50 km/h ausblieb.

Am 12. 1. 1945 traf endlich das mittlere Rumpfsegment ein. Unverzüglich begann der Einbau der Waffenlagerböcke in die Flügelwurzeln, die mit dem Rumpf verbunden waren. Gleichzeitig stellte sich heraus, daß die Anschlußpunkte der ersten 15 Triebwerke nicht mit den Zeichnungen übereinstimmten. Da bei den Walter-Werken eine Nachbesserung nicht möglich war, mußte der Rumpf der Me 263 V1 und später auch der V2 um 50 mm verlängert werden. Bei der Me 263 V1 fehlte der Notsporn sowie die Antenne für das FuG 25a. Beides war jedoch zellenseitig schon berücksichtigt und sollte später nachgerüstet werden.

In einem Bericht vom 13. 1. 1945 drängte das OKL nochmals vehement auf eine Großserienreife. Im OKL schien es aber zwei Lager zu geben, welche verschiedener Auffassungen über die Nachfolge der Me 163 durch die

Die Me 263 V1 während der Schleppflugerprobung in Mitteldeutschland, Ende März 1945.

Me163/149

Me 263 waren. So existierten am 29. 1. 1945 zwei Berichte des OKL. In einem wurde das Abstoppen der Me 263 und Ersatz durch die He 162 verlangt, während im anderen Bericht der Befehl auf Umsetzung des JG 400 von Me 163 auf Me 263 lautete. Am 20. 3. 1945 überging das RLM dann die Me 263 völlig und plante die Umsetzung des JG 400 von Me 163 auf He 162. Diesem Plan wurde zuletzt am 1. 4. 1945 widersprochen und unverzüglich die Umrüstung von Me 163 auf Ho 229 angeordnet.

Mit der Paßgenauigkeit der Teile bei der Fertigung der Me 263 gab es Anfang 1945 zahlreiche Probleme. So bat die Bauleitung um Überprüfung der Einhaltung des Baumaßstabs beim Rumpfdach. Die Urformkörper der verschiedenen beteiligten Firmen zeigten Ungenauigkeiten, da die Formkörper aus feuchtem Holz gefertigt worden waren. Dadurch bestand latent die Gefahr des Verziehens, welche sich aber durch Aussteifen und erneutes Vermessen beheben ließ.

Ende Januar kamen die modifizierten Trag-

flügel einer Me 163 B für die erste Me 263 in Dessau an und konnten mit dem Rumpfwerk verbunden werden. Der Zusammenbau der Maschine war bis zum 6. 2. 1945 abgeschlossen. Wenige Wochen später folgten erste Flugversuche im Schlepp. Hierbei stellte sich eine überraschend starke Kopflastigkeit des ersten behelfsmäßigen Umbauflugzeugs heraus. In einem werksinternen Bericht hieß es: »Die Brauchbarkeit des Musters ist ernstlich in Frage gestellt!«. Der Grund hierfür lag hauptsächlich in der schlechten Bauausführung der Me 263 V1.

In einer Besprechung, vier Tage später, beschloß der Chef TLR, Generalmajor Diesing, nach Absprache mit Dir. Walter und Dipl.-Ing. König, beide vom Hauptausschuß Flugzeugbau (HAF), daß sowohl die Me 163 gestrichen bleibt und die »Me 263 nicht anläuft«. Auch im »Führernotprogramm« fanden die Me 163- und Me 263-Jäger keine Aufnahme mehr, einzig die Me 262-TLR-Maschinen sollten einstweilen weiterbearbeitet werden.

Dennoch hatte das Kommando der E-Stellen inzwischen ein detailliertes Erprobungsprogramm für die Me 263 entworfen. In Karlshagen sollten die Eigenschaften und Leistungen getestet werden, außerdem war dort die Fahrwerks- und Triebwerksanlage zu überprüfen. Die E-Stelle Rechlin erhielt ferner den Auftrag, die Funkanlage zu überprüfen, die E-Stelle Tarnewitz sollte die Waffenanlage übernehmen.

Anfang 1945 waren außerdem zwei weitere behelfsmäßig umgerüstete V-Muster der Me 263 in fortgeschrittenem Bauzustand. So schrieb das Konstruktionsbüro Dessau in seinem Bericht vom 7. 3. 1945, daß vor Ablieferung weiterer Prototypen noch verschiedene Einbauten notwendig wären. Außerdem sollten die Generatoren aller drei V-Maschinen neue Seppler-Luftschrauben erhalten. Der Einbau der Bewaffnung und die Anbringung der FuG 25a-Antenne im Flügel der Me 263 V3 begann sofort. Bei allen drei Maschinen fehlte auf jeden Fall noch das einziehbare Fahrwerk, da die Einzelteile bis Ende März 1945 noch immer nicht zur Verfügung standen.

Auch konnten bis zu diesem Zeitpunkt keine funktionstüchtigen Triebwerke beschafft werden. Zudem fehlten wichtige Teile, welche die Firma Walter erst Ende des Monats anliefern würde. Das Triebwerk für die Me 263 V2 sollte sofort nachgerüstet und mit den fehlenden Teilen ergänzt werden. Der letzte Vierteljahresbericht der Abteilung Strömungstechnik der Junkers-Werke belegt Flugversuche mit der Me 263 V2 und V3, welche die nur beim ersten Musterflugzeug aufgetretene Kopflastigkeit nicht mehr zeigten.

Die zuvor geplante Überlassung der Ju 248-Unterlagen an Japan mußte unterbleiben, da die Unterlagen beim schweren Luftangriff am 7. 3. 1945 verbrannten.

Seit diesem Zeitpunkt verliert sich die Spur der drei Me 263. Nach Auskünften ehemaliger Luftwaffenangehöriger erbeuteten sowjetische Truppen eine Me 263 unbeschädigt. Ferner wurde die Attrappe in die Sowjetunion gebracht, die dort als Grundlage für den Bau moderner sowjetischer Raketenflugzeuge diente.

Die von den nachrückenden sowjetischen Truppen erbeutete Holzattrappe der Me 263.

182

Zur Untersuchung der Strömungsverhältnisse am Tragflügel dienten zahlreiche aufgeklebte Wollfäden.

Das in Dessau 1945 von amerikanischen Truppen gesprengte mittlere Rumpfsegment der Me 263 V2.

Alle Flüge mit der Me 263 haben vermutlich nur im Schlepp stattgefunden. Darauf deuten Aussagen von Piloten sowie die Fotos der endmontierten Maschine hin, welche mit Wollfäden beklebt waren, um Strömungsverläufe kenntlich zu machen. Beim Herannahen der Front wurde ein großer Teil der bislang in der neuen Raguhner Schule eingelagerten Unterlagen vernichtet. Ein zwischengelagerter Satz blieb erhalten.

Mindestens eine der übrigen beiden Me 263 wurde beim Einmarsch alliierter Truppen in Dessau gesprengt. Erinnerungsfotos zeigen amerikanische Offiziere vor den Trümmern eines Rumpfmittelteils. Ob die Trümmer vertragsgemäß der Sowjetunion überlassen wurden, blieb unbekannt.

14 Me 163 B in Kiel-Holtenau vor dem Abtransport.

Nachwort

Dank der gebotenen Möglichkeiten, phantastische Projekte in die Realität umzusetzen, nahm insbesondere die Luft- und Raumfahrt in unserem Jahrhundert einen stürmischen Aufschwung. Bemerkenswert rasch entwickkelte sich die fortschrittliche Raketentechnik, die trotz der geplanten zivilen Nutzung schnell in den Sog der Kriegsmaschinerie geriet und schließlich vollends zur Waffe wurde. Gepaart mit den neuesten Erkenntnissen des Flugzeugbaus und dem Vordringen in immer höhere Luftschichten, entstanden vor etwa 50 Jahren vielfältige Konzepte, die es galt unter Überwindung zahlloser technischer Hemmnisse, schnellstmöglich zu verwirklichen.

Lassen Sie uns an dieser Stelle noch einmal erinnern an die ersten Messerschmitt-Flugzeuge mit betriebssicherem Flüssigkeitsantrieb, den bemannten senkrechtstartenden Bachem-Interceptor oder den futuristischen Sängerschen Raumgleiter. Damit war das Tor zur zivilen und militärischen Nutzung des erdnahen Raums aufgestoßen worden.

Begonnen hatte alles mit relativ einfachen Raketenflugzeugen, von den Pionieren des Raketenflugs, über die DFS 194 zur Me 163 und zur Me 263. Dazwischen, der Not gehorchend, eine Vielzahl nicht verwirklichbarer Projekte und Studien, die allesamt das Mosaik der deutschen Raketenmaschinen innerhalb von zehn Jahren prägten. Wenn auch das RLM mit wechselnden Vorgaben und Wünschen manchmal eher die Entwicklung verzögerte als förderte, es blieben dennoch Ideen und Anstöße, die sich positiv für die Gesamtentwick-

lung auswirkten. Überaus unklare Vorstellungen innerhalb der deutschen Luftwaffenführung und beim RLM sorgten dafür, daß so manches zukunftsweisende Projekt fallengelassen wurde. Technische Schwierigkeiten, wie es sie beim Betreten technischen Neulands schon immer gab, wurden unterschätzt und führten dazu, daß Termine nur mit erheblicher Verzögerung erreicht werden konnten. Zusätzlich erschwerten Differenzen zwischen den Herstellern, Göring, Milch, Diesing und Lusser ebenso, wie zwischen der Luftwaffe und der SS, die sich die neuzeitliche Technologie einzuverleiben suchte, die Entwicklung.

Am 8. Mai 1945 fand die junge Raketentechnik nur ein vorläufiges Ende. »Wunder-« und »Geheimwaffen« wurden zur begehrten Kriegsbeute.

Windkanalmodelle, aber auch einige flugklare Raketenjäger, noch dazu umfangreiche Berechnungen, Patente, Pläne und Entwürfe sorgten ab 1945 für die weltweite Verbreitung des Raketenantriebs. Den wohl größten Nutzen aus der Kriegsbeute zogen Frankreich, die UdSSR und die Vereinigten Staaten.

Folgerichtig entstand bei Bell das Forschungsflugzeug X-1, das – wie die DFS 346 – von einer B-29 auf Höhe getragen werden mußte und von Chuck Yaeger gesteuert, ab dem 9. 12. 1946 die Erprobung begann. Als erster Mensch durchbrach Yaeger am 14. 10. 1947 die Schallgrenze. Mit der X-2 erreichte der Amerikaner F. Everest am 26. 09. 1956 dank eines Raketenmotors dreifache Schallgeschwindigkeit. Mit dem Forschungsflugzeug X-15 gelang es schließlich, bis zu einer Gipfelhöhe von über 106000 m aufzusteigen. Zudem stießen amerikanische Piloten bis zu einer Höchstgeschwindigkeit von 8800 km/h vor.

Die zukunftsweisenden Ideen Eugen Sängers und vieler anderer Ingenieure beeinflußten auch die weiteren Arbeiten bei Messerschmitt-Bölkow-Blohm und Junkers. Fast gleichzeitig entstanden bei Dassault, Nord Aviation, bei der British Aircraft Corp., sowie bei Lockheed, Martin und Northrop ähnliche Projekte.

Am Ende stand das bekannte, senkrecht startende Space Shuttle, der einzige, wenn auch heute technisch noch nicht ausgereifte, wiederverwendbare Raumtransporter.

Was in den kommenden Jahren aus den europäischen Raumgleitern, etwa dem »Hermes« oder dem »Sänger II« werden wird, steht angesichts der ständig desolaten Haushaltslage der Europäischen Gemeinschaft buchstäblich noch in den Sternen.

Quellennachweis

LITERATUR

Stemmer, Josef, Raketenantriebe, 1952

Feuchter, Georg W., Geschichte des Luftkriegs, 1954

Goddard, Robert H., Rocket Development, Liquid Fuel Rocket Research, 1929–1941

Klee, Ernst, Damals in Peenemünde, 1963

Flugwelt, Prof. Hertel – Leben und Werk, 11/66, 1966

Opel, Fritz von, Die Geschichte der Raketenentwicklung, Vortrag v. 3.04.1968

Green, William, The Warplanes of the Third Reich, 1970

Simon, Leslie E., Secret Weapons of the Third Reich, 1971

Hitchcock, Thomas H., Junkers Ju 287 Monogram Close up No. 1, Monogram Av., 1974

Lippisch, Alexander, Ein Dreieck fliegt, 1976

Peter, Ernst, . . . schleppte und flog Giganten, 1976

Schliephake, Hanfried, Flugzeugbewaffnung, 1977

Trenkle, Fritz, Die deut. Funk-Navigations- u. Führungsverf. bis 1945, 1979

DGLR, Dr. Köhler: Prof. Heinkel u.a. Kurzbiographien Luft-/Raumfahrt, 1980

Ethell, Jeffrey, L., Messerschmitt Komet, 1980

Gersdorff, Kyrill von, Flugmotoren und Strahlantriebe, 1981

Kosin, Rüdiger, Die Entwicklung der deutschen Jagdflugzeuge, 1983

Nowarra, Heinz J., Die deutsche Luftrüstung 1933–1945, 1985

Schlaug, Georg, Die deutschen Lastensegler-Verbände 1937–1945, 1985

Kapitel I

Römer, Botho von, Vom Raketenauto zum Welraumschiff, ADAC-Motorwelt, 20/1928, 1928

Valier, Max; Raketenfahrt, 1928

Sänger, Eugen, Neuere Ergebnisse der Raketenflugtechnik, Aufsatz Flugzeitschrift, Wiss. Sonderheft 1, »Flug«, Wien, 1934

Römer, Botho und Hans von, Raketenflugzeuge und Raumschiffe, in: Techn. Wunder von heute und morgen, Minden/Westf., 1935

EHAG, Übersichtszeichnung He 176V1 o.D. (1938)

DVL, Flugmessungen an Fw 56 mit Walter Rückstoßgerät, 14.07.1939

Focke-Wulf, Datenblatt Fw 56 »Stößer«, o.D. (1939)

EHAG, Heinkel-Stellungnahme zum Vorschlag von Dr. W. von Braun, 24.10.1939

EHAG, Festlegung über Weiterverwendung der Sonderflugzeuge/-Triebwerke, 09.11.1939

HVP Peen., Entwurf eines Stratosphärenjägers, 23.05.1941

EHAG, Heinkel-Schreiben an RLM LC 2 III, 15.07.1941

HVP Peen., Kurvenblätter Stratosphärenjäger, 16.08.1941

HVP Peen., Datenaufstellung für Stratosphärenjäger, 09.08.1941

Fieseler, Voruntersuchung für den Höhenjäger Fi 166 nebst Stellungnahmen, 07.11.1941

EHAG, Datenaufstellung He 176 V1, 17.03.1970

EHAG, Typenblatt No. 17: He 176 V1, o.D. (1970)

Ingenhaag, Karl-Heinz, Die Raketenflugzeug-entwürfe von Max Valier, in: Luftfahrt International 5/1980

Frauenheim, Martin, Der Raketenpionier Reinhold Tiling, in: Astronautik 1/1984, 1984

B. Starthilfen

Mtt.-AG, C-Amtsmeldungen Me 321/323, o.D. (1941)

Mtt.-AG, Me 321 mit Strahlrohren, 03.06.1942

ESt.Peen, Go 242/He111 mit Starthilfen, 12.06.1942

ESt.Peen, Raketenstartveruche DFS 230, 28.10.1942

Gotha, Zeichnung DFS 230 D-1, o.D. (1943)

Mtt.-AG, »Leipheimer Bericht«, 21.05.1943

Gotha, Zeichnung Ka 430, 22.02.1944

Gotha, Punktlandeflugzeug P 53Z, 05.04. 1944

EHAG, Flugleistungen He 343/Ju287, 15.06. 1944

EHAG, Denkschrift zu He 343/Ju287, 16.06. 1944

Gotha, Entwicklung Punktlandeflugzeug, 03.07.1944

EHAG, Nachtrag zur Denkschrift, 10.07.1944

RLM/GL/C2, C-Amts-Meldungen DFS 230, o.D. (1944)

JFM, Überblick Ju 287-Entwicklung, 15.09. 1944

Obb.FA, Gewichtsaufstellungen Me 264, 26.09.1944

JFM, Starthilfenaufhängung Ju 287, o.D. (1944)

EHAG, Projektunterlagen He 343, o.D. (1944)

RLM/TA, Verwendung He 343-Teile, 15.10. 1944

Mtt.-AG, Langstreckenflugzeug Me 264, 10.12.1944

Kapitel II

Kleinstraketenjäger
A. BACHEM
EHAG, Besprechungsaufzeichnungen, 08.09. 1944

RLM, Flugzeug-Fertigungskennblatt, 28.10. 1944

OKL/TLR, Projekt »Natter«, ballist. takt. Stellungnahme zur Bewaffnung, 01.11.1944

Bachem GmbH, Leistungsberechnungen BP 20, 18.11.1944

Bachem GmbH, Projekt »Natter« (BP-20), 27.11.1944

JFM, Telegramm über HWK 109–509 A1, 04.12.1944

Bachem GmbH, Besprechungsprotokoll, 01.01.1945

DFS, Aktenvermerk zur »Natter«, 04.01.1945

DFS, Flugbericht Nr. 271/45, 27.01.1945

DVL, 3- u. 6-Komponentenmessungen BP 20, 31.01.1945

Bachem GmbH, Flugprogramm M8, 09.02. 1945

Bachem GmbH, Flugbericht »Natter« M8, 14.02.1945

Bachem GmbH, Beanstandungen an M8, 20.02.1945

Bachem GmbH, Schreiben an H. Zübert, 20.02.1945

OKL, Besprechung über »Natter«, 27.02.1945

Bachem GmbH, Wochenbericht No. 13 u. Anlagen, 02.03.1945

SS-SdKdo N, Flugbefehl für Erprobung M3, 17.03.1945

Bachem GmbH, Flugprogramm für Freiflug M3, 17.03.1945

Bachem GmbH, Aktenvermerk 23/45, 28.03. 1945

USAAF, Vernehmung W. Fiedler, 16.05.1945

USAAF, Report 83, BP 20 »Natter«, 11.06.1945

USAAF, Report 303/1945, 12.03. 1946

B. HEINKEL

EHAG, Typenblatt »Julia«, 16.08. 1944

EHAG, Aktenvermerk über »Julia«, 08.09. 1944

EHAG, Arbeitsablauf »Julia«, 23.09. 1944

EHAG, Baubeschreibung (Fragment), 15.10. 1944

EHAG, Besprechungsniederschrift, 26.10. 1944

EHAG, Baumusterleitung »Julia«, 22.10. 1944

EHAG, Besprechungsniederschrift, 26.10. 1944

EHAG, Laufende und geplante Versuche mit »Julia«, 29.10. 1944

EHAG, Bauausführung »Julia«, 11.11. 1944

EHAG, Julia-Entwicklung, 16.11. 1944

EHAG, Besichtigung Fa. Niemitz, 21.11. 1944

EHAG, Produktion »Julia«, 01.12. 1944

EHAG, Besichtigung Fa. Steiner, 09.12. 1944

EHAG, Produktion »Julia«, 11.12. 1944

EHAG, Schreiben an Dir. Lusser, 13.12. 1944

EHAG, Startverfahren »Julia«, 16.12. 1944

EHAG, Produktion »Julia«, 19.12. 1944

EHAG, Jahresschlußgedanken Heinkel, 29.12. 1944

EHAG, Windkanalversuche »Julia«, 01.02. 1945

EHAG, Streichung »Julia«, 06.03. 1945

C. JUNKERS

JFM, Besprechung über Ju EF 126, 01.10. 1945

JFM, Planungswerte Ju EF 126, 02.10. 1945

JFM, Planungsvorlage Ju EF 126, 15.10. 1945

JFM, Stundeneinlauf Ju EF 126, 15.10. 1945

JFM, Bewaffnung der Ju EF 126, 13.12. 1945

JFM, Besprechung über Ju EF 126, 17.12. 1945

D. Geschleppte Kleinstraketenjäger

Arado GmbH, Zeichnungen des Kleinstjägers Ar E 381, 01.12. 1944

Arado GmbH, Zerlegungspläne Ar E 381, 01.12. 1944

Arado GmbH, Baubeschreibung der Ar E 381, 05.12. 1944

RdL/ObdL, Besprechung über »Eber«, 07.12. 1944

DFS, Bewaffnung »Eber«, 15.12. 1944

DFS, Projektdarstellung »Eber«, 28.12. 1944

DFS, DVLR-Mitteilung 69–04, 01.03. 1969

LZ, Projektzeichnung »Rammer«, o.D. (1944)

LZ, Projektzeichnung »Fliegende Panzerfaust«, o.D. (1944)

Sombold, Beschreibung »Rammschußjäger«, 22.01. 1944

Mtt.-AG, Zeichnung der P 1103, 06.07. 1944

Mtt.-AG, Gewichtsaufstellung P 1103, o.D. (1944)

Mtt.-AG, Zeichnung der P 1104, 12.09. 1944

Mtt.-AG, Zeichnung der P 1104, 22.09. 1944

Mtt.-AG, Übersicht P 1104, 26.12. 1944

USAF, T2-Unterlagen, 15.01. 1946

Kapitel III

Fernaufklärer mit Raketenantrieb
A. Arado-Entwicklungen

Arado GmbH, Anlauf Ar 234, 28. 07. 1943

Arado GmbH, Serienanlauf Flugzeug Ar 234, 03. 08. 1943

Arado GmbH, Vorschlag für die Weiterentwicklung, Anhang II (TEW), 11. 08. 1943

Arado GmbH, Besprechung im RLM über Ar 234, 10. 11. 1943

Arado GmbH, Entwicklung Ar 234, 16. 11. 1943

Arado GmbH, Untersuchung über Ar 234 R, 14. 03. 1944

Arado GmbH, Nebenverwendungszweck Kurzstreckenhöhenaufklärer, 20. 04. 1944

Arado GmbH, Verwendung der Ar 234 C als Höhenjäger, 20. 05. 1944

Arado GmbH, Zeichnungen, 22. 05. 1944

Arado GmbH, Untersuchung über Ar 234 C als TLR-Verfolgungsjäger, 05. 07. 1944

Arado GmbH, Lieferplanung, Programm 226/2, 28. 07. 1944

Arado GmbH, Starthilfen für Ar 234, 11. 08. 1944

Arado GmbH, Aktennotiz über Ar 234-Antriebe, 12. 08. 1944

Arado GmbH, Baureihenaufstellung, 02. 11. 1944

Arado GmbH, Planungsvorgaben Ar 234, 18. 01. 1945

BMW GmbH, Flugleistungen der Ar 234 mit TLR, 27. 01. 1945

Arado GmbH, Lagebericht Ar 234, 21. 02. 1945

B. DFS-Entwicklungen

DFS, Bericht über die Arbeiten bei der DFS (Luftwissen 1. JG/1934), 01. 10. 1934

DFS, Tätigkeitsberichte der DFS ab 01. 01. 1937

DVL, Tätigkeitsbericht der deutschen Forschungsinstitute ab 01. 07. 1938

DFS, Bericht der Abt. Flugbetrieb, o. D.

DFS, Stellungnahme zu Höhenaufklärer, 09. 02. 1942

DFS, Entwurf eines Segelflugzeugs zum Einsatz als Höhenaufklärer, 20. 09. 1942

DFS, Tätigkeitsbericht 1. 12. 1943 bis 31. 03. 1944, o. D.

DFS, Tätigkeitsbericht 1. 08. 1944 bis 30. 11. 1944, o. D.

DFS, Schleppverfahren, 20. 10. 1943

DFS, Baubeschreibung DFS 332, 20. 11. 1943

DFS, Gedanken zum Höhenaufklärer, Vortrag Felix Kracht, 02. 11. 1944

Kapitel IV

Hochleistungsflugzeuge mit Mischantrieb
A. Focke-Wulf
Focke-Wulf, Baubeschreibung No. 272 »Einmotoriger TLR-Jäger«, 01.02. 1944
Focke-Wulf, Schwerpunktsbestimmung für TL-Jäger mit R-Gerät, 20.03. 1944
Focke-Wulf, Baubeschreibung No. 280 »Einmotoriger TL-Jäger mit R-Gerät«, 05.07. 1944
Focke-Wulf, Gewichtsgruppenblatt T1-Jäger, 18.07. 1944
Focke-Wulf, Zeichnungen TLR-Jäger, 28.07. 1944
Focke-Wulf, Einbaufragen für HeS 11 beim »Flitzer«, 08.08. 1944
Focke-Wulf, Reisebericht Ruth, 14.08. 1944
Focke-Wulf, Baubeschreibung No. 281 »Einmotoriges Jagdflugzeug mit PTL 021, 18.08. 1944
Focke-Wulf, Einstrahlige Fw-Jägerprojekte, 20.09. 1944
Focke-Wulf, Kurzbaubeschreibung No. 18, Jagdflugzeug mit HeS 11, 03.10. 1944
Focke-Wulf, Fw-Bezeichnungen für rechnerische Unterlagen (Ra 1 bis Ra 3), 11.12. 1944
Focke-Wulf, Typenblatt TL-Jäger mit HeS 11, 18.02. 1945
Focke-Wulf, Durchlaufplan TL-Jäger, 23.02. 1945
Focke-Wulf, Fluggewichte TL-Jäger, Entwurf II, 10.03. 1945

B. Heinkel
EHAG, Schneller Strahljäger P 1073, 10.07. 1943
EHAG, He 162 mit HeS 11-Triebwerk, 04.11. 1944
EHAG, Anlaufbericht He 162, 15.11. 1944
EHAG, Jahresschlußgedanken 1944, 29.12. 1944
BMW GmbH, Flugleistungen der He 162 mit BMW 003 R-Triebwerk, 09.02. 1945
EHAG, Baumusterübersicht 8–162, 18.02. 1945
OKL/TLR, Lagebericht 8–162, 21.02. 1945
EHAG, Zeichnungen He 162 mit BMW 003 R, 12.03. 1945
EHAG, He 162 mit BMW 003 R, 13.03. 1945
EHAG, Bericht über He 162, 18.03. 1945
EHAG, Flugbetrieb mit He 162, 27.03. 1945
EHAG, Geschichte und Erfahrungen He 162, 06.07. 1945

C. Lorinflugzeug mit zusätzlichem Raketenantrieb
Mtt.-AG, Projekt Lippisch P 01–110, 13.04. 1939
Schmidding, Bericht über Besuch bei der DFS, 13.11. 1942
DFS, Über einen Lorinantrieb für Strahljäger, 07.10. 1943
DVL, Versuche zur liegenden Unterbringung des Flugzeugführers, 13.05. 1944
Focke-Wulf, Strahlrohrjäger mit R-Gerät, 13.06. 1944
Focke-Wulf, Triebflügelflugzeug mit Lorin, 18.07. 1944
Focke-Wulf, Kurzbeschreibung Triebflügelflugzeug (Jäger/Jabo) mit Lorin, 15.09. 1944
DFS, Leistungssteigerung durch Lorinzusatzantrieb, 31.01. 1945
DFS, Nachtrag zum Bericht UM 3557, 15.02. 1945

D. Messerschmitt

Mtt.-AG, Projektbaubeschreibung P 1065 und div. andere Unterlagen zur Entwicklungsgeschichte der Me 262, 21.03. 1940

BMW GmbH, Das TL-Gerät mit R-Schubhilfe als Jägerantrieb, 16.01. 1943

BMW GmbH, Auslegung eines TLR-Jägers mit zwei BMW 003 A, 08.04. 1943

Mtt.-AG, Me 262 Interceptor, Vorläufige Angaben, 26.05. 1943

ESt.Rechl., FS: Starthilfen für Me 262, 03.06. 1943

Mtt.-AG, Projektbeschreibung Me 262 »Interceptor I«, 20.07. 1943

BMW GmbH, Flugleistungen der Me 262 mit BMW-TLR Antrieb, 30.07. 1943

Mtt.-AG, Leistungsdaten Walter RII/211, 10.08. 1943

Mtt.-AG, Projektbeschreibung Me 262 »Interceptor II«, 01.09. 1943

Mtt.-AG, Projektbeschreibung Me 262 »Interceptor III«, 06.09. 1943

BMW GmbH, Stand der R-Triebwerkserprobung, 22.09. 1943

Mtt.-AG, Me 262 »Interceptor I« Kraftstoffschema, 08.10. 1943

Mtt.-AG, Nachtrag zur Projektbeschreibung von 20.07. 1943, 11.10. 1943

RdL/ObdL, Me 262 Interceptor »I und II«, 03.12. 1943

BMW GmbH, Me 262 als R-Interceptor mit R-Gerät 3390 C, 14.01. 1944

BMW GmbH, Steigerung der Höhenflugleistungen beim TL-Jäger, 01.02. 1944

BMW GmbH, Schubleistung und -charakteristik von TL-Geräten, 06.03. 1944

Mtt.-AG, Projektübergabe Me 262 »Interceptor I«, Nachtrag, 04.04. 1944

Mtt.-AG, Fahrwerksanlage des Heimatschützers Me 262, 13.04. 1944

RdL/ObdL, Me 262 C-1 Taktischer Einsatz, 15.04. 1944

BMW GmbH, Einfluß stärkerer Triebwerke auf Flugleistungen b. TLR, 16.04. 1944

Mtt.-AG, Projektübergabe Me 262 D1 (Heimatschützer II), 01.05. 1944

Mtt.-AG, Flugzeitenvergleich Heimatschützer III und Me 163 C, 15.06. 1944

Mtt.-AG, Nachtrag zur Heimatschützer II-Projektübergabe, 19.06. 1944

Obb. FAnst., Förderung von T-Stoff mit Ladeluft beim Heimatschützer I, 22.06. 1944

BMW GmbH, Vorläufige Einbaumappe für das Triebwerk BMW 003 R, 15.07. 1944

RLM/GL/C-E3, Besprechungsprotokoll über Starthilfen, 01.08. 1944

Obb.FAnst., Taktischer Vergleich verschied. Messerschmitt-Baumuster, 23.08. 1944

Mtt.-AG, Berrechnungen für Heimatschützer II mit zwei HeS 11 R, 24.08. 1944

Rüststab, FS an JFM Dessau wegen Heimatschützer I und Me 163, 05.09. 1944

Mtt.-AG, Einbaublatt BMW 109-003R, 10.10. 1944

ESt.Karl., Erfahrungsbericht über den Einsatz mit Starthilfen RI 502, 14.10. 1944

Mtt.-AG, Nachtrag zum Protokoll vom 4.10. 1944 über TLR-Anlage beim Me 262, 16.10. 1944

OKL/TLR, Flugzeug-Handbuch Me 262 A-1, Teil 6 – Triebwerksanlage, 18.10. 1944

Mtt.-AG, Erprobungsbericht No. 50–56 (Lechfeld), 14.10. bis 02.03. 1945

BMW GmbH, Vorläufige Betriebs- u. Wartungsvorschrift für BMW 003 R, 17.11. 1944

Obb.FAnst., Leistungsberechnung für Heimatschützer II, 19.11. 1944

Obb.FAnst., Heimatschützer Weiterentwicklung, 01.02. 1945

Mtt.-AG, Schnellablaß beim Heimatschützer I, Ausf. 2 und 3, 07.02. 1945

OKL/TLR-F1, Lagebericht 8–262, 20.02. 1945

Mtt.-AG, Aktenvermerk zum Heimatschützer I, WNr. 130186, 23.02. 1945

Mtt.-AG, Aktenvermerk zum Heimatschützer II, WNr. 170074, 23.02. 1945

Mtt.-AG, Kurzbeschreibung der Heimatschützer I und II, 24.02. 1945

OKL/TLR, Baureihenübersicht Me 262, 03.03. 1945

OKL/TLR, Baureihenübersicht Me 262, 12.03. 1945

Mtt.-AG, Leistung Heimatschützer I, 16.03. 1945

Obb.FAnst., Umbau des Heimatschützers II, 12.04. 1945

HWK, Einbauzeichnungen 109–509 S2 für Heimatschützer III, 13.04. 1945

Mtt.-AG, Statische Starthilfenberechnung, 16.04. 1945

BMW GmbH, Entwicklungsaufstellung von Raketenantrieben, 31.04. 1945

USAAF, Vernehmungsprotokoll P. Kappus, 16.05. 1945

BMW GmbH, Angaben zur TLR-Entwicklung, 15.06. 1945

ESt.Rechl., Mustererprobung der Me 262 A-1/2 mit und ohne Starthilfen, o.D. (1944)

Mtt.-AG, Chronologische Entwicklungsgeschichte der Me 262, o.D. (1945)

Kapitel V

A. Lippisch und die Me 163

Mtt.-AG, Projekt Lippisch P 01-113, 05.05. 1940

Mtt.-AG, Projekt Lippisch P 01-114, 19.07. 1940

Mtt.-AG, Festigkeitsnachweis Flügel, 24.02. 1941

Mtt.-AG, Festigkeitsnachweis BF 163 V4, 18.03. 1941

Mtt.-AG, Allgemeine Angaben BF 163 V4, o.D. (1941)

Mtt.-AG, Seitenstabilität Me 163/263, 02.05. 1941

Mtt.-AG, Projekt Lippisch P 01-115, 02.07. 1941

Mtt.-AG, Projekt Lippisch P 01-116, 16.07. 1941

Mtt.-AG, Projekt Lippisch P 01-117, 22.07. 1941

Mtt.-AG, Projekt Lippisch P 01-118, 03.08. 1941

Mtt.-AG, Projekt Lippisch P 01-119, 04.08. 1941

Mtt.-AG, Projekt Lippisch P 05, 25.08. 1941

Mtt.-AG, Festigkeitsnachweis Querruder, 04.11. 1941

DVL, Hochgeschwindigkeitsmessungen, 04.05. 1942

Mtt.-AG, Projekt Lippisch P 09, 05.05. 1942

Mtt.-AG, Projekt Lippisch P 11, 13.09. 1942

Mtt.-AG, Triebwerksausstattung Me 163, 07.04. 1942

RLM, Vorschlag für größere Bodenbeweglichkeit der Me 163 B, 08.09. 1942

ESt.Peen.W., Arbeitsberichte des EK 16 ab 16.09. 1942

Mtt.-AG, Leistungen Me 163 C, o.D. (1942)

Mtt.-AG, Gesamtablauf bei Me 163 AV 4-13, 06.03. 1943

ESt.Peen.W., FT-Erprobung Me 163 BV 4, 26.03.1943

ESt.Rechl., Nachfliegen Me 163 A, 20.04.1943

OKL/Füst, Stärkenachweisungen JG 400 ab 01.05.1943

Mtt.-AG, Nachfliegen Me 163 AV6, 04.05.1943

BMW GmbH, Besprechungsprotokoll, 26.05.1943

ESt.Peen.W., Stand der Me 163B-Entwicklung, 06.06.1943

Mtt.-AG, Allgemeine AG-Liste Me 163, 14.06.1943

ESt.Karl, Meldungen über Me 163 ab 20.06.1943

Mtt.-AG, Triebwerkserprobung Me 163 AV8, 22.06.1943

Mtt.-AG, Projektbaubeschreibung Me 163 C, 15.07.1943

Mtt.-AG, Nachfliegen Me 163 V6 u. V10, 20.07.1943

Mtt.-AG, Versuchsflug mit Me 163 BV 21, 20.07.1943

Mtt.-AG, Rollwerkserprobung Me 163 AV10, 28.07.1943

Mtt.-AG, Leistungen Me 163 C, 28.07.1943

Mtt.-AG, Erprobungsflug Me 163 BV 22, 24.09.1943

Mtt.-AG, Einfliegen Me 163 BV 9, 30.09.1943

Mtt.-AG, Einfliegen Me 163 BV 14, 03.10.1943

Mtt.-AG, Erprobungsberichte ab 23.10.1943

LwFüst, Vortragsnotiz Flugzeuge mit Strahl- und R-Triebwerken, 18.11.1943

Mtt.-AG, Landeklappenerprobung Me 163 BV19, 19.11.1943

Klemm, Planung der Zerspannung, 10.12.1943

Mtt.-AG, Baureihenübersicht Me 163, 19.01.1944

Mtt.-AG, Vorführung Me 163 BV 18, 20.01.1944

Mtt.-AG, Einfliegen Me 163 BV 32 (Schlepp), 25.02.1944

Mtt.-AG, Erprobungsflug Me 163 BV 34, 19.03.1944

Mtt.-AG, Ladeplan Me 163 BV-0 (V1-44), 30.03.1944

OKL, Verlustmeldungen ab 21.04.1944

Mtt.-AG, Baureihenfestlegung Me 163, 26.04.1944

Mtt.-AG, Flugbericht Me 163 BV 40, 26.04.1944

Obb.FAnst., Baureihenbezeichnung Me 163, 26.04.1944

Mtt.-AG, Landemessungen Me 163 BV3, 23.05.1944

Mtt.-AG, Zeichnung Me 163C, 06.06.1944

JFM, Vorrichtungsbau »Scholle«, 15.06.1944

Mtt.-AG, Stabilitätserprobung Me 163BV1a, 24.06.1944

Mtt.-AG, Kufenerprobung Me 163 BV13, 30.06.1944

RMfRuK, Vortrag vor RM Göring, 02.07.1944

Mtt.-AG, Kontrollberichte ab 05.07.1944

Mtt.-AG, Erprobungsprogramm Me 163, 09.07.1944

Mtt.-AG, Reisebericht, 31.07.1944

ESt.Karl., Behälteranlage Me 163 B, 09.08.1944

Mtt.-AG, Starteigenschaften Me 163 A/B, 10.08.1944

GdJ, Merkblatt über Platzausbau, 11.08.1944

ESt.Karl., Startuntersuchungen Me 163, 12.08.1944

GdJ, Aufstellung von Me 163-Verbänden, 19.08.1944

Mtt.-AG, Einfliegen Me 163 BV6 (Schlepp), 20.08.1944

Mtt.-AG, Bruchversuche Me 163B-0/R2,C, o.D. (1944)

GdJ, Techn. Kurzbeschreibung Me 163B, 19.08.1944

KdE, Wochenberichte EK 16 ab 21.08. 1944

JFM, Besprechungsprotokoll Me 163, 29.08. 1944

Mtt.-AG, Taktischer Einsatz Me 163B, 23.08. 1944

OKL/TLR, Flugzeughandbuch Me 163 B, 05.09. 1944

GdJ, Aufstellung von Me 163-Verbänden, 08.09. 1944

JFM, Attrappenbesichtigung Me 263, 25.09. 1944

JFM, Vorläufiges Erprobungsproggramm, 30.09. 1944

JFM, Zulassungsbeschränkung Me 163 BV, 06.10. 1944

JFM, Techn. Wochenbericht, 06.10. 1944

JFM, Abtransport Me 163 C, 08.11. 1944

Fetscher, Kufenprojekte für Me 163, 11.11. 1944

JFM, Zellenbau bei Fa. Zeitz, 15.11. 1944

JFM, Umstellung Me 163 B-0/R2, 16.11. 1944

JFM, Endkontrolle Me 163, WNr. 2001, 17.11. 1944

JFM, Panzerung Me 163, 24.11. 1944

JFM, Prüfanweisung »Scholle«, o.D. (1944)

JFM, Besprechung »Scholle«, 02.12. 1944

JFM, Baubeschreibung Me 263, 08.12. 1944

JFM, Bruchversuch Ju 248, 13.12. 1944

JFM, Taktischer Leistungsvergleich, 14.12. 1944

JFM, Prüfberichte Antonienhof, 18.12. 1944

JFM, Oberflächengüte Me 163-Rumpf, 20.12. 1944

JFM, Besprechung »Scholle«, 31.12. 1944

JFM, Vergleich Me 163 BV 18 mit Modell, 04.01. 1945

JFM, Baubericht Ju 248 V1, 04.01. 1945

JFM, Besprechung über Ju 248, 12.01. 1945

Mtt.-AG, Entwicklungsablauf 8-163 B, 15.01. 1945

JFM, Besprechung »Scholle«, 19.01. 1945

B. Me 263

ESt.Karl., Erprobungsprogramm 8-263, 20.01. 1945

JFM, Baubeschreibung Me 263 A-1, 27.01. 1945

OKL/Füst, Besprechung über Jagdverbände, 30.01. 1945

JFM, Schwingungssicherheit Me 263 V1, 02.02. 1945

JFM, Laufende Arbeiten an Attrappe der Ju 248, 05.02. 1945

JFM, Zellenzustand Ju 248, 06.02. 1945

KdE, Besprechung über Auflösung EK 16, 19.02. 1945

JFM, Stand Versuchsmaschinen Me 163, 07.03. 1945

JFM, Triebwerke für Me 163 und 263, 23.03. 1945

Lfl.Reich, Stärkemeldungen ab 01.04. 1945

Allgemeine Unterlagen

RLM, Amtschefbesprechungen ab 12.05. 1942

RLM, Entwicklungsbesprechungen ab 17.07. 1942

RMfRuK, Anordnung über die Errichtung des Jägerstabs, 01.03. 1944

RMfRuK, Schnellberichte ab 27.06. 1944

RMfRuK, Sammelberichte ab 21.08. 1944

EHK F1, Bildung der Entwicklungshauptkommission, 25.11. 1945

OKL/TLR, Kriegstagebuch 13.12. 1944 bis 4.04. 1945 nebst Anlagen, 13.12. 1944

OKL/TLR, 2. Lagebericht der Fachabteilung F1-E2, 21.12. 1944

OKL/TLR, Schwerpunktmeldung, 21.12. 1944

KdE, Führernotprogramm, 05.02. 1945

KdE, Besprechung in Rechlin, 19.02. 1945

OKL/TLR, Schwerpunkterprobungsbericht 7/45, 19.02. 1945

OKL/TLR, Stand der Entwicklung, Erprobung und Fertigung 8-262 u.a., 25.02. 1945

KdE, Führernotprogramm, 28.02. 1945

OKL/TLR, Lagebericht (RF SS SB 2), 09.03. 1945

OKL/TLR, Führernotprogramm, 12.03. 1945

OKL/TLR, Lagebericht Februar 1945, 16.03. 1945

Bild- und Zeichnungsnachweis

Abkürzungsverzeichnis

Abt. L.	Messerschmitt Abteilung Lippisch, Augsburg	ESt.Rechl.	Erprobungsstelle der Luftwaffe in Rechlin
Ar	Arado Flugzeugwerke GmbH, Berlin, Landshut	EHAG	Ernst Heinkel AG, Rostock, Wien
AVA	Aerodynamische Versuchsanstalt Göttingen e. V.	EHK F1	Entwicklungshauptkommission Flugzeuge
Bachem AG	Bachem Werke GmbH, (Ba), Waldsee/Württemberg	Fi	Fieseler Werke GmbH, Kassel
		FS	Fernschreiben
BAL	Bauabnahme-Luft, Berlin und Hersteller-Werke	FT	Funkentelegraphie-Einrichtung (Funksprechgerät)
BMW GmbH	Bayrische Motorenwerke – Flugmotorenbau GmbH in München-Allach	Fw	Focke-Wulf Flugzeugbau GmbH, Bremen
		GdJ	General der Jagdflieger
B4	Benzin der Güteklasse 4	Gen.Qu.	General-Quartiermeister
Chef TLR	Chef der Technischen Luftrüstung im RLM	HVP	Heeresversuchsstelle Peenemünde
DFS	Deutsche Forschungsanstalt für Segelflug, Darmstadt, Ainring und Hörsching	HWK	Hellmuth Walter Kiel
		JFM	Junkers Flugzeug und Motorenwerke AG, Dessau
RdL/ObdL	Der Reichsminister für Luftfahrt und Oberbefehlshaber der Luftwaffe	Ju	Junkers (in Verbindung mit Flugzeugtyp-Nummer)
Do	Dornier Werk GmbH, Friedrichshafen und München	J2	Codebezeichnung für Gasöl (Treibstoff)
DVL	Deutsche Versuchsanstalt für Luftfahrt, Braunschweig und Berlin	KdE	Kommando der Erprobungsstellen, Rechlin
		Kl	Hans Klemm Leichtflugzeugbau, Böblingen
E	Entwurf	KTB	Kriegstagebuch
EF	Entwicklungsflugzeug (bei Junkers)	Lfl.Reich	Luftflotte Reich
		LGW	Luftfahrtgeräte-Werk (später Siemens)
EK	Erprobungskommando	LLG	Luftlandegeschwader
ESt.Karl.	Erprobungsstelle der Luftwaffe in Karlshagen	Lw.Füst	Luftwaffenführungsstab
ESt.Peen.W.	Erprobungsstelle der Luftwaffe in Peenemünde-West	LZ	Firma Luftschiffbau-Zeppelin, Friedrichshafen

MG	Maschinengewehr
MK	Maschinenkanone
Mtt.-AG	Messerschmitt Flugzeugwerke AG in Augsburg/Lechfeld/Regensburg
NSFK	Nationalsozialistisches Fliegerkorps
Obb.FAnst.	Oberbayrische Forschungsanstalt in Oberammergau (Messerschmitt Entwicklungsabteilung)
OKL/TLR FIE	Oberkommando der Luftwaffe, Chef Technische Luftrüstung, Abt. Flugzeugentwicklung, Berlin
R	Rakete (bzw. Raketenantrieb)
Rb	Reihenbildgerät
RM	Reichsmarschall
RMfRuK	Reichsminister für Rüstung und Kriegsproduktion, Berlin
RLM/GL/ C-E3	Reichsluftfahrtministerium, Technisches Amt, Abteilung GL C-E3, Berlin
SK	Skoda-Kauba Flugzeugbau in Cakowitz
SS-SdKdo »N«	Sonderkommando der Waffen-SS »Natter«, Waldsee
Ta	Tank, Prof. Kurt, Konstrukteur bei Focke-Wulf
TA	Technisches Amt des RLM
TLR	Turbinen-Luftstrahl-Triebwerk mit Raketenzusatzantrieb
USAAF	United States Army Air Force, HQ, Abt. T2
V	Versuch/Versuchsmuster
WASAG	Westfälisch-Anhaltsche Sprengstoff AG in Reinsdorf